中国南方电网
CHINA SOUTHERN POWER GRID

电力营销稽查员
岗位资格培训教材

广东电网有限责任公司　编

中国电力出版社
CHINA ELECTRIC POWER PRESS

内 容 提 要

为有效开展电力营销稽查工作，规范营销行为，防范营销风险，减少营销事故的发生，广东电网有限责任公司组织编写了《电力营销稽查员岗位资格培训教材》。全书共九章，分别为电力营销稽查、业扩业务稽查、抄核收业务稽查、电能计量业务稽查、用电检查业务稽查、客户服务业务稽查、管理线损业务稽查、需求侧管理业务稽查、新能源业务稽查。

本书可供从事电力营销稽查工作的技术和管理人员使用，也可作为营销各专业业务人员培训参考教材。

图书在版编目（CIP）数据

电力营销稽查员岗位资格培训教材／广东电网有限责任公司编．—北京：中国电力出版社，2019.7

ISBN 978-7-5198-3379-4

Ⅰ. ①电… Ⅱ. ①广… Ⅲ. ①电力工业－市场营销学－稽查－中国－岗位培训－教材 Ⅳ. ① F426.61

中国版本图书馆 CIP 数据核字（2019）第 138466 号

出版发行：中国电力出版社
地　　址：北京市东城区北京站西街 19 号（邮政编码 100005）
网　　址：http://www.cepp.sgcc.com.cn
责任编辑：闫姣姣（010-63412433）
责任校对：黄　蓓　李　楠
装帧设计：郝晓燕　赵姗姗
责任印制：石　雷

印　　刷：三河市万龙印装有限公司
版　　次：2019 年 7 月第一版
印　　次：2019 年 7 月北京第一次印刷
开　　本：710 毫米 ×1000 毫米　16 开本
印　　张：15.5
字　　数：275 千字
印　　数：0001—3500 册
定　　价：70 元

编审人员

主　　编　谭跃凯

执行主编　陈蔚文　刘　鑫　郭小莜

参　　编　熊健洪　李　斌　林幕群　关俊宁

　　　　　孙冠婷　黄晓文　高　辉　吴丹妍

　　　　　杨　乐　吴汉鹏　李宇豪　吴　杨

主　　审　谭跃凯　付丽萍　唐　捷　乔嘉赓

营销稽查工作作为营销领域辅助决策保障体系，对营销工作各个环节进行监督和检查，可以有效改善营销管理、提高工作质量，促进营销部门和有关员工廉洁奉公，遵纪守法，提升企业社会服务形象。

为有效开展电力营销稽查工作，规范营销行为，防范营销风险，减少营销事故的发生，同时为电力行业营销稽查岗位培训提供参考教材，广东电网有限责任公司市场营销部、培训与评价中心根据国家相关政策、法律法规及公司营销稽查制度文件要求，组织编写了《电力营销稽查员岗位资格培训教材》一书。

本书的编写注重实用性，从营销稽查工作实际出发，紧紧围绕电力营销稽查基本知识和技能，从业扩报装、抄核收、电能计量、用电检查、客户服务、管理线损、需求侧管理和新能源业务八个方面对营销稽查工作做了有针对性的介绍。同时通过实地调研，精心选取了一些很有实际参考价值并适应教学要求的典型案例。本书既可作为电力营销稽查人员岗位培训教材，也可作为营销各专业业务人员培训的参考教材。

本书共分九章，全书架构由陈蔚文、刘鑫、郭小苃、吴杨策划，第一章由刘鑫、熊健洪编写，第二章由熊健洪、李斌编写，第三章由林幕群、孙冠婷编写，第四章由黄晓文、吴汉鹏编写，第五章由杨乐、李宇豪、吴杨编写，第六章由关俊宁、吴丹妍编写，第七章由高辉、杨乐编写，第八章由林幕群、黄晓文编写，第九章由熊健洪、李斌编写。全书由谭跃凯、付丽萍、唐捷、乔嘉赓主审。

本书的编写工作由广东电网有限责任公司市场营销部、教育培训评价中心组织，各级领导在整个编写过程中给予了极大的支持和帮助，在此谨致以衷心的感谢。本书在编写过程中，收集和参阅了大量相关资料及文献，在此向相关作者表示感谢。

因编者水平有限，编写时间仓促，书中疏漏和不足之处在所难免，恳请广大读者批评指正。

编者

二〇一九年七月

目录

第一章 电力营销稽查

第一节 电力营销稽查概述

一、电力营销稽查的概念

1. 电力营销稽查的定义

营销稽查是指依据国家有关政策、法律、法规和公司相关规章制度，对公司营销制度建设与执行、营销行为规范和营销工作质量等进行内部专业稽查监督。该定义强调电力营销稽查工作是在法律法规、政策和规章制度下开展工作。稽查目的是加强营销工作质量监督、堵漏增收，提高经营管理水平和经济效益。稽查对象主要是从事电力营销工作的单位或工作人员，稽查的方式是对电力营销过程行为的监督和检查，稽查的内容涵盖电力营销的全过程。

2. 电力营销稽查监督的主要业务

电力营销稽查的主要工作内容包括业扩业务稽查、抄核收业务稽查、电能计量业务稽查、用电检查业务稽查、客服业务稽查、管理线损业务稽查、停电管理业务稽查、新能源业务稽查等主要业务。

二、电力营销稽查的作用

电力营销是供电企业的核心经营环节，稽查从最初的电费、电价开始，扩展到对整个电力营销的全过程监督，主要是起到对企业内部经营管理中资金运行和制度执行到位的安全防护性作用。

电力营销稽查是建立在合理怀疑的基础上，通过电力营销稽查监督机制的作用发挥，防范企业内部规章制度在执行过程中存在的差错，以达到电力营销稽查工作服务企业经营发展、对营销工作及制度执行及时性审查和评价的目的。

电力营销稽查对企业经营管理监督的具体作用主要表现在监督控制、咨询建议、风险预警、信息鉴定四个方面。

1. 监督控制作用

监督控制就是促进电力营销单位与个人在电力营销活动中的合法性、规范性，加强电力营销管理，提高企业经济效益，完善营销环节内控机制，减少营销环节差错，防范企业经济损失。对监督检查发现的问题和差错，提出整改意见，督促差错单位和个人完善内控机制和纠正工作中的偏差，以保证企业经营活动的良性循环。

2. 咨询建议作用

电力营销稽查参与了企业电力营销过程检查监督，对企业各项制度执行和风险防范方面有较为全面的了解，其工作具有综合性强和接触面广的特点，加之电力营销稽查工作对监督人员的要求，在法律法规制度的执行中不受市场环境的影响，电力营销稽查人员有能力和有必要为被稽查单位和人员提供咨询、建议、协调、程序或业务等培训工作。

3. 风险预警作用

供电企业的电力营销作为一种有目的的经营活动，在现代市场经济条件下要依靠人去完成，营销规划和内部控制制度要通过人去制定。在自然垄断的经营环境中，企业经营风险主要由于内部控制制度的失控而产生。电力营销稽查有必要充当风险管理自我评估者，检查发现问题并揭示产生问题的各种原因，提示企业潜在的经营风险。

4. 信息鉴定作用

在市场化经济过程中，企业管理体制按照集团化、集约化、精益化和标准化不断完善和规范。因此，做好电力营销工作，就是要减少工作差错，降低失误率，避免发生人为调节线损电量、电费回收不到位、报表不真实等情况。电力营销稽查就是通过监督检查揭示营销管理中的差错，对营销差错进行查证，防范经营风险，为企业管理层提供可靠的信息和依据。

三、电力营销稽查的重要性

电力营销工作质量是衡量供电企业电力营销管理水平的重要标志，是供电企业经营成果、服务质量的综合体现。近年来，电力营销工作通过企业内部管理规范化建设，营销管理体制逐步健全，营销管理工作经验总结日益丰富，但员工营销基础工作熟练程度有待加强，基础管理水平有待提高。员工的岗位责任心和对企业忠诚度，对企业营销工作质量好坏也至关重要。部分供电企业对营销工作质量要求不高，管理无序，多口对外，有章不循，缺少监督，内部职责不明，业务关系不顺，考核工作不严，奖惩制度不兑现，暴露了业扩报装、抄核收管理、电能计量和用电检查等方面的大量漏洞，营销事故时有发生，造成了部分经济损失，影响了供电企业的形象。因此，加强电力营销管理水平，加大监督力度，全面开展电力营销稽查工作是企业有效防范经营风险、提高企业经济效益的有力措施。

四、电力营销各部门管理职责

要做好电力营销稽查工作，必须充分发挥、协调和完善稽查业务管理部门、员工管理部门、审计部门、监察部门和稽查业务实施部门等各部门的管理职责。

1. 稽查业务管理部门

稽查业务管理部门是营销稽查工作的归口管理部门，其职责如下：

（1）贯彻落实上级单位营销稽查有关制度和文件。

（2）建立健全营销稽查的管理制度、工作规定和实施办法。

（3）组织开展上级单位转办的稽查任务和本单位营销稽查工作。

（4）指导、监督下属单位的营销稽查工作。

（5）对下属单位营销稽查工作情况进行汇总、统计、分析；编制营销稽查工作简报，定期通报营销稽查工作情况。

（6）负责落实本单位稽查问题的整改措施，负责督促检查下级单位稽查问题的整改情况。

（7）牵头处理相应级别营销责任事故，监督整改情况。

2. 员工管理部门

员工管理部门在营销稽查环节中的主要职责：

（1）协助调查重大营销责任事故。

（2）对相应级别营销责任事故中所涉及的单位和个人按相关规定进行处罚。

（3）负责组织营销稽查工作人员的培训考核。

3. 审计部门

审计部门在营销稽查环节中的主要职责是：对营销稽查工作开展审计监督。

4. 监察部门

监察部门在营销稽查环节中的主要职责：

（1）协助调查相应级别营销责任事故。

（2）查处营销服务工作人员的违纪、违法行为。

5. 营销稽查实施部门

营销稽查实施部门是营销稽查工作的执行机构，接受稽查业务管理部门的专业管理和业务指导，主要负责本单位营销服务业务监督、检查等营销内稽查工作，其主要职责如下：

（1）贯彻执行上级单位营销稽查相关管理制度和标准，执行本单位稽查业务管理部门下达的计划和任务。

（2）负责开展在线稽查工作，对业扩报装、电能计量、电费抄核收、客户服务、客户停电、管理线损等进行在线监控、异常情况核查、通知整改及全过程跟踪监督。

（3）负责开展常态稽查工作，对业扩报装、电能计量、电费抄核收、用电检查、客户服务、管理线损、客户停电等营销业务及营销基础数据进行抽样并现场稽查，督促改进问题。

（4）负责开展专项稽查工作，对在线稽查和常态稽查中发现的营销服务突出问题和营销相关重点工作等进行专项稽查，出具稽查报告并通报整改。

（5）负责调查相应级别营销责任事故。

五、电力营销稽查作业人员要求

（1）执行国家和上级颁发的法规、规程、规定、制度、办法等。

（2）具备高度的责任感和敬业精神。

（3）熟悉国家和上级用电方针政策和有关规定，熟悉本单位各项规章制度。

（4）熟悉营业工作的基本知识和工作程序，了解相关单位工作内容和工作流程。

（5）具备一定的专业技能，有一定的协调与沟通能力。

（6）坚持原则、遵纪守法、秉公执法、廉洁奉公。

（7）熟悉电力法律法规、电力营销有关规章制度及其他相关法律法规知识。

（8）熟悉电力营销业务，具有一定的电气技术知识、财务知识。

六、电力营销稽查工作纪律

（1）营销稽查人员执行稽查任务时，应随身携带工作证，以小组形式开展工作，每组人数不少于两人。

（2）营销稽查人员应严格执行工作规定，认真履行稽查职责，按照规定项目和内容进行检查。稽查人员在进行营销稽查时可以行使下列职权：

1）询问当事人或者有关人员，并要求提供与稽查对象有关的资料。

2）查询、复制与稽查对象有关的单据、凭证、文件及其他资料。

3）在证据可能灭失或者难以取得的情况下，可以先行登记保存，当事人或者有关人员不得转移、隐匿或者销毁。

（3）现场核查或档案资料核查时，要实事求是，真实记录各项数据和资料情况并如实上报，不得弄虚作假。

（4）营销稽查人员必须严格遵守保密规定，对举报案件要严格为举报人保密；对稽查案件中可能涉及的有关单位及人员采取回避制度；不向无关人员透露稽查案件的有关信息，保证案件稽查客观公正地进行。

（5）营销稽查人员应模范遵守国家法律、法规以及公司有关规定，如有违反者，经查实可视情节轻重采取批评教育、责成改正、通报批评、调离稽查工作岗位等行政的以及经济的处分，触犯刑律的，依法追究其法律责任。

（6）相关单位对营销稽查工作应认真对待，高度重视，全力配合协助稽查部门开展工作，不得弄虚作假、相互推诿否则视情节轻重追究有关人员责任。

第二节　电力营销稽查原理

电力营销稽查作为一种监督类的工作，与电力营销的业务紧密结合，具有以下几方面明显特征。

第一，电力营销稽查具有全局性特点。从电力营销稽查工作开展的过程来看，其重点基本涵盖了电力营销业务的全部专业环节，是对全部专业工作环节的一种监督，它所围绕的核心不仅仅是电量与电价，同时也有包括用电客户的用电行为的监督、客户服务质量的监督等相关营销各个业务内容，具有相应的专业全面性特征。

第二，电力营销稽查具有周期性的特点。所谓周期性是指电力营销稽查工作的模式，这种模式是周而复始的，电力企业的相关监测部门与营销业务工作紧密结合，通过对营销业务的环节划分、监督检查、评价考核、防范整改等循环的过程，实现对电力营销专业管理水平提升的最终目标。

第三，电力营销稽查具有科学性的特点。电力营销稽查需要依靠科学的手段和工具才能起到良好的作用，无论是计划阶段、组织阶段、监察阶段、纠偏阶段还是改进阶段，其工作方法必然是要具有科学性的，特别是当前电力营销工作专业化分工的日益明确，促进资源的有效配置及合理配置已经成为电力营销工作的重中之重，这就需要建立一套以需求为导向、以客户为中心、以市场为目标的科学可行的电力营销稽查管理方法、技术和手段，才能实现为电力营销工作保驾护航。

营销稽查抽样是指按照科学的原理和计算，从若干单位组成的营销业务总体中，抽取部分样本单位来进行调查，用所得到的调查标志的数据以代表总体，推断营销业务总体工作质量。常见的抽样方法有简单随机抽样、系统抽样、分层抽样、不等概率抽样和两极或多级抽样五种。

在统计学中，把研究对象的全体叫做总体，把每个研究对象叫做个体，把总体中所含个体的数目叫做总体容量。从总体中抽取一定数量的个体，称为样本，其中个体的数目称为样本容量。

一、抽样方法

1. 简单随机抽样

设总体的个体数为 N，如果通过逐个不放回地抽取的方法从中抽取一个样本，且每次抽取时各个个体被抽到的概率相等，就称这样的抽样为简单随机抽样。它是在特定总体中抽取样本，总体中每一个体被抽取的可能性是等同的，且任何个体之间彼此被抽取的机会是独立的。如果用从个体数为 N 的总体中抽取一个容量为 n 的样本，那么每个个体被抽取的概率等于 $\frac{n}{N}$。这种抽样方法的优点是简便易行，其缺点是在抽样范围较大时，工作量太大难以采用；以及抽样比例较小而样本含量较小时，所得样本代表性差。

2. 系统抽样

当总体元素个数很大时，样本容量就不宜太小，采用随机抽样，就显得费事。将总体分成均衡的若干部分，然后按照预先制定的规则，从每一部分抽取一个个体，得到所需要的样本，这种抽样的方法叫做系统抽样，也称为等距抽样。系统抽样的步骤如下：

（1）编号：采用随机的方式将总体中的个体编号。

（2）分段：将整个的编号进行分段，确定分段的间隔 k。当 $\frac{N}{n}$（N 为总体的个体数，n 为样本容量）是整数时，$k = \frac{N}{n}$；当 $\frac{N}{n}$ 不是整数时，通过从总体中剔除一些个体使剩下的总体个数 N' 能被 n 整除，这时 $k = \frac{N'}{n}$。

（3）确定起始个体编号：在第一段用简单随机抽样确定个体编号 s。

（4）按照事先确定的规则抽取样本：s，$s+k$，$\cdots$，$s+(n-1)k$。

系统抽样的特点是：①适用于总体容量较大的情况；②剔除多余个体及第一段抽样都用简单随机抽样，因而与简单随机抽样有密切联系；③是等可能抽样。

3. 分层抽样

当总体由差异性明显的几部分组成时，为了使抽取的样本更好地反映总体的情况，经常将总体中各个个体按某种特征分成若干个互不重叠的几部分，每一部分叫做层，在各层中按层在总体中所占比例进行简单随机抽样，这种抽样方法叫做分层抽样。

分层抽样时将相似的个体归入一类，即为一层，分层要求每层的各个个体互不交叉，即遵循不重复、不遗漏的原则；分层抽样为保证每个个体等可能入样，需遵循在各层中进行简单随机抽样或系统抽样，每层样本数量与每层个体数量的比与样本容量与总体容量的比相等或相近。

分层抽样的步骤如下：

（1）将总体按一定的标准分层；

（2）总体与样本容量确定抽取的比例：抽取比例=样本容量／总体个数；

（3）确定各层抽取的样本数：各层抽取样本数=（样本容量／总体个数）×各层个数；

（4）在每一层进行抽样（可用简单随机抽样或系统抽样）；

（5）综合每层抽样，组成样本。

4. 不等概率抽样

如果总体中每个单元进入样本的可能性是不相等的，则这种随机抽样方式就称为不等概率随机抽样，简称不等概率抽样。其特点是将总体中每个单元的入样概率与其"规模"大小联系起来，使得"大单元"被抽到的概率大，"小单元"被抽到的概率小。

调查者根据自己的方便或主观判断抽取样本的方法，分为有放回和不放回两种。它不是严格按随机抽样原则来抽取样本，事先需确定一个辅助变量。针对不同业务可设计不同的辅助变量。如业扩类辅助变量可为报装容量，抄核收类辅助变量可为用电量。

5. 两级或多级抽样

多级抽样是按照抽样元素的隶属关系，把抽样过程分为几个阶段抽样。具体步骤是：

（1）将调查总体各单位按一定标志分成若干集体，作为抽样的第一级单位；然后将第一级单位又分成若干小的集体，作为抽样的第二级单位；以此类推，还可分为第三级、第四级单位。

（2）依照随机原则，先在第一级单位中抽出若干单位作为第一级样本，然后再在第一级样本中抽出第二级样本，以此类推，还可抽出第三级样本、第四级样本。调查对象至第二级样本者，为两级随机抽样；至第三级、第四级样本者，为三级、四级随机抽样。

在每个阶段的抽样中，都要采取简单随机抽样或等距抽样或分层抽样的方法进行，并在类别与个体之间保持适当比例。

二、抽样范围与比例

营销业务可划分为业扩报装、计量管理、抄核收、用电检查、客户服务及其他业务。常态稽查可根据业务量每月抽取各类业务样本进行检查。其中：

（1）业扩报装、计量管理、用电检查类业务，常态稽查可从前3个月业务总量中不重复抽取。

（2）抄核收、客户服务类业务由于业务量相对较大，常态稽查可从前1个月业务总量中抽取，其他类业务的抽样期由各单位自行确定。

已纳入营销信息管理系统管理的营销业务，各单位在建设营销稽查系统时，可按照下列标准进行抽样：

（1）业务分层。业扩报装、计量管理、用电检查、客户服务类业务可根据实际情况划分为不同的层。要求层与层之间互不交叉，且层间变异越大越好，层内变异越小越好，以提高每层抽样的精确度。如客户服务类业务可直接分为营业窗口、95598、故障抢修三层。

（2）常态稽查样本数量采用分层抽样方法确定。对业扩报装、计量管理、用电检查、客户服务类业务采取分层抽样方法进行抽样分配，再采取随机抽样和不等概率抽样方法抽取样本。对抄核收业务可采取多级抽样方法进行抽样；管理线损、营销系统基础信息与客户停电管理视实际工作需要设置样本抽取条件。

三、抽样流程

（1）确定样本总量。根据历史抽样调查结果（主要是考虑均值和方差），采用分层抽样计算出各类业务调查结果可推断总体业务工作质量的最优样本数量。

（2）进行各层样本分配。确定各类业务的样本数量后，再根据各层的权重和历史样本标准差计算各层分配的样本数。样本分配也可进一步考虑不同业务，其业务总量和调查成本的差别，设置工作重心比例进行分配。专项稽查也可通过工作重心比例的设置实现抽样。

（3）完成样本抽取。在完成样本分配后进行样本抽取。抽样方法主要可采用简单随机抽样和不等概率抽样。

第三节　电力营销稽查业务介绍

营销稽查主要分为常态稽查、在线稽查、专项稽查，对各类发现的营销事故按造成的经济损失、差错电量、差错金额、影响程度依照相关责任追究管理制度追究其责任，责任人员涉嫌犯罪的，移送司法机关依法处理。

一、常态稽查

1. 定义

常态稽查，是指营销稽查人员定期按照随机抽样、人工挑选方式生成稽查样本，组织和安排相关人员开展检查，对发现的问题由营销稽查人员下达整改通知书进行整改的过程。

2. 作业流程

常态稽查作业流程如图 1-1 所示。

3. 开展的主要工作

（1）常态稽查计划。营销稽查实施部门结合上年度营销稽查要点按年制订现场稽查计划，季度调整，月度实施。

（2）常态稽查程序为：制订稽查计划→稽查样本选取→样本稽查→稽查问题通知、整改、反馈。

（3）常态稽查抽样范围。业扩报装、计量管理、用电检查类业务从前 3 个月已完成的业务总量中不重复抽取；抄核收、客户服务类业务从前 1 个月（或当月）已完成的业务总量中抽取。

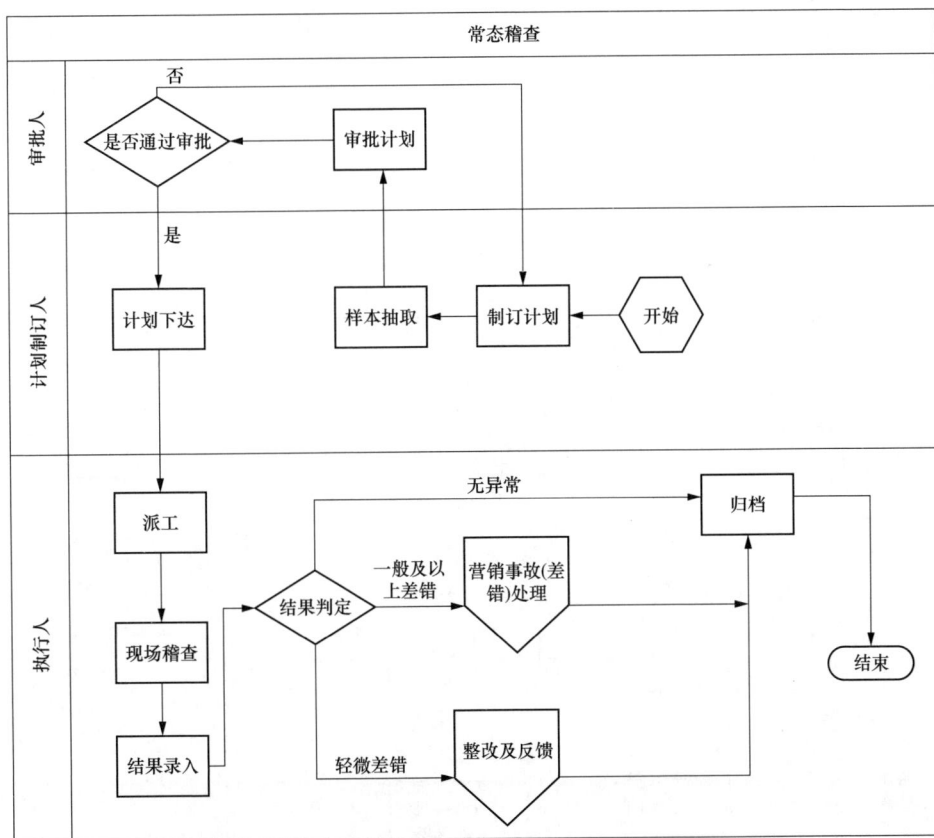

图 1-1 常态稽查作业流程

（4）常态稽查抽样比例。各项业务按周期制定明确的抽样比例标准，如业扩报装、计量管理、客户服务、用电检查可按年度明确抽样比例标准；抄核收业务可按月度明确每月的抽样比例标准。抽样比例可参照表 1-1。

表 1-1 抽 样 比 例

业扩报装		抄核收			计量管理		客户服务	用电检查	
大工业、趸售客户	其他客户	大工业、趸售客户	居民客户	其他客户	大工业、趸售客户	其他客户	客户服务	大工业、趸售客户	其他客户
5%	5%	1%	0.01%	0.05%	5%	0.05%	0.1%	2%	0.05%

二、在线稽查

1. 定义

在线稽查是指营销稽查人员通过对电力营销信息管理系统和计量自动化等系统中的业务数据进行分析，发现营销服务工作流程和工作质量中存在的问题，督促问题所属责任单位进行限期整改，从而提高营销服务管理水平和工作质量。

2. 作业流程

在线稽查作业流程如图 1-2 所示。

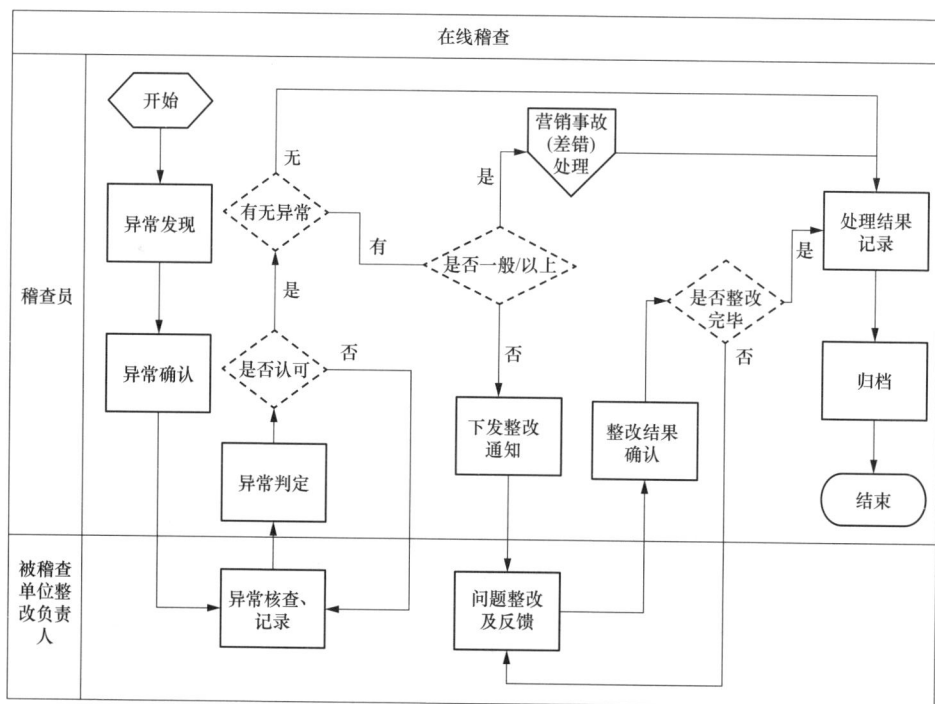

图 1-2 在线稽查作业流程

3. 开展的主要工作

（1）在线稽查开展范围。在线稽查工作由营销稽查实施部门负责实施。

（2）在线稽查程序：设置阀值→发现异常→异常核查通知→问题核查、整改、反馈。

（3）在线稽查阀值设置。营销稽查业务管理部门制定在线稽查阀值设置标准（筛选标准）、在线稽查系统功能规范，营销稽查实施部门通过在线稽查发现异常，及时通知问题所属责任单位进行核查、整改。

三、专项稽查

1. 定义

专项稽查是指根据上级单位的安排布置、营销重点工作需要或常态、在线稽查中发现的薄弱环节不定期组织开展的稽查工作。

2. 作业流程

专项稽查作业流程如图 1-3 所示。

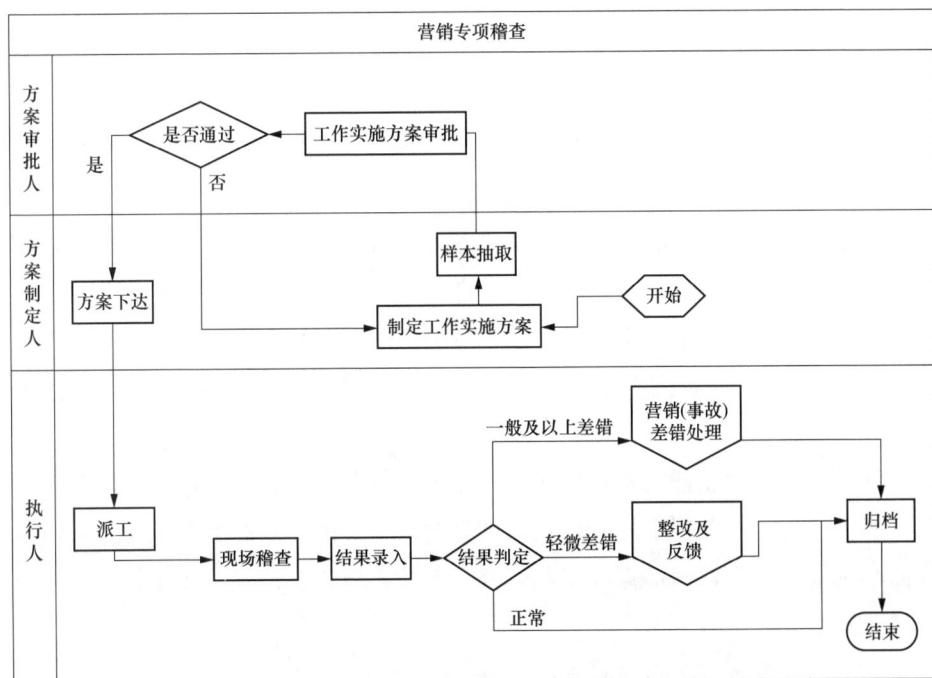

图 1-3　专项稽查作业流程

3. 开展的主要工作

（1）专项稽查开展范围。专项稽查根据上级要求、在线稽查和现场稽查发现的薄弱环节，针对问题组织开展。

（2）专项稽查程序：制定稽查工作实施方案→稽查样本选取→现场稽查→稽查问题通知、整改、反馈。

四、营销稽查风险点及防范措施

（1）稽查人员资质不符合要求，未持证上岗或资质证书过期。

防范措施：加强稽查人员资质管理，严把稽查人员的准入标准，定期组织资质培训，提高稽查人员业务和技能水平。

（2）稽查工作计划编制不合理、执行不到位。

防范措施：严格按规定编制稽查工作计划，并加强营销系统信息化和标准化建设，固化业务流程，实现稽查工作计划制订和执行的监控和考核。

（3）稽查抽样范围、比例、阀值不符合要求。

防范措施：严格按规定开展稽查抽样，并加强营销系统信息化和标准化建设，固化稽查抽样范围、比例、阀值等功能设置。

（4）现场稽查检查项目缺漏或检查不到位，检查记录、表单填写不规范。

防范措施：加强营销稽查工作的监督与考核，严格按照标准化作业表单开展现场稽查工作；同时，推广应用移动作业终端，提高工单信息录入的准确性和及时性，提高现场作业工作效率。

（5）对营销稽查发现的问题隐瞒不报、谎报，未按要求向被稽查单位下发问题整改单。

防范措施：严格履行营销稽查工作纪律，要求现场稽查以小组形式开展工作，每组人数不少于两人；加强营销稽查工作的监督与考核，对存在违规、违纪行为的稽查人员严格追责问责。

（6）营销事故调查中随意改动原始资料、记录等，使资料失去真实性，弄虚作假、隐瞒真相。

防范措施：严格履行营销稽查工作纪律，加强营销稽查人员的廉政意识教育，实事求是开展营销事故调查，对稽查案件中可能涉及的有关单位及人员采取回避制度。加强营销稽查工作的监督与考核，对存在违规、违纪行为的稽查人员严格追责问责。

（7）稽查发现问题整改复查不到位。

防范措施：建立完善稽查发现问题闭环整改机制，明确问题整改的到位标准和要求，营销稽查实施部门应严格按要求对业务单位问题整改的情况进行复查，提高问题整改质量。

（8）安全防范措施落实不到位，现场稽查过程中发生安全事故。

防范措施：加强营销稽查人员安全教育和培训力度，落实现场作业安全防范措施，按要求做好人身防护工作。

五、营销事故调查及责任追究

1. 定义

（1）营销事故：指营销人员由于失误、失职、渎职、违规、违纪、违法等原因发生工作过失导致的事故或差错。以下"事故"与"差错"不作区分时，"事故"包含"差错"。

（2）营销事故责任追究：指对有关责任单位和人员因营销工作失误、失职、渎职、违规、违纪、违法等原因，造成营销事故的，依照规定追究其责任。责任人员涉嫌犯罪的，移送司法机关依法处理。

2. 营销事故分级标准

按事故造成的经济损失、差错电量、差错金额、影响程度，可将营销事故分为特大营销责任事故、重大营销责任事故、较大营销差错、一般营销差错、轻微营销差错，如表1-2所示。

表1-2　　　　　　　　营销事故分级标准

内容	特大	重大	较大	一般	轻微
经济损失（万元）	≥500	<500，≥50	<50，≥5	<5，≥0.5	<0.5
差错电量（万kWh）	≥2000	<2000，≥200	<200，≥20	<20，≥2	<2
差错金额（万元）	≥1000	<1000，≥100	<100，≥10	<10，≥1	<1
不良影响范围	全国或全网	全省	地市	地市及以下	出现过失，但未产生影响的

注　1. 经济损失是指给供电企业（或客户）造成的直接经济损失，包括电费损失、损坏设备价值、债权损失、债务增加等可以直接用货币衡量的损失；

　　2. 在调查营销事故（差错）时，如果符合本表格多个条件时，以涉及的最高级别确定营销事故（差错）等级。

3. 营销事故调查要求及报告编写

（1）调查原则。营销事故的调查应遵循"四不放过"原则，即事故原因未查清不放过、责任人员未处理不放过、整改措施未落实不放过、有关人员未受到教育不放过。

（2）调查工作内容。

1）现场调查取证，查明事故发生的经过、原因及直接经济损失。调查取证内容包括但不限于：事故发生的时间、地点，涉及部门、人员；事故经过；需要进行应急处置，应有措施落实情况；事故造成的影响范围、社会影响、影响用户数量及损失情况；有关计量装置、信息系统等记录情况；了解制度执行、管理措施和培训等方面存在问题。

2）认定事故的性质和事故责任。

3）提出对事故责任者的处理建议。

4）总结事故教训，提出防范和整改措施。

5）按规定的时限编写营销事故调查报告。

（3）营销事故调查流程（见图1-4）。

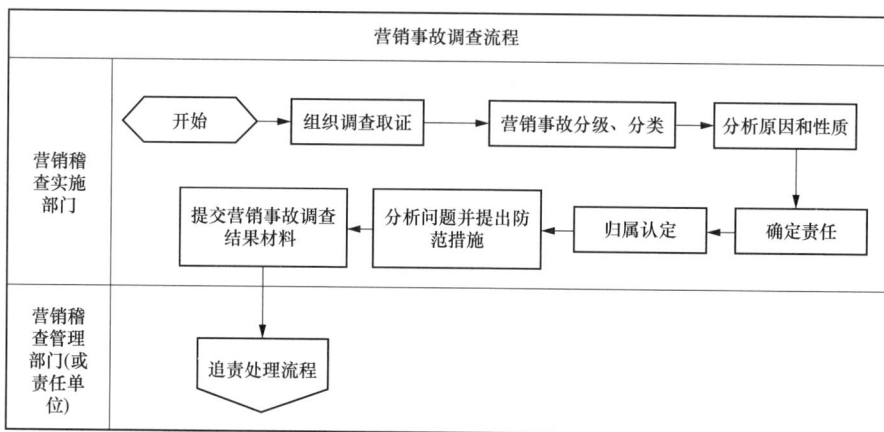

图 1-4 营销事故调查流程

（4）营销事故调查报告应包括但不限于以下内容：基本情况、事故经过、原因分析、暴露问题、差错定性及问责建议等。以下是一份客户投诉类营销事故调查报告的格式及内容。

关于××市××县客户投诉××问题的调查报告

描述要求：本项须列明收到转办时间及工单类型。

示例：××年××月××日，公司收到95598投诉工单〔201×××××××〕，立即组织对事件进行调查处理。具体情况如下：

一、客户诉求

描述要求：本项内容为投诉事项摘要。

示例：××市××县客户××于××月××日反映××事项，客户对此不认可，要求尽快解决。

二、调查情况

（一）客户情况

描述要求：本项内容为用户基本情况描述，包括：户名、户号、用电地址、用电类别以及其他信息。其他信息视事件涉及的内容选择相关的基本信息填写。

示例：户名：××；户号：××；用电地址：××；用电类别：××；电能表类别：××；抄表周期：×月抄表；抄表例日：×日；所属台区：××台区。

（二）事件经过

描述要求：本项内容按照事件发生的时间顺序、采用陈述的方式进行描述，包括时间、地点、人物（报告中第一次提到的需详细列明单位及岗位）以及所发生的事项，详细还原事件经过。同一天有多个事项发生的要分别写明具体时间。

示例：××年××月××日××时××分，××局××班××办理了××业务。

三、原因分析

描述要求：按照管理制度、业务流程、执行要求、投诉风险防控措施及投诉管控到位标准等要求，针对每一条事件经过进行逐一对照分析，查找差错原因并进行描述。同时，需区分造成事件的主要原因、次要原因、扩大原因等。

示例：××违反公司××规定，导致×××，是本次差错的主要原因。

四、暴露问题

描述要求：本项内容应明确描述违反公司哪项制度、规定以及事项。

示例：××供电所抄表人员违反《××公司抄表管理细则》规定，未按抄表例日抄表，在得到批量轮换工单归档可进行抄表的信息后，未按规定及时进行补抄。

五、差错定性

描述要求：根据营销差错问责的相关规定，认定差错的等级。

示例：根据××规定，该差错属于××营销差错。

六、问责建议

描述要求：按照公司××规定，分别对责任单位、责任人提出问责处理建议。包括：何人，何岗位，对什么工作不到位，负何责任，给予何处分等内容。顺序按相关人员的职务由高到低列出。

示例：根据《某公司营销事故责任追究实施细则》对于较大营销差错的问责规定，由××供电局对责任单位××供电局客户服务中心、××（县区）供电局进行约谈并责令整改，在××供电局内给予通报批评；并对责任人问责如下：

1. 张三，××供电局××，对业扩报装、业扩配套工程、客户诉求管理不到位，负管理责任，给予警告处分。

2. 李四，××供电局××，对客户诉求管理不到位，负管理责任，给予警告处分。

特此报告。

附件：×××××××

（事件调查单位/调查组需对事件调查的情况和现场进行照相、录像、做好调查记录、收集和妥善保存相关资料）

某公司市场营销部

××年××月××日

4. 问责惩处原则

营销事故责任追究应坚持实事求是、客观公正、依责论处、惩教结合、逐级与分级问责的原则。

5. 问责惩处方式

（1）对事故责任单位的惩处。对营销事故责任单位的追责方式可分为责令整改、约谈、通报批评、取消评先资格。

1）责令整改。问责单位责令营销事故责任单位限期内停止和纠正差错行为、制定并落实防范措施。

2）约谈。对发生营销事故或未按时保质履行整改的责任单位分管营销负责人进行约谈问责。

3）通报批评。根据营销事故等级在相关责任主体范围内进行通报批评。

4）取消评先资格。取消所在单位本年度有关先进集体评比的资格。

（2）对事故责任人的惩处。对营销事故责任人的追责方式可分为管理措施，行政惩处，党纪、团纪惩处。

1）管理措施。根据营销事故等级，责令事故责任人书面检讨；或在相关责任主体范围内进行通报批评。

2）行政惩处。结合企业内部关于员工惩处的相关规定，根据营销事故等级对事故责任人可给予警告、记过、记大过、降级、撤职、开除并解除劳动合同等惩处，停发惩处决定作出之日起的部分绩效工资及扣减相应绩效积分。

3）党纪、团纪惩处。事故责任人违反党纪、团纪的，按照党、团有关规定进行责任追究。

第四节　营销稽查工作报告

营销稽查工作报告作为营销稽查人员常用的一种文体，它是交流信息，报告稽查结果最重要、最常用且必不可少的一种方式。

一、营销稽查工作报告的编写

1. 定义

营销稽查工作报告是指稽查人员根据稽查工作计划对被稽查单位实施必要的稽查程序后，对被稽查单位的电力营销活动和内部控制进行评价，并提出改进管理建议的书面文件。营销稽查工作报告是各类稽查方式周期内稽查工作的结果，是稽查工作成果的体现。

2. 报告的作用

（1）总结分析周期内稽查工作。

（2）向稽查工作报告的使用者提供有关电力营销经营活动及内部控制的信息，并提供营销稽查意见和建议。

（3）推动管理层改变和改善电力营销经营活动及内部控制，健全完善营销工作机制，防范营销业务风险。

3. 编写步骤

营销稽查工作计划完成后，由营销稽查实施部门负责编写工作报告，主要涉及以下三个工作步骤：

（1）检查营销稽查工作计划的完成情况。在编写营销稽查工作报告前，应对照营销稽查工作计划既定的稽查范围、稽查内容、稽查发现问题及整改情况进行全面检查，保证稽查工作覆盖了工作计划既定稽查范围的全部内容，所有的稽查步骤都已经实施。

（2）评估稽查发现问题的重要性。在营销稽查工作实施过程中，稽查人员可能会稽查发现大量的问题，但并非所有稽查发现问题均须写入工作报告。写入工作报告的问题应该与稽查目的有着重要联系，能够为报告使用者关注，并为改进工作提供有价值的重要信息。其他一些与稽查目的无关或关系不大，对稽查意见和建议没有多大影响的问题可不写入。因此，稽查人员应对稽查发现问题的重要性进行评估，即对稽查发现的代表性、典型性和严重性进行分析，透过现象抓其本质，有目的、有系统、有选择地确定报告中稽查发现的问题。

（3）编写工作报告。工作报告内容应报告总体情况、稽查工作具体情况、稽查发现问题及管理建议等几方面内容。工作报告应及时编写，并在考虑用户、结构的基础上，达到客观、完整、清晰、富有建设性，并体现重要性原则的标准。

4. 报告的质量要求

营销稽查工作报告应当客观、完整、清晰、及时、具有建设性，并体现重要性原则。

（1）客观。指营销稽查人员应基于客观的立场，不带丝毫个人的主观意见。所揭示的问题和缺陷都是真实存在并有充分可靠的证据作支撑的，实事求是地反映稽查事项，做出客观、公正的稽查结论。

（2）完整。营销稽查工作报告应当做到要素齐全，叙述事实完整、格式规范，不遗漏稽查发现问题的重大事项，稽查结论完整。

（3）清晰。营销稽查工作报告的结果清晰、富有逻辑、突出重点、简明扼要、用词准确、观点明确、易于理解。

（4）及时性。营销稽查工作报告应当及时编制，以便管理层适时采取有效纠正措施。在保证报告质量的前提下，报告应当在完成现场稽查工作后尽快编制，经过征求意见和补充修改后分别送达各有关方面。

（5）建设性。营销稽查工作报告不仅应当发现问题和评价过去，而且还应能解决问题和指导未来，提出的稽查建议应切实可行，有助于及时采取纠正行动，改善内部控制。

二、营销稽查工作报告的内容及要求

1. 报告类型

营销稽查工作报告根据营销稽查工作的不同情况和管理层的不同需求，可以按照不同维度分类。

（1）按稽查周期分为营销稽查工作月报、营销稽查工作季报、营销稽查工作年报。

（2）按稽查类型分为综合稽查工作报告和专项稽查工作报告。

2. 内容及格式

营销稽查工作报告应当包括的基本要素是：总体情况、具体开展情况、稽查发现问题、稽查建议等。稽查人员可根据营销稽查的具体情况进行调整报告内容，如增加稽查工作动态、典型案例分析等。以下选取营销稽查工作月报和专项稽查工作报告的内容及格式进行介绍。

××公司营销稽查工作月报

一、营销稽查工作概况

描述要求：本项内容为稽查工作的总体概况。

示例：

2016 年 6 月，督促下属单位开展涵盖营销领域各业务的常态稽查；按季开展飞行稽查和在线稽查，及时通报飞行稽查发现的问题，完善在线稽查规则；根据营销工作重点开展营销领域关键风险点专项稽查、业扩专项治理专项稽查、信息公开专项稽查。通过多形式的稽查模式，提高了对营销业务的管控力度，有效促进了营销管理水平的提升。

二、营销稽查工作情况分析

描述要求：本项内容为稽查工作的具体开展情况，分析总体稽查样本数量、差错率、差错数量及整改数量等情况。

示例：

本月情况：某公司 6 月营销业务数量 20689.01 万个，计划稽查样本数 219.30 万个，稽查抽查率 1.06%，发现问题样本 86028 个，差错率 3.51%，公司发出整改通知单 86028 单，整改反馈数 86028 单，稽查整改完成率 100%。

当年累计情况：某公司 1～6 月营销业务数量 20689.01 万个，计划稽查样本数 219.30 万个，稽查抽查率 1.06%，发现问题样本 86028 个，差错率 3.51%，公司发出整改通知单 86028 单，整改反馈数 86028 单，稽查整改完成率 100%。

（以发现问题的专业分布为数据基础，展示饼状图；以发现问题的样本数为竖轴，以地区为横轴，展示柱状图）

（一）常态稽查工作情况

（各月稽查样本数量、差错率、各月数量和差错率可列柱形图）

1. 抽样率情况

当月公司营销业务数量 20689.01 万个，稽查抽查率 1.06%。各类业务抽查率分别为：业扩报装 27.51%；抄核收 0.53%；计量管理 62.76%；用电检查 8.39%；客户服务 1.53%；其他 17.69%。公司稽查抽样比例均符合规定。

当年累计，公司营销业务数量 20689.01 万个，稽查抽查率 1.06%。各类业务抽查率分别为：业扩报装 27.51%；抄核收 0.53%；计量管理 62.76%；用电检查 8.39%；客户服务 1.53%；其他 17.69%。公司稽查抽样比例均符合规定。

2. 差错及整改情况

当月累计，常态稽查发现存在问题样本 86028 个，差错率 3.51%，公司共发出整改通知单 86028 单，整改反馈数 86028 单，稽查整改完成率 100%。

（可用柱状图分别展示各下属单位问题样本数量排名、差错率排名、整改完成率排名）

（二）在线稽查情况

当月在线稽查规则执行 100 条，当月在线稽查覆盖率 32%（当月稽查规则数 / 在线稽查规则总数 ×100%）。

已下发在线稽查样本 100 个，其中有效异常样本 20 个，无效异常样本 80 个，有效异常率 20%。各类业务稽查情况分别为：业扩报装（有效异常样本 5 个，有效异常率 20%）；抄核收（有效异常样本 5 个，有效异常率 20%）；计量管理（有效异常样本 5 个，有效异常率 20%）；用电检查（有效异常样本 2 个，有效异常率 20%）；客户服务（有效异常样本 2 个，有效异常率 20%）；其他（有效异常样本 1 个，有效异常率 20%）。

当年在线稽查规则累计执行 100 条，当年在线稽查覆盖率 32%（当月稽查规则数 / 在线稽查规则总数 ×100%）。

已下发在线稽查样本 100 个，其中有效异常样本 20 个，无效异常样本 80 个，有效异常率 20%。各类业务稽查情况分别为：业扩报装（有效异常样本 5 个，有效异常率 20%）；抄核收（有效异常样本 5 个，有效异常率 20%）；计量管理（有效异常样本 5 个，有效异常率 20%）；用电检查（有效异常样本 2 个，有效异常率 20%）；客户服务（有效异常样本 2 个，有效异常率 20%）；其他（有效异常样本 1 个，有效异常率 20%）。

当月累计，在线稽查发现问题样本 86028 个，差错率 3.51%，公司发出整改通知单 86028 单，整改反馈数 86028 单，稽查整改完成率 100%。

当年累计，在线稽查发现问题样本 86028 个，差错率 3.51%，公司发出整改通知单 86028 单，整改反馈数 86028 单，稽查整改完成率 100%。

（三）专项稽查情况

某公司当月发起专项稽查工单 10 条，发现差错数 100 个。

当月累计，在线稽查发现问题样本 86028 个，差错率 3.51%，公司发出整改通知单 86028 单，整改反馈数 86028 单，稽查整改完成率 100%。

当年累计，在线稽查发现问题样本 86028 个，差错率 3.51%，公司发出整改通知单 86028 单，整改反馈数 86028 单，稽查整改完成率 100%。

三、营销稽查发现问题

描述要求：本项内容为周期内稽查工作过程中发现的问题。

示例：

　　1～6月共查处营销服务一般差错114宗，未发生较大及以上差错。具体发现各业务中存在问题如下：

　　（一）业扩管理方面

　　1. 业扩报装"五项机制"落实不到位。个别地市局未按要求落实"在现场勘查环节，由系统随机抽取基层单位10%以上高压客户报装工单，由客户服务中心实行'提级'办理"的工作要求。

　　2. 业扩报装归档资料不完善。归档档案中无施工单位的承装（修、试）电力设施许可证资质证件；组织机构代码证等资料未加盖核对原件章，中间检查意见书、竣工检验意见书等作业表单填写不规范。

　　（二）抄核收管理方面

　　1. 抄表不到位。个别客户现场检查的抄录行码和系统遥测的行码存在逻辑错误、个别遥测客户未能按照规定进行现场定期抽查。存在错抄、漏抄、分散复核不到位等现象。

　　2. 基本电费计收错误。个别大工业客户办理用电变更手续后，营销系统未及时更新档案，电费核算不到位，造成多计收客户基本电费。在暂停恢复后漏收超期部分基本电费。

　　（三）计量管理方面

　　……

　　（四）用电检查方面

　　……

　　（五）客户服务及其他业务方面

　　……

　　（六）管理线损方面

　　……

　　四、营销稽查工作动态

　　描述要求：本项内容为周期内稽查工作动态、工作亮点或成效。

　　示例：

　　（一）加大公司层面稽查指导力度。第一、二季度公司层面积极指导地市供电局开展稽查工作，组织了包含八个规则在内的在线稽查一次；组织全覆盖的业扩专项检查一次；组织营销领域关键风险点专项稽查一次；组织信息公开专项稽查、用户受电工程市场秩序检查各一次。结合地市局常态开展的常态稽查、在线稽查，取得了良好的效果，其中，在线稽查方面发现稽查规则"电价代码与用电类别不匹配异"存在执行问题，通过闭环管理，基本得到了妥善解决，对今后工作有极大指导作用。

（二）组织对2015年营销领域发生的违规违纪案例进行分析。收集、整理、分析了2015年辖区内发生的营销领域违规违纪案件，组织地市供电局学习典型案例，共同剖析案例发生的深层次原因，形成的分析报告同时提出了下一步的主要应对措施，对类似问题的再次发生起到了预防作用。

2017年××供电局客户停电管理工作专项稽查报告

描述要求：本项简单描述专项稽查工作开展的背景。

示例：

为加强停电工作管理，有效提升客户服务水平，按照"从严动真"工作要求，2017年4月至5月，某供电局组织开展客户停电管理工作专项稽查。现将专项稽查工作情况报告如下：

一、稽查总体概况

描述要求：本项内容为专项稽查工作的总体概况。

示例：

2016年至2017年4月，某供电局共接收客户抱怨4376宗，其中，对停电与电压质量的抱怨有950宗，占比21.7%，居抱怨量第二。在停电诉求类别当中，客户对未接收到停电信息、停电时间长、频繁停电、延时送电及欠费复电延时等情况抱怨较高。本次专项稽查重点检查基层供电单位重过载、频繁重复停电台区管理、综合停电管理、欠费停电和违约用电停电处理、停送电信息传递时限、停电信息发送情况和停电数据统计等六个方面内容，稽查总样本数8970个，共抽取样本数3284个，共发现问题292个，差错率为8.89%。

二、稽查发现问题主要情况

描述要求：本项内容为专项稽查工作过程中发现的问题。

示例：

（一）停电管理"三条底线"执行不到位。被稽查单位预安排停电样本数共266个，稽查样本43个。供电分局停电管理预安排停电每年不超过2次和预安排停电时间不超过24小时执行情况落实较好，未发现存在问题；共发现单次预安排停电超8小时的停电事件数32个，差错率为74.42%，平均停电时间超10小时，最长停电时间超14小时，主要因基建工程量较大且现场施工难度高，部分工程多项工作结合进行，导致停电所需时间较长。

（二）欠费停电未录入营销系统。被稽查单位欠费停电样本数共1159个，稽查样本22个，发现问题样本20个，差错率90.91%，主要为供电分局未将欠费停电录入营销系统。

三、典型案例分析

描述要求：本项内容为专项稽查工作过程中发现的典型案例，并对其问题进行分析，并提出整改建议。

示例：计划停电延时复电未通知客户

某供电局停电计划（工单编号：00000000001000650873），计划停电时间2017年1月4日8时至18时，实际停电时间为2017年1月4日8时4分至22时8分，延迟4小时8分，导致880户客户延时送电；稽查中发现该单停电责任单位未申请延时复电，导致客户未能及时了解延时复电情况。

整改建议：某供电局应做好管辖范围内电力线路、设备运维巡视、维护、预试定检，根据运行风险，在规定时间内处理缺陷，尽可能避免引发故障停电；严格按照要求进行延时复电流程处理，确保客户及时了解延时复电情况。

四、管理建议

描述要求：针对专项稽查发现问题，结合被稽查单位的实际情况，提出管理建议。

示例：

（一）加强重过载及频繁重复停电台区管理

检查发现部分重过载台区未能在规定时间完成整改的情况，建议供电分局开展低压客户用电负荷情况核查工作，对存在超容量用电的客户提出整改要求并进行跟踪落实，对低压客户接入做好审查工作，控制低压非居民客户接入重载配变；针对已发现及新发现的重过载配变，明确责任人，及时制定整改方案，根据负荷密度，合理选用大容量配变进行供电。

（二）抓好综合停电管理，落实停电联动机制

检查发现部分供电分局存在预安排停电时间长的情况，建议设备部、基建部、调控中心等部门进一步完善主配网设备检修联动机制，开展10kV母线停电专项优化分析，刚性执行"能转必转"，做好主配网计划的联动优化以及配网检修与配网工程停电深度结合，合理评估计划停电时间，均衡细化每日工作量及操作安排，提高停电执行准确率，实现"少停电、按时送电"的客户承诺。

第二章　业扩业务稽查

第一节　业扩业务基础知识

一、业扩业务概念

业扩又称业务扩充，指为客户办理新装、增容业务手续，包括业务受理、现场勘查、确定及答复供电方案、受电工程设计审查、中间检查、竣工检验、签订供用电合同、装表接电和建立客户档案等工作环节。

二、业扩业务工作内容

业扩是供电企业进行电力供应和销售的重要环节，属供电企业的售前服务行为。因此，对业扩的稽查在电力营销稽查工作中占有十分重要的地位。业扩主要流程为：

（1）在客户提出用电业务申请后，了解客户办理业务信息并告知须提交的报装资料，前往现场收集客户资料，依据国家有关政策和规定、电网运行和规划建设情况、客户的用电需求以及综合现场勘查结果等因素制定并答复供电方案。

（2）根据确定的供电方案，一方面，对于业扩工程投资界面延伸至红线的客户，按业扩配套项目管理要求启动和实施业扩配套项目；另一方面，组织对客户内部受电工程进行竣工检验，按规定收取客户业扩费用后，与客户签订供用电合同。

（3）签订供用电合同后，组织完成装表接电，将客户有关资料传递相关部门建档立户，建立或更新客户信息档案，收集、整理供电企业与客户之间在供用电业务活动中形成的资料并归档。

业扩工作的主要内容包括以下几方面：

1. 业务受理

业扩业务受理是指供电企业通过网上营业厅、微信服务平台、95598服务热线等远程渠道和实体营业网点，受理客户新装增减容、变更用电所必需的登记和相关业务手续，其中业扩新装、增减容业务应全面实施"一口受理"。

（1）供电企业应向客户、售电公司提供用电业务办理指南，公布业扩的办理程序、收费标准、收费依据以及客户用电申请办理进度和时限等信息，在报装前期实施"一次性"主动告知服务，公开电网电源相关信息，确保客户、售电公司知晓业务办理内容以及在办理业务过程中的权利和义务。

（2）供电企业在受理客户报装申请时，必须核实客户结清电费以及无违约用电、窃电等行为，同时应主动了解客户计划投产时间，协助客户提前做好停电（带电）接入申请工作，确保客户如期送电。

（3）供电企业应对客户办理用电业务提供的资料进行审查，对资料不完整的，应一次性通知客户补齐并出具受理回执。客户提供的资料应在当日录入营销系统。

（4）供电企业应为重要客户和重点关注客户、重点项目、大型骨干企业、保障性住房和安居工程等办理业扩报装开辟绿色通道，优先办理，力求以最快的速度让客户用上电。

2. 现场勘查和确定及答复供电方案

（1）在客户提交用电申请后，勘查人员应在接到业扩工单的1个工作日内电话预约现场勘查时间、地点，了解客户办理业务信息并告知须提交的报装资料。

（2）现场勘查的内容包括：客户资料收集、核实用电容量、用电类别、可靠性要求、自备电源等客户用电信息，初步确定供电电源数（单电源或多电源）、供电电压、电源接入点、客户用地红线内的配电房类型及数量、公用配电房位置尺寸要求、线路走廊、投资分界、计量方案、计费方案和是否具备带电作业条件等。

（3）现场勘查时提前打印《用电业务申请表》《用电申请受理回执》《用电现场勘查情况表》等上门受理业扩报装作业表单。

（4）《客户现场勘查情况表》是编制供电方案和实施业扩配套项目的依据，现场勘查结果应在勘查情况表上记录，记录应完整、翔实、准确。

（5）勘查人员应根据客户办理业务类别，核查客户提供的报装资料原件是否齐全、有效，并拍照记录作为报装和存档资料。

（6）客户报装资料不齐全的，应向客户出具《用电申请受理回执》，在回执上注明所缺报装资料，并约定规定时限内补齐所缺资料。

（7）对于城乡居民自建住宅客户申请为合表客户，业扩人员在勘查阶段按照有关的判断标准上门核实，并对楼体、内部结构等典型特征拍照存档（资料在营销系统上传存档）。

（8）勘查人员收集客户报装资料后，应在1个工作日内补充完善业扩工作单详细信息，并在营销系统上传报装资料。

（9）供电方案应依据国家的有关政策和规定、当地电网规划、用电需求以及当地的供电条件等因素确定，满足安全、经济、合理和便于管理的要求。

（10）供电方案内容包括电压等级、用电性质、变压器（含电动机）容量、供电电源数（单电源或多电源）、供电回路数、电源接入点、接入系统示意图、出线方式、供电线路敷设方式、配电房设置、功率因数考核标准、计划送电时间、投资界面、业扩费用、初步的计量和计费方案、供受电工程建设及投产时间容量、资产移交以及供电方案的有效期等内容。对于业扩工程投资界面延伸至红线的客户，按产权分界点制定供电方案，分界点电源侧线路信息不纳入供电方案。

（11）供电企业应在答复客户供电方案时将业扩电子化移交资料采集清单和模板提供给客户，并向客户介绍电子化移交流程，按照业扩电子化移交操作指引完成客户新装、增减容、拆除等相关数据信息的更新。采集资料包括：沿布图（具备条件的地区提供），更动前、后的接线图（单线图），高低压电气一次主接线图，设备属性表，照片等。

（12）供电方案应在下述时限内书面答复客户，因供电企业原因不能按期答复供电方案，应主动向客户说明原因；非供电企业原因造成供电方案答复延误的，应将有关情况记录存档。

答复供电方案时限：自受理客户正式申请用电之日起，低压居民客户采用低压零散居民快速新装流程；低压非居民客户出具《客户现场勘查情况表》不超过2个工作日；中压单电源客户不超过5个工作日，中压双电源客户不超过7个工作日；高压单电源客户不超过13个工作日，高压双电源客户不超过20个工作日。

（13）中、高压客户供电方案的有效期为供用电双方签订之日起1年逾期作废。因特殊情况，供电方案在有效期限内需要变更的，供电企业与客户充分沟通，合理调整、重新签订供电方案。

（14）涉及新建公用电房的供电方案，供电企业应与建设投资方协商签订《公用配电房无偿使用协议》，建设单位提供符合供电规范、市政规划、消防、环保及安全要求的适用场所，检修（管线）通道，竖井和用于安装供电设施及计量装置等空间。

（15）答复供电方案时告知客户设计必须符合业扩受电工程典型设计和用

电客户电能计量装置典型设计的要求。

（16）依据国标对重要电力客户进行电源配置。客户不按要求进行电源配置的，在客户报请电力监管机构或当地政府主管部门书面同意后，供电企业才能继续受理报装。普通客户重要负荷的供电电源及应急电源配置必须符合 GB 50052—2009《供配电系统设计规范》的规定，同步设计、施工，在竣工查验时一并验收。对重要电力用户和其他客户的一、二级负荷，应申请高可靠性供电。

（17）重要电力用户自备应急电源的配置应依据保安负荷的允许断电时间、容量、停电影响等负荷特性，按照各类应急电源在启动时间、切换方式、容量大小、持续供电时间、电能质量、节能环保、适用场所等方面的技术性能，选取合理的自备应急电源；客户自备电源与电网电源之间应装设可靠的电气或机械闭锁装置，防止倒送电。

（18）供电企业应按照国家、行业相关标准向客户明确电能质量指标，对电能质量有特殊要求的客户提供专业指导，组织审查有大容量非线性用电设备（电弧炉、中频炉、整流和变频设备、充换电设施等）的客户接入系统方案和客户提交电能质量评估报告，帮助做好谐波防范和治理工作，客户电能质量要达到相关管理规定的要求。

（19）非永久性的用电，供电企业应给予临时电源供电，临时基建用电参照高、低压单电源流程要求执行，安装电能计量装置。公共集会、节日彩灯、影视拍摄等临时用电以及抢险救灾等紧急供电，不具备条件的可不安装电能计量装置，供电合同应依据客户用电容量、使用时间、规定的电价明确计收电费。公共集会、节日彩灯、影视拍摄等临时用电一般不超过 7 天。

（20）在客户签订供电方案后 1 个工作日内，经过客户同意后可在网上营业厅公示客户受电工程规模、业主姓名及联系方式、用电地址、预计投产时间等信息，公示时间不得少于 7 天。

（21）供电方案免审批责任遵循"谁制定、谁负责"。10kV（20kV）及以下客户供电方案免审批。

3. 受电工程设计资料审查、中间检查和竣工验收

（1）设计资料审查。

1）受理人员应认真审核设计单位是否具备相应的设计资质和图纸清单，填写《客户受电工程设计审查意见》。

a. 各级供电企业无偿向客户提供业扩受电工程设计规范（包括导则和图集，以下简称"典设"）。设计单位依据供电方案内容直接引用，并出具说明确认引用"典设"情况。审图人员核准所有图纸为符合"典设"规范的，应及时

向客户反馈设计审查意见书，客户可依据图纸组织施工。对于未采用"典设"规范的图纸要照常实行技术审查。

b. 工程设计资质实行统一备案，如未在营销系统中添加资质的需提供设计单位资质证明材料《工程设计资质证书》复印件并盖章。

c. 设计单位需在设计图纸中添加"典设"引用说明，并根据《客户受电工程图纸设计说明目录（模板）》出具说明确认引用"典设"情况。

d. 供电企业应依照国家、行业标准和有关规定，对客户送审的受电工程设计资料进行审查。设计审查应采用相关专业集中会审方式，审查结论遵循岗位责任制原则，由审查人员对审查结果负责。设计单位资质资料与设计图纸同步进行受理和审查，同时应一次性提出审查意见，不得对同一设计资料进行多次审查，并在以下时限内将受电工程设计审查意见以书面形式反馈给客户。

审查受电工程设计时间自受理之日起，中、高压客户不超过 10 个工作日。

2）设计资料主要审核内容。

a. 审查具体范围：（高）中压从电源接入点至（中）低压配电柜的出线端；低压从电源接入点至计量箱和进线总开关（箱）。统建住宅小区从电源接入点至客户计量点。

b. 设计是否按供电方案要求进行。

c. 设计是否符合供电企业内部业扩受电工程典型设计和用电客户电能计量装置典型设计的要求。

d. 设计是否符合国家有关电气技术规范。特别是受电装置、计量装置、设备载流量、联锁装置、平面布置，是否满足安全、经济、合理的要求。

e. 设计审查应严格按照国家有关规程、规定、标准，结合工程实际情况进行审核。审核的主要依据有：

——GB 50052《供配电系统设计规范》；

——GB 50053—2013《20kV 及以下变电站设计规范》；

——GB 50054《低压配电设计规范》；

——GB 50060《3～110kV 高压配电装置设计规范》；

——GB 50055《通用用电设备配电设计规范》；

——GB 50062《电力装置的继电保护和自动装置设计规范》；

——GBJ 63《电力装置的电测量仪表装置设计规范》；

——GB 50217《电力工程电缆设计规范》；

——GB 50227《并联电容器装置设计规范》；

——GB 50061《66kV 及以下架空电力线路设计规范》；

——JGJ/T 16《民用建筑电气设计规范》；

——DL/T 621《交流电气装置的接地》；

——《广东省 10kV 及以下业扩工程设备技术规范》；

——《广东省 10kV 及以下业扩工程设备选型规范》；

——供用电双方签订的《供电方案》。

以上未注明日期的标准或规范，其最新版本均可引用。

3）受电工程设计审查通过后，客户方可开展工程施工。

4）工作流程。

a. 供电所（营业厅）负责接收受电工程设计资料，对设计单位资质进行核查，将设计资料至少一份、工程设计资质证书复印件在 2 个工作日内送交审核部门。

b. 有关部门对设计资料进行审核，在 5 个工作日内一次性以书面形式提出审核意见，对通过审核的设计资料加盖审图专用章，并在承诺服务时限内通过供电所（营业厅）将审核意见反馈给客户。

c. 对通过审核的设计资料要求变更，同样必须履行设计资料审核手续，经审核同意加盖图纸审核专用章后方可有效。

（2）中间检查。

1）客户准备好中间检查相关资料向营业网点提出中间检查申请。

2）营业网点对客户提交的中间检查资料进行审核，资料齐全后在 0.5 个工作日内按中间检查岗位职责将资料转交工程检查组织部门。工程查验组织部门须在规定的剩余时限内（中、高压 2.5 个工作日内）组织相关检查人员到现场进行中间检查。

3）工程检查组织部门接到中间检查资料，根据规定时限与客户确定现场查验时间，按预约时间组织相关人员到达现场并主持工程中间检查，按照供电部门审核通过的设计图纸和《客户受电工程中间检查现场作业表》对隐蔽工程进行检查，经检查后，组织部门汇总各检查人员意见，填写《客户受电工程中间检查意见书》。

4）工程检查组织部门完成营销信息系统对应环节的资料录入及流转。

5）工程检查组织部门将工程中间检查资料交资料管理员归档。

6）在中间检查过程中，如发现隐蔽工程存在缺陷，工程检查组织部门应一次性向客户提出整改要求。整改完毕，客户自行组织检查，合格后向营业网点提出复查申请，营业厅在 0.5 个工作日内将复查申请交给工程检查组织部门。工程检查组织部门在 2.5 个工作日内负责对整改情况进行跟踪复查，检查后在

《客户受电工程中间检查意见书》填写意见。检查不合格的，重复上述流程，直到查验合格为止。

（3）竣工检验。

1）客户准备好竣工检验相关资料后向营业厅提出竣工检验申请。

2）营业厅对客户提交的竣工检验资料进行审核，资料齐全后在0.5个工作日内按竣工检验岗位职责通知工程检验组织部门。工程检验组织部门须在规定的剩余时限内（中高压单电源2.5个工作日，中高压双电源4.5个工作日）组织相关检验人员到现场进行竣工检验。

3）工程检验组织部门接到通知后，在规定时限内组织相关人员按《客户受电工程竣工检验现场作业对照表》开展竣工检验；检验后，汇总各检验人员意见，填写《客户受电工程竣工检验意见书》。

4）工程检验组织部门完成营销信息系统对应环节的资料录入及流转。

5）工程检验组织部门将工程竣工检验资料交资料管理员归档。

6）在竣工检验过程中，如发现工程存在缺陷，工程检验组织部门应一次性向客户提出整改要求。整改完毕，客户自行组织检验，合格后向营业厅提出复查申请，工程检验组织部门负责对整改情况进行跟踪复查，检验后在《客户受电工程竣工检验意见书》填写意见。检验不合格的，重复上述流程，直到查验合格为止。

4. 业扩费用收取与合同签订

（1）业扩费用收取。按国家和地方政策收取业扩费用，各供电企业不得自立收费名目或者自定收费标准，严禁向客户收取国家已明令取缔的收费项目。客户应在签订供用电合同前缴纳高可靠性供电费用。

（2）拟订供用电合同。

1）供用电合同统一按照《供用电合同》范本进行拟订。

各使用单位不得擅自对《供用电合同》及其附属协议范本的内容作出原则性修改；补充条款也不得对《供用电合同》及其附属协议范本的内容构成实质性修改、限制或抵触。对必备条款的修改意见应向上级汇报，经论证通过后方可修改。

2）对于下列客户，除签订《供用电合同》外，还需签订《〈供用电合同〉补充协议书》或《〈供用电合同〉担保协议书》。

a. 信誉度低的客户；

b. 查实违反供用电合同行为的客户；

c. 生产、经营不符合国家或政府产业政策要求的客户；

d. 经查实，在工商、税务、环保、司法及公众舆论等部门有不良记录的客户；

e. 用电方为用电地址房产租赁人的（担保人必须为用电地址房产的产权人）。对以租赁客户名称进行报装的，在供用电合同中应增加"用电方办理过户、销户用电业务，须经担保方（业主）同意。"作为约定条款；

f. 对发生欠费或经查实有窃电或违约用电行为的；

g. 其他因实际工作需要，需签订上述协议书的客户。

3）供用电合同中的供、受电设施产权分界点应按照供电方案确定。

（3）签订供用电合同。

1）低压居民用电采用合同背书形式签订。背书合同印于《居民客户用电业务受理表》背面，在客户办理业务时一并签订；其他新装（增容）业务应在送电前签订供用电合同。

2）供用电合同必须经双方法定代表人（负责人）或委托代理人签章，供电方加盖"供用电合同专用章"，客户加盖"合同专用章"或单位公章。

3）用电方签约人应是法定代表人（负责人）或委托代理人。签约人必须持有法定代表人（负责人）证明或授权委托证明书，并在签订供用电合同之前提供给供电方。

4）供电方应对合同签约人的合法身份进行审查，包括法定代表人（负责人）的合法身份、委托代理人的身份证明、代理权限和代理期限等。并将客户的法定代表人（负责人）证明书或授权委托证明书附于供用电合同后作为合同的附件。

5）供用电合同的编号由各地市局统一编号规则并管理。

6）对于与下列重要用户签订的供用电合同，由各县（区）供电局报地市供电局市场营销部备案：

a. 客户受电电压在 35kV 及以上的；

b. 客户具有冲击负荷、波动负荷、非对称负荷且总容量为 3150kVA 及以上的；

c. 已签订《购售电合同》的客户；

d. 跨供电营业区域供电的中、高压客户。

7）与客户重新签订合同时，如原合同约定有特殊事项需延续的，应在新合同中继续约定。

（4）供用电合同印章。

1）"供用电合同专用章"由各地市供电局统一规格，统一编号，并设专

（兼）职人员负责保管。

2）签订供用电合同时，应在供电方法定负责人或授权委托人签字后盖"供用电合同专用章"，并加盖骑缝章。

3）供用电合同专用章仅用于供用电合同签订，需妥善保管，不得挪作他用。

（5）合同的变更及日常管理。

1）供用电合同的变更或解除应当依照有关法律、法规，由供电方与客户及时协商修改有关内容。国家有关政策、规定发生变化时，供用电双方也应及时对合同相应条款进行协商修改。

2）合同有效期内，经双方同意可对合同进行必要的修改和补充。

3）供用电合同管理部门应设置专（兼）职人员负责保管，不得遗失。

4）应采用先进手段实施供用电合同的现代化管理。在条件具备的情况下各类供用电合同均应进入营销管理信息系统管理。

5. 装表与接电

（1）电能计量装置原则上应装在供电设施的产权分界处。当电能计量装置不安装在产权分界处时，线路与变压器损耗的有功与无功电量均应由产权所有者负担。电能计量装置的配置与安装应符合相关技术规程的要求。严禁由施工单位替代供电人员实施装表接电、调试、加装封印等工作。

（2）中压客户受电工程停电安排原则上在竣工检验合格后7个工作日内安排执行。受电装置检验合格并办结相关手续后，供电企业应在下述时限内组织送电。

装表接电的时限，自受电装置检验合格并办结相关手续之日起，低压居民客户不超过2个工作日，低压非居民客户不超过3个工作日，中、高压客户不超过5个工作日。

对于客户受电工程需竣工检验当日送电的，应在送电后1个工作日内完成营销系统对应环节的资料录入及流转。

（3）低压客户受电工程竣工检验合格后，由供电所组织完成装表接电工作，并与客户确认计费电能表起码。对于统建住宅小区客户，可在住宅售出后按低压零散居民客户报装流程装表接电，避免计量资产闲置，同时应确保居民客户抄表到户，严格执行居民阶梯电价。

（4）中、高压客户受电工程由市局计量中心完成装表工作，并与客户确认计费电能表底度。

（5）客户受电工程接火送电后，工程送电组织部门在《客户受电工程竣工检验意见书》上填写接火送电时间。

（6）对受电工程检验合格后，客户申请延期送电的需提交申请书。延期半年及以上的，应重新进行竣工检验和交接试验。延期投运的最长期限，自首次竣工检验合格后起不得超过一年，逾期则不再保留接入公用电网的容量使用权。

（7）对于申请分台或分组变压器（含不通过受电变压器的电动机）不同日期投运接电的，经审核同意后，供电所用电检查人员对暂未投运的设备（含中、高压开关）加封，并拆除未投运变压器（或电动机）的电气连接。

（8）受电工程接火送电后，工作人员2个工作日内将装表资料、接电资料移交档案管理员。

6. 业扩配套项目管理

10（20）kV及以下业扩配套项目无需进行可行性研究，现场勘查并与客户签署《客户现场勘查情况表》后，将其视为业扩配套项目立项，可直接开展项目支持性文件办理和施工图设计等前期工作。对于不涉及变电站10（20）kV新出线和10（20）kV高压配网联络关系调整的业扩配套项目，项目立项、施工图审批等权限原则上下放至县（区）供电局，对于涉及变电站10（20）kV新出线和10（20）kV高压配网联络关系调整的需经地市供电局计划发展部审核。35kV及以上高压业扩配套项目参照电网基建工程开展相关工作。

（1）年度投资计划申报与下达。

1）供电企业根据近年度业扩工程配套项目的投资规模，结合地区经济发展、用电负荷增长预测、电网规划建设，预测下一年度业扩工程配套项目的投资计划额度，并按照规定逐级申报。

2）投资计划下达。供电企业对业扩工程配套项目年度投资计划和调整计划进行审核，批复后统一下达年度投资计划和调整计划额度。

3）投资计划调整。在年度投资计划调整时，可根据需求相应调整年度业扩配套项目投资规模和项目。

4）高压业扩工程配套项目纳入电网规划并列入主网投资计划。中低压业扩工程配套项目投资列入配网投资计划。

5）业扩配套项目投资安排根据客户报装需求进行批复，年度投资计划预算内的业扩配套项目不需经过"三重一大"会议决策。

6）业扩配套项目应根据相关确认文件或批复，按月度在投资计划系统完善项目清单。

7）业扩配套项目必须与客户报装用电业务严格对应，立项真实，严禁弄虚作假。在满足客户用电需求的前提下，可结合多个业扩工程统筹实施一个业扩配套项目。

（2）工程招标。

1）业扩配套项目的设计、工程施工、监理服务等，采用年度框架招标方式，框架招标由地市供电局依据公司授权，按照区域划分原则于年度投资计划下达两个月内组织完成，并保证框架招标结果有效期与上一年度有效期无缝衔接。

2）业扩配套项目框架招标应严格执行国家、地方有关招标投标法的法规、政策和公司管理规定。

（3）物资招标。

1）业扩配套项目所需物资，原则上采用框架招标方式。

2）配网定额储备物资清单应尽量覆盖业扩配套项目物资需求，并纳入年度配网基建项目物资储备额度统筹管理。

3）中压业扩工程配套项目涉及技术运行参数规范和规定的设备类物资采用"定额储备、动态补仓"的物资供应方式，材料类物资按"乙供材料"方式组织实施；低压业扩工程配套项目按"乙供材料"方式组织实施。配套工程材料类乙供的材料供应商以省公司物流中心公布的清单为依据，材料单价按照当地物价站公布单价清单为准，工程结算按照此清单单价结算。

4）业扩配套项目设备类物资按储备清单实现 100% 覆盖，储备物资降至储备定额的 60% 时启动动态补仓程序。

5）为确保业扩配套项目物资及时供应，各地市供电局应做好配送实施工作。

6）紧急情况下，对于未纳入框架招标范围且不在定额储备物资清单的零星配件等非主要设备、材料，可经甲方同意由乙方代为采购。

（4）现场勘查。

1）现场勘查后经与客户协商一致，双方签署《客户现场勘查情况表》，明确客户是否同意实施业扩配套项目。

2）若客户同意业扩投资界面延伸，双方签署《客户现场勘查情况表》后，将其视为业扩配套项目立项，并启动业扩配套项目前期工作。

3）若客户不同意业扩投资界面延伸，则由客户书面反馈意见，履行提级审批流程。

4）现场勘查时应告知业扩投资界面延伸至客户红线的客户，位于客户红线内的独立配电房及进出电缆通道的土建部分（含电缆桥架及与客户建筑紧密连接的附属设施）应由客户按电网公司标准出具施工图并通过电网公司审核后，由客户出资按施工图委托有资质的单位施工。

（5）施工图设计、审批。

1）业扩配套项目推行标准设计和典型造价。

2）业扩配套项目施工图设计完成后同步上报物资需求预计划。

3）业扩配套项目施工图（含客户红线内的公共配电房及公共电缆通道的土建部分）审查意见应一次性出具，设计单位应按照审查意见一次性修改完善。

4）施工图审核通过后，客户红线内公共配电房及公共电缆通道的土建部分施工图由营业人员在 2 个工作日内交给客户。

5）业扩配套项目施工图设计审查通过后同步上报物资变更计划。

6）施工图设计批复后，项目转入施工准备阶段，《供电方案协议》《公用配电房无偿使用协议》等支撑材料完备后，项目正式实施。

（6）支持性文件办理。

1）业扩配套项目的支持性文件办理按照各级地方政府主管部门相关规定执行。

2）各级单位要主动加强向属地政府主管部门沟通汇报，促请简化相关支持性文件办理流程，为加快业扩配套项目工程建设提供良好环境。

3）基建部门应告知客户业扩配套项目相关支持性文件的办理进度情况。

4）在客户自愿的前提下，各级单位可会同客户办理相关支持性文件。

（7）物资供应。

1）业扩工程配套项目所需设备类等生产周期较长的物资由地市供电局储备，其余材料类线缆、配套物资按照"乙供材料"方式组织实施。储备物资需求申报、领料、集中配送等业务流程、成本费用及资金结算方式等管理办法由公司物资部另行制定。

2）地市供电局应根据实际情况储备业扩工程配套项目常用设备材料，确保物资按时供应。由供电企业投资的计量装置可在计量项目或业扩工程配套项目中统筹考虑，不得因设备材料供应问题影响项目进度。

（8）施工准备及现场施工。

1）业扩配套项目建设单位应提前与施工单位做好施工技术交底，加强施工准备，保障工程顺利实施。

2）业扩配套项目工程建设进度应与客户受电工程加强衔接，及时满足客户用电需求。

3）业扩配套项目施工过程如遇征地、青赔工作受阻，在客户自愿前提下，可由其协助开展相关工作。

（9）停电（带电作业）申请及安排。

1）业扩配套项目可在工期计划明确后，应提前不少于 10 个工作日提出停电（带电作业）申请。

2）业扩配套项目停电（带电作业）应在现场施工完成后 7 个工作日内安排执行。

（10）电子化移交。

业扩配套项目电子化移交应在竣工验收前完成。

（11）竣工验收、送电。

业扩配套项目（含客户红线内的公共配电房及公共电缆通道的土建部分）施工完毕后，经施工单位自检、监理单位初检合格后，由业扩配套项目建设单位组织验收和送电。

（12）低压业扩配套项目管理。

1）现场勘查确认客户报装需求，由营销部门将配套项目需求传递给低压业扩配套项目中标施工单位。现场具备施工条件的，直接进场施工，基建部门负责现场管理。居民客户 3 个工作日内完成施工，非居民客户 7 个工作日内完成施工。

2）对低压业扩配套项目采用打包方式立项，不需单项设计。

3）低压业扩配套项目具备条件的应优先采用带电作业。采用停电作业的低压业扩配套项目应提前 2 个工作日提出停电申请，做好客户停电告知工作。

4）低压业扩配套项目施工完毕后，由基建部门组织验收、送电和办理结算手续。

5）低压业扩配套项目电子化移交应在竣工验收后 5 个工作日内完成。

7. 资料存档

（1）归档前全面资料审核管理。

1）客户业务传递到更新档案、归档环节，业务人员应将客户提供的书面资料、前面各环节录入的数据信息作全面审核，汇总打印签名确认后归档处理。

2）归档人员或复核人员发现计量、计费参数有误，应退回到经办人，通知其修正核对有误的数据项目；其余参数有误或原始资料与系统记录不符，归档人员与相关经办人核对后直接修改，并保留相关修改记录。

3）落实建立领导干部"打招呼"档案。每宗业扩新装、增容业务，各环节如有"打招呼"现象时，经办人员须如实填写《领导干部插手具体业务进行"打招呼"登记表》，并保存好相关证据（电话录音、邮件截屏等），表单一式两份，一份随业务档案存档，一份随"打招呼"档案专门存档。当业务归档环节前未发现有"打招呼"登记记录，归档人员则记录"是否存在领导干部插手具体业务'打招呼'"一项为"否"，只需保留一份随客户档案一同存档。记录人在记录当日将表单及时扫描并录入信息系统。

记录人员须全面、如实记录，做到全程留痕，有据可查。如实记录领导干部插手具体业扩业务行为受制度和组织保护，记录人员不记录或者不如实记录的将严肃处理。各单位和各级人员不得以任何理由干预如实记录工作；主管领导授意不记录或者不如实记录的，将追究主管领导责任。各单位每季将记录情况进行汇总分析，并向上级备案，必要时应立即报告。

（2）档案分类及归档要求。

1）客户档案分低、中、高压客户、临时用电档案以及销户客户档案。

2）中、高压客户档案，以每个客户为单位独立装存；低压客户档案以户号顺序或台区为单位，每个档案盒放置若干个低压客户资料，每个客户的资料分别装夹，按户号先后排序摆放。

3）临时用电客户档案以年度月份为单位，中、高压临时用电客户以每个客户为单位独立装存；低压临时用电客户资料采用集中存放方式，每个档案盒放置若干，每个客户的资料分别装夹，按户号先后排序摆放。当临时用电客户销户后，应将该客户的档案与销户的申请资料一并转入销户客户档案存放。

4）销户客户档案应另行存放，须在档案袋或档案目录上注明"已销户"字样。为维护企业的合法权益，避免产生纠纷，已销户的中、高压客户档案五年内不得销毁，已销户的低压客户档案三年内不得销毁。

5）中、高压客户档案资料收集、审核标准：

中、高压档案设立专用档案盒，每盒档案分列6项，分别为业务受理及供电方案批复；设计资料受理审核；工程施工及查验报告；签订供用电合同及装表接电；运行档案；其他记录。

（3）客户档案的保管及借阅。

1）各级营业部门应设置资料室保管客户档案，并派专人保管，确保档案完整、准确、安全、易于调阅。

2）客户档案应使用统一规格的档案盒放置，档案盒的标签制作应清晰、规范，便于查找。

3）建立客户档案借阅登记制度，凡借阅有关资料的，必须由借阅人与档案保管员做好借阅登记手续。

4）所有归档保管的客户纸质资料，须通过扫描方式录入营销管理系统实施电子化保管。客户实体档案逐步采用物流技术实施集中派送、集中保管。

三、业扩业务总体要求

（1）一口对外，方便客户。受理客户用电申请后，应按照内转外不转的原则，由营业人员组织供电企业内部相关部门完成业扩工作，并主动跟踪做好对客户的沟通和服务。

（2）便捷高效，限时办结。坚持以客户为中心，简化办电手续，不断优化业扩流程，加强时限管控，缩短办电时间。优先保障民生、居民用电需求，严禁以电网受限为由拒绝受理客户报装。

（3）渠道多样，办理简便。提供多种业务受理渠道，推广同城化和非实体营业厅（包括网上营业厅、微信服务平台、95598服务热线、掌上营业厅等远程渠道）便民服务。实施业扩报装远程渠道"一口受理"，即对于业扩新装、增容业务全部通过远程渠道受理，提供上门服务。

（4）公开透明，三不指定。向社会公布业扩的办理程序、服务标准、投诉方式、收费标准及依据，公布具备资质的设计、施工单位信息以及持证企业名单的查询方式，供客户自主选择。严禁对客户受电工程指定设计单位、施工（试验）单位和设备材料供应单位。

（5）责任到岗，终身负责。业扩报装从业人员对所办业扩业务的廉洁工作终身负责，终身追责。对各级检查发现的重大问题、实名举报、违纪违规问题，由责任单位负责人遵循"四不放过原则"向上级单位"说清楚"。

（6）本人办理，保障权益。中高压客户在业扩报装关键环节（业务受理、现场勘查、图纸审查申请、竣工检验申请及现场环节、装表接电现场环节）须由客户本人［指法定代表人（负责人）或由法定代表人（负责人）授权委托的人员。被委托人必须是法定代表人（负责人）所属企业员工，办理业务时被委托人必须出具法定代表人（负责人）的授权委托书］办理或亲自到场。

（7）压缩时限，简化环节。推行业扩报装"三免"服务，即客户受理免填单、标准化供电方案免审批、标准化设计免审批。

（8）分级管理，"主人"负责。实施业扩报装工单"主人制"。对业扩报装实施工单"主人制"，工单"主人"对业扩工作进度负责。每宗低压业扩报装工单须由网格化客户经理担任初始"主人"、中压业扩报装工单须由供电所分管营销负责人或以上级别人员担任初始"主人"。根据工单进度缓慢、超时情况实行"主人"升级。公司对工单办理不到位的"主人"、地市局组织实施问责、约谈、通报，公司客服中心负责监督执行。

（9）流程透明，实时监督。推行业扩报装全流程透明办理。全面推行业扩报装流程全节点透明办理，业扩办理过程向报装客户实时自动推送当前环节处理人及监督人，强化客户对业扩全流程监督。以报装时限为抓手完善信息系统实时监测、预警提醒功能。丰富客户沟通方式，完善客户报装微信交互服务。

第二节 业扩业务风险点

一、业扩业务风险点

1. 业务受理

（1）报装受理环节故意"不走流程、不入系统、体外循环"的行为。

（2）业务办理不规范，没有按业务种类正确使用相应业务流程。

（3）业务受理资料缺失、登记不齐全或审核不到位。包括：

1）客户申请用电资料收集不齐全。

2）客户提供的身份证明文件等相关资料与用电申请主体不一致或不完整。

3）未经政府主管部门批准，受理政府规定限制的用电项目。

（4）受理欠费未结清客户的用电申请。

（5）重要用户（重点项目）没有开辟绿色通道优先办理。

（6）信息宣传与咨询服务不到位，未向客户提供信息宣传与咨询服务。

（7）业务办理和流转不规范，业务超时或时间记录不一致、不合逻辑。

（8）以权谋私，擅自降低审核资料门槛，导致为违章建筑、违法用地供电影响电网安全或用电类别与实际不符。

（9）无正当理由拒绝或暂缓客户用电申请，故意刁难客户拖延办理，损害客户利益。

（10）利用职权对用户受电工程指定设计、指定施工或指定设备材料供应商，损害用户、公司利益，扰乱市场公平秩序。

2. 现场勘查和确定及答复供电方案

（1）现场勘查不符合程序要求或未进行实地勘查，导致供电方案内容不准确，影响电网安全及客户用电，引发电网安全事故。

（2）现场勘查记录缺失或内容不完整、不正确。

（3）重要用户认定程序不规范或等级认定不正确。

（4）重要电力客户的接入方案及自备应急电源配置不符合负荷等级要求。

（5）客户现场情况不具备供电条件，未列入勘查意见或未要求客户整改。

（6）供电方案缺失或内容不正确，涉及电价、计量、业扩费用、功率因数、产权分界点等关键内容错误。

（7）供电方案审批权限不符合规定要求。未执行 10（20）kV 及以下客户供电方案免审批，影响客户供电服务体验。

（8）客户受电工程委托存在监管机构所明确的 20 种"三指定"行为。

（9）未在规定时限内制订供电方案并按时答复客户，导致客户抱怨或投诉。

（10）业务办理和流转不规范，业务超时或时间记录不一致、不合逻辑。

3. 受电工程设计资料审查、中间检查和竣工验收

（1）客户受电工程委托存在监管机构所明确的 20 种"三指定"行为。

（2）客户受电工程设计文件审核不到位，包括：

1）设计送审资料、审核记录等资料不齐备、不规范。

2）未发现设计单位不具备相应资质。

3）资料审核人员不符合程序要求或审核错漏。

4）审核意见未一次性书面告知客户造成重复查验。

5）要求已在营销系统登记备案的设计单位、施工单位、试验单位重复提供资质证明材料。

6）以权谋私，降低审核资料门槛，存在设计缺陷导致安全隐患。

7）设计单位已提供"标准化设计免审批"免审声明，但没有执行"三免"服务，故意刁难客户拖延办理，损害客户利益。

（3）设计资料变更未重新履行设计资料审核手续。

（4）客户受电工程中间检查不到位，包括：

1）没有按规定程序开展中间检查，相关查验资料和记录不规范、不完整。

2）未发现施工单位不具备相应资质。

3）接地、防雷、电缆沟等隐蔽工程未进行中间检查或中间检查不合格，客户即进行后续工程施工。

4）中间检查发现缺陷后，未及时填写中间检查记录，缺陷记录和整改通知记录，并未告知客户和存档。

5）查验意见未一次性书面告知客户造成重复查验。

（5）客户受电工程竣工验收不到位，包括：

1）没有按规定程序开展竣工验收，相关查验资料和记录不规范、不完整。

2）未按规定核对客户是否交清业扩费用。

3）竣工检验不合格就通电。

4）查验意见未一次性书面告知客户造成重复查验。

5）以权谋私，擅自降低检验资料门槛，导致新投产用电设备带病运行或不合理运行，存在用电安全隐患。

6）故意刁难客户，擅自提高检验标准，拖延竣工检验，或未一次性书面告知客户造成重复查验损害客户利益。

（6）业务办理和流转不规范，业务超时或时间记录不一致、不合逻辑。

（7）验收人员违规向客户收取茶水费、红包、礼品或接受客户宴请、派车接送、娱乐活动等行为。

4. 业扩费用收取、退还与合同签订

（1）违反国家政策规定，擅自设立收费项目。

（2）未按规定收取或及时清退业扩费用。包括：

1）高可靠性供电费未收取。

2）高可靠性供电费未足额收取。

3）未正确执行高可靠性供电费收费标准。

（3）业扩费用收、退费流程或记录不规范，或票据凭证缺失。

（4）未与客户签订供用电合同或在供用电合同生效前向客户正式供电。

（5）供用电合同逾期未及时进行续签。

（6）供用电合同签订主体不合法。

（7）供用电合同关键条款或数据错误、缺失。

（8）未与特殊客户签订必要的合同附加条款或合同附件。

（9）供用电合同未使用标准化模板或签署不规范。

5. 装表与接电

（1）电能计量装置未安装在产权分界处时，线路与变压器的损耗由非产权所有者承担。

（2）未按供电方案配置、安装计量装置，电能计量装置的配置与安装不符合相关技术规程的要求。

（3）施工单位替代供电人员实施装表接电、调试、加装封印等工作。

（4）受电装置检验合格并办结相关手续后，装表接电超过规定时限。

（5）计量工作单相关查验资料不齐备、不规范。

（6）延期、分期投运手续不规范。

（7）未办理完毕竣工送电手续提前装表接电或其他"非常规装表"现象。

（8）营销系统录入的计量装置信息与现场实际不一致，存在营销系统信息录入错误、缺失的情况。

（9）装拆表工作单填写的电能表起码、止码、封印号码、电表资产编号、表箱资产编号未经客户签名确认，导致发生供电纠纷时无法举证。

（10）未凭营销系统领料单领用计量器具。

（11）未按照计划完成日期接火送电，且未与客户及时沟通导致客户抱怨或投诉。

（12）装表接电人员违规向客户收取装表接电费用、茶水费、红包、礼品或接受客户宴请、派车接送、娱乐活动等行为。

（13）计量封印管理不规范，无领用记录，未定期进行清点和盘点。

6. 业扩配套项目管理

（1）未执行投资界面延伸时，未按规定履行提级审批手续。

（2）业扩配套项目未按《配网工程标准设计》进行设计，未履行审批手续。

（3）中压业扩配套项目各环节责任部门在信息系统中更新录入业扩配套项目环节信息不及时、不完整。

（4）业扩配套项目的现场勘查、施工图审批、物资供应、现场施工、竣工验收等环节超时办理情况。

（5）业扩工程配套项目存在虚拟立项、套用资金、拖延时间、数据造假以及向客户收取费用等行为。

7. 资料归档

（1）客户档案管理不规范，没有按一户一档建立档案。

（2）档案资料（包括纸质档案及电子档案）不完整、不准确。

（3）归档资料有环节业务超时或时间记录不一致、不合逻辑。

（4）没有按要求填写《领导干部插手具体业务进行"打招呼"登记表》并存档案。

（5）电子化移交资料不准确、不完整、不规范。

（6）档案分类或归档方式不规范。

（7）档案保管、借阅不符合规定。

8. 其他

（1）业扩工单作废不符合要求。客户作废申请资料缺失；作废申请内容不规范；作废审批不符合规定等。

（2）业扩现场作业人员在作业前未进行风险评估，未使用现场作业表单，未对现场作业环境进行全面评估和预判，未采取必要的安全措施和风险防范措施。

（3）低压非居民、10（20）kV中压单电源客户，在受电工程具备接火条件的基础上，从用电申请到装表接电用时超过规定时限，存在客户投诉风险。

二、业扩业务风险防范措施

1. 业务受理

（1）业扩报装及变更业务全面实施线上"一口受理"，向客户提供网上营业厅、微信服务平台、95598 服务热线等远程渠道受理方式和实体营业网点受理方式，积极引导客户在线办理，防范"体外循环"行为。

（2）严格执行业扩报装的相关管理制度，规范用电业务的申请受理及资料审核工作，对资料不完整的，应一次性通知客户补齐并出具受理回执。

（3）通过公示报装信息，向社会公布业扩的办理程序、服务标准、收费标准及依据、已备案的电力设计单位、施工单位名单，公开客户受电工程信息。

（4）主动为重要用户和重点关注客户、重点项目、大型骨干企业、保障性住房和安居工程等办理业扩报装开辟绿色通道，优先办理，力求以最快的速度让客户用上电。

（5）进一步明确、统一报装材料要求，加强业务人员廉洁教育，不得擅自提高或降低资料标准，不断提高业务办理标准化水平。

2. 现场勘查和确定及答复供电方案

（1）严格执行业扩报装的各项管理规章制度，规范业务流程，按规定开展现场勘查工作并制定供电方案。

（2）加强对重要电力客户的甄别和认定工作，根据重要电力客户的相应等级，制定备用供电电源及自备应急保安电源配置方案。

（3）执行电力监管机构禁止"三指定"的相关制度，在营业厅公示客户有自主选择设计、施工和设备材料供应单位的权利，公示符合资质的单位名单或查询方式，接受监督。

（4）供电方案双方签订后，业扩人员应密切跟踪客户受电工程和业扩配套工程实施进度，做好业扩全过程监督管理工作。

（5）严格按照规定时限答复供电方案，不能按期答复供电方案的，应提前主动向客户说明原因，做好客户沟通解释工作。

（6）重要电力客户应根据对供电可靠性要求及中断供电产生的危害程度，分别认定相应等级，并依据国标对重要电力客户进行电源配置。

（7）规范收取业扩费用工作，按规定保存好收费票据凭证，避免客户投诉、法律风险、廉洁风险等问题。

3. 受电工程设计资料审查、中间检查和竣工验收

（1）制定并严格执行客户受电工程设计资料审查、中间检查、竣工检验的

相关制度和验收标准。

（2）严格依据国家、行业规范和标准以及供用电双方确定的供电方案，对客户送审的设计文件进行审核并一次性提出审核意见。

（3）严格依据国家、行业规范和标准以及经供电企业审核同意的设计文件，根据客户提供的隐蔽工程施工记录及其他工程记录、技术资料，组织电力生产技术人员对客户受电工程的隐蔽工程进行全面检查。

（4）严格依据客户提供的竣工验收报告和技术资料，组织电力技术人员对客户受电工程的电气装置施工质量及其生产准备进行全面检查。

（5）执行电力监管机构禁止"三指定"的相关制度，在营业厅公示客户有自主选择设计、施工和设备材料供应单位的权利，公示符合资质的单位名单或查询方式，接受监督。

（6）积极跟踪客户受电工程建设情况，主动帮助客户协调解决施工过程中遇到的困难和问题，加快工程进度，确保工程质量。

（7）严格执行业扩报装"三免"服务，即客户受理免填单、标准化供电方案免审批、标准化设计免审批。

（8）电力设计、施工资质实行统一备案，如未在营销系统中添加资质的单位需提供设计、施工资质证明材料复印件并盖章，已备案的无需提供。

（9）严格按照规定进行设计审查、中间检查、竣工检验工作，并加强业务人员廉洁教育，不得擅自提高或降低标准，严禁故意刁难客户、拖延办理，一经发现从严从重进行问责。

（10）加强廉洁教育，树立红线意识，利用廉洁教育月活动进行宣贯和强调，严禁验收人员违规向客户收取茶水费、红包、礼品或接受客户宴请、派车接送、娱乐活动等行为。

4. 业扩费用收取、退还与合同签订

（1）严格执行国家的有关规定，不得自立收费名目或者自定收费标准，不得向客户收取国家已明令取缔的收费项目，督促客户在签订供用电合同前缴纳业扩费用。

（2）严格根据相关法律法规，按照平等协商的原则，在竣工检验合格后，正式接电前与客户签订供用电合同，未签订供用电合同的，不得接火送电。

（3）严格按照合同范本的条款格式进行，不同类别的客户应选用不同类别的供用电合同范本。

（4）加强合同管理，从合同拟定、合同审核、合同签订到合同归档，每个环节都要加强时限控制，确保在接火送电前签订完毕。

5. 装表与接电

（1）严格执行业扩报装相关规定，装拆表人员接到营销系统传递来的业扩新装流程，根据规定时限与客户确定现场装表接电时间，按预约时间到达现场进行装表。对于因客户原因或天气原因造成延迟送电的，应在营销系统做好备注，确保在规定时限内完成装表接电工作，避免业务超时。

（2）对受电工程检验合格后，客户申请延期送电的需提交申请书。延期半年及以上的，应重新进行竣工检验和交接试验。延期投运的最长期限，自首次竣工检验合格后起不得超过一年，逾期则不再保留接入公用电网的容量使用权。

（3）严格执行计量管理相关规定，装拆表员将已经审批的领料单汇总形成领用需求；资产管理员按领料单所登记的规格、数量在营销系统中逐一登记资产编号进行发放，并按仓库管理规定办理出库手续；装拆表员按领料单所登记的规格、数量对应营销系统中登记的资产编号进行核对和实物接收。

（4）电能计量设备领出后，安装人员应负责保管并及时安装。零散的应在当天完成安装，未完成安装的应由安装人员保管并在 15 天内退回计量急救包。批量安装的应在 10 个工作日内完成安装，并在工程完成安装后 5 个工作日内完成退料手续及实物移交。

（5）装拆表员通过营销系统流程打印《装拆表单》进行现场装表。现场安装完毕后，准确记录电能表资产号及起止码、封印号码、表箱资产编号、装表接电时间及装拆表员，由客户在工作凭证上签（章）确认。

（6）严格执行计量管理相关规定，加强计量装置安装工作的质量管理和验收，严格执行计量装置安装工作流程的"计量正确性检查"环节，新装计量装置严格执行"首检"制度，确保计量装置安装正确、规范。

（7）电能计量设备完成安装后应在营销系统录入安装记录。零散的在 2 个工作日完成，批量安装的在 4 个工作日内完成。

（8）开展常态稽查，对装表接电环节业务的正确性、规范性、时效性进行稽查，持续提升装表接电工作质量和效率。

（9）开展提级回访，对装表接电环节"违规向客户收取装表接电费用、茶水费、红包、礼品或接受客户宴请、派车接送、娱乐活动等"吃拿卡要行为进行电话回访，收集违规违纪线索，对发现的疑似问题组织力量进行现场核查，造成重大影响或性质恶劣的，交由各级纪检监察部门处理。

6. 业扩配套项目管理

（1）加强业扩配套项目标准化设计，对于未采用标准设计的项目应履行审批手续，由地市局市场部组织审批。

（2）加强业扩配套项目进度管控，项目各环节责任部门应及时在信息系统中更新录入业扩配套项目环节时点信息，并通过信息系统全过程管理和统计配套项目进展情况。

（3）定期通过系统对业扩配套项目建设情况进行监控，及时跟踪，并对超时环节进行通报。

（4）建立业扩配套项目各环节超时办理预警机制，定期召开分析会，剖析存在问题，落实整改防范措施。

（5）将业扩配套项目纳入常态稽查，重点稽查业扩配套项目关键环节办理情况，严肃查处违法违纪行为。

7．资料归档

（1）加强业扩全过程相关资料的记录和保存工作，使用业扩归档资料清单准确登记各个业务环节的起始时间和完成时间。

（2）客户业务传递到更新档案、归档环节，业务人员应在规定时限内将客户提供的书面资料、前面各环节录入的数据信息作全面审核，汇总打印签名确认后归档处理。

（3）归档人员或复核人员发现计量、计费参数有误，应退回到经办人，通知其修正核对有误的数据项目；其余参数有误或原始资料与系统记录不符，归档人员与相关经办人核对后直接修改，并保留相关修改记录。

（4）在接火送电后4个工作日内完成资料的收集、核实和归档。归档的内容包括客户申请资料、现场勘查记录、答复的供电方案、受电工程设计资料、中间检查及竣工检验报告、装表接电记录、《供用电合同》等。

（5）应明确专人负责客户档案的维护和管理，确保客户档案完整、准确、安全、易于调阅。

第三节　业扩业务稽查要点

一、业务受理稽查

（1）查看用电申请书、营销信息管理系统中建立的业扩信息及客户资料内容是否一致且完整准确；业务受理是否符合国家法律、法规、行业政策和公司相关制度的规定；稽查受理客户申请时是否将有关申请内容完整准确地录入营销信息管理系统；稽查业务工单是否离线受理，是否营销系统有记录但时限、环节不合逻辑，原始表单是否与系统记录不符，原始表单是否有刻意涂改且无客户签名，现场情况是否与营销管理系统记录不符，是否按流程和时限要求进行流转传递，有无超时限，有无"不走流程、不入系统"等体外循环行为。

（2）稽查客户受理资料的合规完整性，是否按规定发放《客户用电报装服务告知书》；客户未准备报装资料或资料不全，是否向客户做好一次性告知工作；用电申请受理资料是否全面、清晰、符合申请要求，客户身份证明、用电地址物业权属证明、经办人身份证明等证明材料是否有效；客户办理用电业务所使用的名称、用电地址、用电性质、用电设备容量等信息是否与报装提供的证明资料和现场一致。重点稽查以下资料：

1）用电业务受理表。

2）客户用电受理回执（申请业务办理）。

3）客户身份证明资料。

4）经办人身份证明资料、授权委托书。

5）用电地址物业权属证明资料。

6）用电设备容量清单。

7）客户报装业务告知书。

8）客户电费担保书。

（3）稽查用电营业场所是否公布办理各项用电业务的程序、制度和收费标准；是否设立方便客户查询业扩报装工作进程的查询系统。

（4）稽查是否为重要用户和重点关注客户、重点项目、大型骨干企业、保障性住房和安居工程等办理业扩报装开辟绿色通道，是否配置专人做好全过程跟踪服务、及时反馈信息。

（5）稽查发生业扩流程异常终止情况的原因，是否由于业务人员责任造成或者由于客户自身原因造成，业务工单作废是否按规定进行审批。

（6）稽查无正当理由拒绝或暂缓受理客户用电申请，故意刁难客户拖延办理，引发客户抱怨和投诉的情况。

（7）稽查利用职权对用户受电工程指定设计、指定施工或指定设备材料供应商，扰乱电力市场公平秩序的情况。

二、现场勘查和确定及答复供电方案稽查

（1）稽查是否及时组织有关人员到客户用电现场进行勘查，核实用电容量、用电类别、可靠性要求、自备电源等客户用电信息是否符合有关规定要求及客户需求；初步确定的供电电源数（单电源或多电源）、供电电压、电源接入点、客户用地红线内的配电房类型及数量、公用配电房位置尺寸要求、线路

走廊、投资分界、计量方案、计费方案等信息是否按照电网的实际供电能力与发展规划及相关技术标准执行，是否能满足供用电安全、经济、合理和便于管理以及用电客户的要求。

（2）稽查客户现场勘查表的记录是否完整、翔实、准确，是否与营销系统中所录入的勘查意见一致。

（3）稽查勘查人员是否根据客户办理业务类别，核查客户提供的报装资料原件并拍照记录；对客户报装资料不齐全的，是否向客户出具回执，在回执上注明所缺报装资料，并约定规定时限内补齐所缺资料。

（4）稽查供电方案的确定和答复期限是否超时，因供电企业原因不能按期答复供电方案，稽查是否按要求向客户说明原因；非供电企业原因造成供电方案答复延误的，稽查是否按要求将有关情况记录存档。

（5）稽查确定供电电压的正确性，应根据客户的用电性质、用电容量、供电方式、供电半径以及当地的供电规划等因素考虑。

（6）稽查电能计量方式的正确性，计量点应在供电方案中予以明确，以便在工程设计时预留位置。原则上应设在客户与供电企业设施的产权分界处，如产权分界不具备安装条件，计量点可以协商安装在便于管理之处。

（7）稽查用电性质、电价及电价构成是否正确，业扩费用是否合理，是否符合国家政策和相关规定等。

（8）稽查供电方案的内部审批是否符合管理规定。是否执行10（20）kV及以下客户供电方案免审批要求。

（9）稽查供电方案的业扩工程投资界面划分是否正确，是否按业扩配套项目管理要求启动和实施业扩配套项目。

（10）稽查是否明确告知客户具有自主选择受电工程的设计、施工和设备供应单位的权利，答复供电方案时是否告知客户设计必须符合典型设计的要求。

（11）稽查重要电力客户认定等级、接入方案及自备应急电源配置是否符合要求。

三、受电工程设计资料审查、中间检查和竣工验收稽查

（1）通过查阅核对有关资料、走访有关人员、现场查证受电工程设计单位有无相应设计资质；资质是否报当地供电部门备案；稽查是否存在客户受电工程委托存在监管机构所明确的20种"三指定"行为。

（2）稽查设计单位已提供"标准化设计免审批"免审声明，是否执行标准化设计免审批；按规范要求对客户送审的受电工程未标准化设计文件进行了审

核，是否查验客户给设计、施工单位的委托书原件，是否对该原件进行复印并存档；查验记录、登记台账是否完善。

（3）稽查工程设计和施工单位是否严格执行供电方案中各项内容，是否存在擅自变更供电方案的情况；稽查工程施工及验收是否符合国家和电力行业技术规范、规程和标准。

（4）稽查非标准的工程设计方案是否经过供电企业审查，是否有书面审核意见，受电设计审查书签证记录及相关人员签章情况，查看原始工作单工程设计审查日期，录入营销信息系统日期，并与受电工程设计审核意见书上的签章日期进行核对，以确认时限是否符合规定要求。

（5）稽查供电企业在接到客户的受电装置竣工报告及检验申请后，是否按规定的时限内组织竣工检验，检查内容是否符合要求；检验不合格的，供电企业是否一次性书面告知客户并指导其予以改正，改正后是否予以再次检验，直至合格。重点稽查以下资料：

1）设计变更证明文件（若存在变更）。

2）施工、试验单位资质证明材料《承装（修、试）电力设施许可证》复印件盖章（已在营销系统登记备案的无需提供），施工、试验委托书。

3）用电业务办理授权书（客户本人办理或被授权人已提供有效授权书，无需重复提供）。

4）工程竣工报告。

5）变压器、开关柜等主要设备出厂合格证。

（6）稽查以权谋私，擅自降低检验资料门槛，导致新投产用电设备带病运行或不合理运行，存在用电安全隐患。

（7）稽查故意刁难客户，擅自提高检验标准，拖延竣工检验，或未一次性书面告知客户造成重复查验损害客户利益，影响客户及时用电。

（8）稽查验收人员违规向客户收取茶水费、红包、礼品或接受客户宴请、派车接送、娱乐活动等行为。

四、业扩费用收取、退还与合同签订稽查

（1）稽查各项业务收费是否符合国家政策规定的项目及标准；是否存在自立业扩收费名目或擅自调整收费标准的现象；在签订供用电合同前是否按规定收取业扩费用。

（2）稽查供用电合同的起草是否严格按照合同范本的条款格式进行，不同类别的客户是否选用不同类别的供用电合同范本。

（3）稽查合同条款是否正确完整，重点稽查供电方式、用电性质、用电容量、计量方式、电价、电量电费计算方式、用电结构比例、基本电费、功率因数调整、峰谷分时电价等条款，比对营销管理系统及业扩报装工单，查看是否一致。

（4）稽查供用电合同签订的主体资格，供电企业是否对合同签约人的合法身份进行审查，是否存在未经授权的人员擅自签订或超越授权范围签订供用电合同的情况；是否将客户的法定代表人（负责人）证明书或授权委托证明书附于供用电合同后作为合同的附件；供用电合同是否经双方法定代表人（负责人）或委托代理人签章，并加盖骑缝章。

（5）稽查供电企业是否在竣工检验合格后，正式接电前与客户签订供用电合同；是否存在未签订供用电合同或合同未生效前就接火送电的情况。

（6）稽查供用电合同的变更、续签是否及时；合同的解除是否及时规范，是否按相关程序及时终止与用电人的供用电合同，解除供用电关系。

（7）稽查供用电合同的档案是否妥善保管，有无丢失或擅自销毁合同文本或其他资料、证据的现象。

五、装表与接电

（1）装表接电的及时性。重点稽查装表接电工作人员签署日期录入和业扩信息系统的日期及接电确认书上客户签章日期进行核对，确认是否超时限。稽查装表接电人员的签章记录情况。

（2）计量装置配置与安装的规范性。电能计量装置包括电能表、计量用电压、电流互感器及其二次回路、电能计量屏（箱）等，重点稽查电能计量装置的配置与安装是否符合 DL/T 448—2016《电能计量装置技术管理规程》及相关技术规程的要求，贸易结算用的电能计量装置是否安装在产权分界处。

（3）接电的合规性。重点稽查实施接电前是否具备以下条件：

1）新建外部供电工程已验收合格。

2）客户受电装置已竣工检验合格。

3）客户相关费用已结清。

4）供用电合同及有关协议已签订。

5）电能计量装置已检验合格。

（4）装表与接电人员的违规违纪行为。重点稽查工作人员向客户收取装表接电费用、茶水费、红包、礼品或接受客户宴请、派车接送、娱乐活动等吃拿卡要的行为或为不符合安全要求的设备接电等违规违纪行为，损害了供电企业形象或导致发生安全事故。

（5）重点稽查未按照计划完成日期接火送电，且未与客户及时沟通导致客户抱怨或投诉的情况。

（6）稽查计量封印管理，是否有领用记录，是否定期进行清点和盘点。

六、业扩配套项目管理

（1）业扩配套项目的超时情况。重点稽查业扩配套项目的现场勘查、施工图设计审查、物资供应、现场施工、竣工验收等环节超时办理情况。

（2）业扩配套项目进度信息更新录入的及时性、完整性。重点稽查业扩配套项目各环节责任部门是否及时在信息系统中更新录入业扩配套项目环节时点信息，并通过信息系统全过程管理和统计配套项目进展情况。

（3）业扩配套项目的合法合规性。重点稽查业扩工程配套项目是否存在虚拟立项、套用资金、拖延时间、数据造假以及向客户收取费用等行为。

七、资料归档

（1）归档资料的完整性。重点稽查归档的客户档案资料的完整性，归档的资料包括但不限于：

1）客户用电申请资料。

2）现场勘查工作单。

3）供电方案及答复通知书。

4）设计/施工/试验单位委托书和资质材料。

5）受电工程设计资料及设计资料审查意见书。

6）中间检查及竣工检验报告。

7）中间检查及竣工检验意见书及作业表单。

8）供用电合同/合同补充协议。

9）计量装置工作单和接电确认书等。

（2）归档资料的准确性。重点稽查归档资料中的现场勘查单、供电方案、竣工图纸、供电合同及协议、计量装拆工作单等环节相关信息是否正确、一致。

（3）资料归档的及时性。首先查看送电工作单签署日期，与原始报装台账工作传单装表接电日期进行核对，重点稽查客户受电工程送电后是否在4个工作日内完成资料的收集、核实和归档。

（4）客户档案资料管理的规范性。重点稽查各级营业部门是否设置资料室保管客户档案，并派专人保管，确保档案完整、准确、安全、易于调阅。

第四节　业扩业务典型案例分析

一、业扩报装"体外循环"案例

1. 案例介绍

稽查人员在稽查某客户营销信息管理系统档案时发现，某客户报装容量为 $3 \times 1250kVA$，从正式受理时间至接火送电完成时间用时 7 个工作日，办理时限明显不符合逻辑，经核实，属于"体外循环"现象。

2. 稽查情况

稽查人员稽查检查营销信息管理系统档案时发现，某客户报装容量为 $3 \times 1250kVA$，正式受理时间为 2014 年 1 月 13 日，接火送电完成时间为 2014 年 1 月 21 日，用时约 7 个工作日。对于 $3 \times 1250kVA$ 的业扩工程，包括设计图纸、现场施工、试验及验收等工作，仅用 7 个工作日就完成接火送电，明显不符合常规。营销系统流程记录如图 2-1 所示。

于是，稽查人员继续检查客户纸质档案资料，核对用电业务受理表、现场勘查表、供电方案、图纸审核意见书、中间检查意见书、竣工检验意见书以及计量工作单等相关业扩资料，发现其签署时间与营销管理信息系统基本相符。接着，稽查人员走访客户，终于获悉事情真相。原来客户在 2013 年 12 月初申请用电时，是通过在供电局工作的朋友办理相关手续，用电工程有现场勘查、图纸审核、中间检查、竣工检验等工作流程，在接火送电前按照供电部门指定时间签署各种业扩业务表单。最后，与供电部门相关人员核实情况时，相关人员承认事实，并称这样做是为了防止办理时限超时。

3. 原因分析

（1）供电局工作人员没有严格执行岗位职责，没有按照业务流程开展业扩工作，作业表单流于形式，营销信息管理系统记录与实际时间不符，反映出工作人员工作态度不认真。

（2）存在"体外循环"现象。供电部门在受理客户用电报装资料时没有立即录入营销系统，而是在客户业扩工程基本完成后，才启动营销系统流程，暴露出"不走流程、不入系统、体外循环"的违规行为。

（3）中高压新增客户业扩工程办理总时限小于 10 天，不符合常规。对于 $3 \times 1250kVA$ 的业扩工程，包括设计图纸、现场施工、试验及验收等一系列业务工作，仅用 7 个工作日就完成接火送电，明显不符合常规，业扩全过程没有人发出质疑，存在弄虚作假情况。

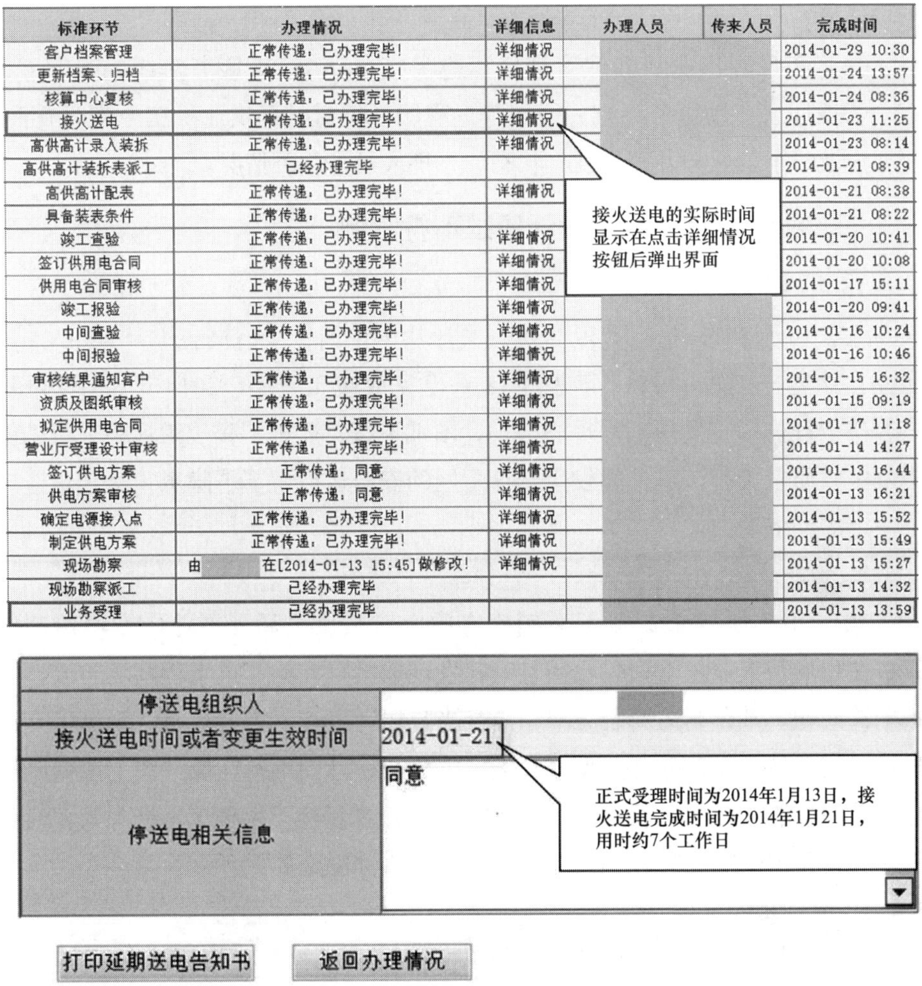

标准环节	办理情况	详细信息	办理人员	传来人员	完成时间
客户档案管理	正常传递，已办理完毕！	详细情况			2014-01-29 10:30
更新档案、归档	正常传递，已办理完毕！	详细情况			2014-01-24 13:57
核算中心复核	正常传递，已办理完毕！	详细情况			2014-01-24 08:36
接火送电	正常传递，已办理完毕！	详细情况			2014-01-23 11:25
高供高计录入装拆	正常传递，已办理完毕！				2014-01-23 08:14
高供高计装拆表派工	已经办理完毕				2014-01-21 08:39
高供高计配表	正常传递，已办理完毕！	详细情况			2014-01-21 08:22
具备装表条件	正常传递，已办理完毕！				2014-01-20 10:41
竣工查验	正常传递，已办理完毕！	详细情况			2014-01-20 10:08
签订供用电合同	正常传递，已办理完毕！	详细情况			2014-01-17 15:11
供用电合同审核	正常传递，已办理完毕！	详细情况			2014-01-20 09:41
竣工报验	正常传递，已办理完毕！	详细情况			2014-01-16 10:46
中间查验	正常传递，已办理完毕！	详细情况			2014-01-16 10:46
中间报验	正常传递，已办理完毕！	详细情况			2014-01-15 16:32
审核结果通知客户	正常传递，已办理完毕！	详细情况			2014-01-15 09:19
资质及图纸审核	正常传递，已办理完毕！	详细情况			2014-01-17 11:18
拟定供用合同	正常传递，已办理完毕！	详细情况			2014-01-14 14:27
营业厅受理设计审核	正常传递，已办理完毕！	详细情况			2014-01-13 16:21
签订供电方案	正常传递，同意	详细情况			2014-01-13 16:21
供电方案审核	正常传递，同意	详细情况			2014-01-13 15:52
确定电源接入点	正常传递，已办理完毕！	详细情况			2014-01-13 15:49
制定供电方案	正常传递，已办理完毕！	详细情况			2014-01-13 15:27
现场勘察	由 在[2014-01-13 15:45]做修改！	详细情况			2014-01-13 14:32
现场勘察派工	已经办理完毕				2014-01-13 13:59
业务受理	已经办理完毕				2014-01-13 13:59

接火送电的实际时间显示在点击详细情况按钮后弹出界面

停送电组织人	
接火送电时间或者变更生效时间	2014-01-21
停送电相关信息	同意

正式受理时间为2014年1月13日，接火送电完成时间为2014年1月21日，用时约7个工作日

打印延期送电告知书　　返回办理情况

图 2-1　营销系统流程记录

4. 整改措施

（1）加强对相关人员的业务培训，严格按照相关流程办理业务，规避业务出错；同时加强思想教育，端正工作态度，严格遵守公司制度，严禁卡、拿、吃、要不正之风。

（2）推行业扩报装"一口受理"，利用95598呼叫中心电话、网上营业厅和微信服务平台，推广远程服务渠道，实现客服人员对远程报装需求的统一受理和管控，从源头预防体外循环。

（3）提高业扩公开透明度，推行客户受电工程信息公示，按照"制度约束、公开透明"的要求，经客户同意后，在网上营业厅公示客户受电工程信息，引导设计、施工等单位通过公示信息公平竞争，打造公平、开放、有序的市场环境。

（4）实现客户业扩办理信息公开透明，通过95598服务热线、网上（掌上）营业厅、自助服务终端、微信等远程服务渠道，提供业扩工单实时查询，使客户及时了解业务办理进度、状态、办理人员等相关情况。

二、业扩工程现场与设计图纸不符案例

1. 案例介绍

某公司于2013年8月19日提交高压用电申请，申请报装1台400kVA变压器，该客户工程于2014年3月18日已完成竣工查验。2014年3月24日，该客户工程被稽查发现工程现场与设计图纸不符，业扩工程竣工检验人员未能把好验收质量关。该事件的发生，给配网的安全运行留下了隐患，给客户造成了一定的经济损失。

2. 稽查情况

2014年3月24日，某局营销稽查中心对某供电局开展业扩专项治理稽查，在现场稽查业扩工程验收质量时，发现本案存在的业扩工程现场与设计图纸不符问题。某公司为新装客户，稽查当日已通过竣工查验环节。现场稽查发现箱式变电站低压侧总开关型号及额定电流与设计图不符，设计图上该低压侧总开关为智能型开关，额定电流I_N=1000A，而现场检查发现该总开关为普通型万能式开关（DW17型），额定电流I_N=800A，如图2-2所示。

3. 原因分析

（1）业扩工程管理不到位。部分单位和有关主管部门，对参与工程竣工检验人员未做好监督管理、责任到人，监督责任落实不到位。

（2）工程检验人员业务技能有待提高。存在部分工作人员业务技能水平不高，未充分掌握有关业扩工程的安装及检验规范，在参与检验工作时未能发现问题，导致存在安全隐患的业扩工程"带病"入网运行。

（3）工程检验人员责任心不强、工作态度不严谨。部分工程检验人员未严格按照网、省有关电力客户受电工程验收规范要求开展工作。

4. 整改措施

（1）制定完善的监督和管理机制，防范此类事件的再次发生。

（2）加大业扩工程检验人员培训力度。对《广东电网有限责任公司业扩管理细则》（2014年执行版本，下同）及《南方电网有限责任公司10kV及以下电力客户受电工程中间检查和竣工检验工作规范（试行）》开展学习，要求业扩工程检验人员熟练掌握相关业扩工程验收规范和要求。

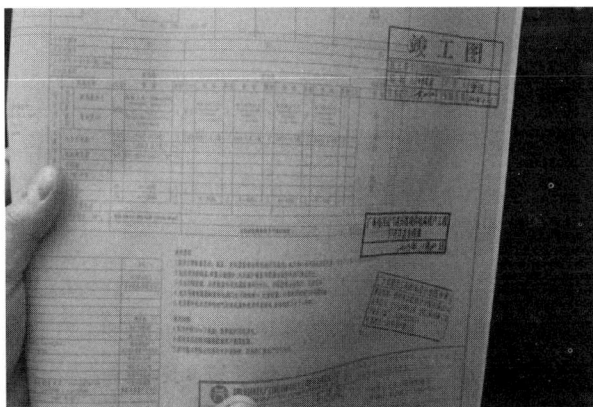
(a) 图纸

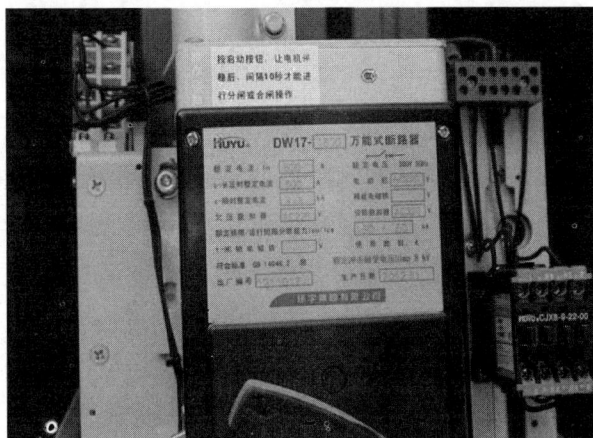
(b) 铭牌

图 2-2　图纸及现场装置铭牌

（3）加强对业扩工程验收管理的监督。严格按业扩管理规定做好客户受电工程的全过程监督工作，重点加强对业扩流程关键环节的把关，对中间查验和竣工验收等工作严把质量关。

三、装表接电工作体外循环案例

1. 案例介绍

2013 年 12 月 6 日，县区局某供电所工作人员凭非营销管理系统打印的内部工作单为客户黄某（户号 90000000*2）进行装表接电，并记录现场封印情况；2014 年 3 月 13 日，工作人员在营销管理系统上起（非）居民低压新装工单（单号 3****0***00*2），但营销管理系统电能表的装拆日期（2014-3-19）在备表日期（2014-3-20）之前，存在先工作后补流程。

2. 稽查情况

2014 年 4 月，稽查人员对公司层面营销在线稽查下发的关于新装流程装表时间异常的样本进行稽查，现场检查时发现业扩报装资料上附有非营销管理系统打印的内部工作单。如图 2-3 所示。

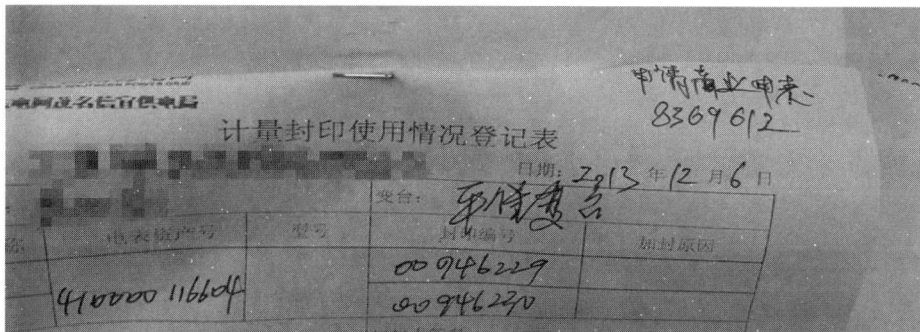

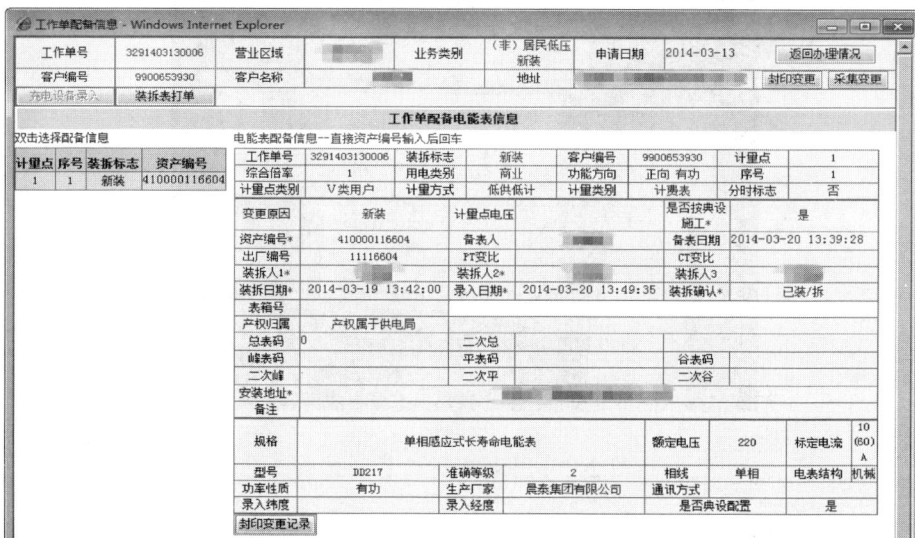

图 2-3　表单及营销系统记录

3. 原因分析

供电所工作人员依旧使用内部工作单进行装表接电并未在营销管理系统上走流程，违反了《广东电网有限责任公司业扩管理细则》"6.1.1.2 各单位应对客户办理用电业务提供的资料进行审查，对资料不完整的，应一次性通知客户补齐并出具受理回执，登记客户已经提供的资料并在受理当日录入营销管理系统"规定。

4. 整改措施

（1）供电所工作人员应根据《广东电网有限责任公司业扩管理细则》7.2 加强业扩全过程相关资料的记录和保存工作，准确登记各个业务环节的起始时间和完成时间，做到用电业务一申报就录入系统。杜绝先工作后补流程。

（2）对责任人员开展业务培训及批评教育。

（3）加强稽查，并将问题整改作为下次稽查重点，防止屡查屡犯。

四、非常规装表案例

1. 案例介绍

营销稽查部门在稽查工作中发现，某饮食店现场有装电能表用电，但在营销信息管理系统及实体档案中查找不到该客户的报装资料，电能表处于库存待装状态，经查证，供电局在客户没有完成业扩报装相关环节就装表接电，属于"非常规装表"的违规行为。现场装置见图2-4。

图 2-4　现场装置

2. 稽查情况

2014年11月16日，稽查人员在稽查某台区低压客户电能表情况，其中发现某饮食店，在营销信息管理系统核对客户资料时，没有查找到客户资料，也没有找到该户的实体档案资料。同时在电能表台账查询、封印台账中查找相关信息，发现营销信息管理系统显示电能表为库存待装状态，与现场情况不符。营销系统记录如图2-5所示。

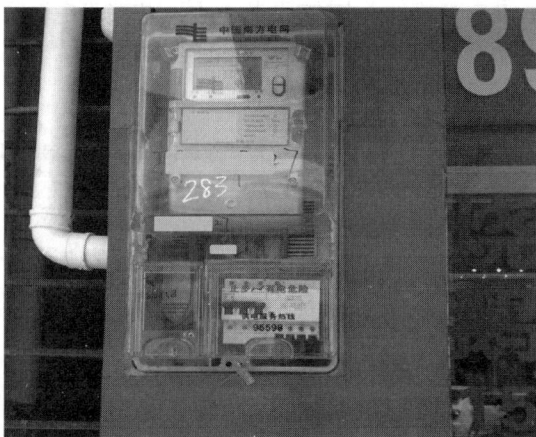

图 2-5　营销系统记录

稽查人员遂走访客户了解情况，据客户解释，客户在几个月前由于饮食店开张去供电局办理用电申请，供电局派人到现场勘查，勘查人员了解网架及容载比后发现负荷不足，现场不具备供电条件，并向客户答复《暂缓用电受理通知书》。由于饮食店开张期临近，客户通过朋友关系，与供电局商量先用电再补报装的解决办法，供电局先派人装表接电，待调整负荷后再补办手续，客户并承诺第一期电费一并缴纳之前累计的电量电费。供电局承认客户所述，称电能表没有按照正规流程领取。

3. 原因分析

（1）装表人员没有严格履行岗位职责，违反《广东电网有限责任公司业扩管理细则》工作流程，在没有正式办理业扩手续情况下为客户装表接电，造成"非常规装表"违规行为。

（2）仓库管理人员工作不到位，没有严格按照仓库管理规定办理业务，致使处于库存待装状态的电能表流出仓库。

（3）供电局相关人员没有严格执行负荷管理规定，在不具备供电条件的情况下，仍然给客户装表接电，致使台区变压器重载运行，不符合安全要求。

4. 整改措施

（1）供电局应尽快调整负荷，使台区变压器容载比调整至安全运行区间，避免过载运行；或者通过业扩配套工程，解决负荷紧张情况。

（2）要求供电局召开分析会，通报事件并吸取教训，加强行风教育，杜绝卡、拿、吃、要行为；同时加强业务培训，提高工作人员业务水平，确保工作严格按照相关规定执行。

（3）严格按照《广东电网有限责任公司业扩管理细则》规范办理业扩业务，并在正式装表接电后第一期电费中一并收取之前累计的电量电费。

五、计量装置安装不规范案例

1. 案例介绍

2015年2月，稽查人员对低压客户用电情况展开稽查，在检查某事业单位电能表时，发现其计量装置安装不规范，电能表、电流互感器及二次回路没有安装在独立电表箱内，这不符合《南方电网有限责任公司电能计量装置典型设计》的要求。

2. 稽查情况

2015年2月3日，稽查人员对某台区的低压客户用电情况进行稽查，发现某事业单位的计量装置安装在台区变压器的低压柜里，但电能表与电流互感器分开安装，没有配置独立的计量表箱，现场计量装置如图2-6所示。

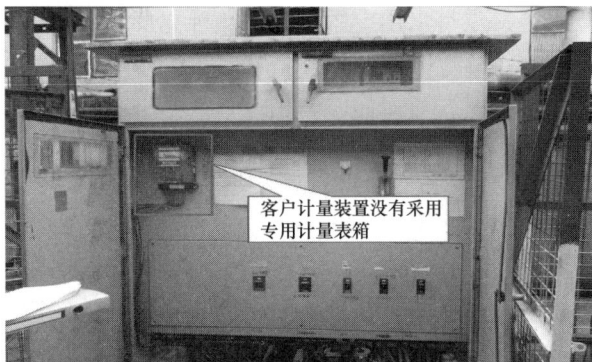

图 2-6　现场计量装置（未配置专用计量表箱）

　　安装在柜后侧出线处，电能表安装在柜前，整套计量装置，除了电能表及接线盒有封印，其他电流互感器、二次回路等设备均为裸露（见图 2-7），很容易发生窃电行为，不符合《中国南方电网有限责任公司电能计量装置典型设计》要求的低压供电客户采用专用计量表箱的规定。

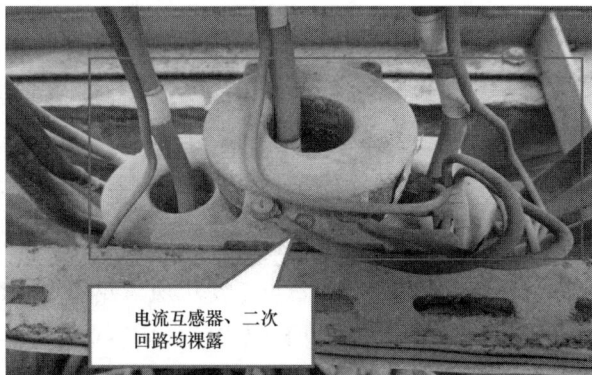

图 2-7　现场计量装置（设备裸露）

　　稽查人员在仔细观察计量装置，并走访客户用电现场后，判断情况为计量装置安装不规范，不存在窃电行为，理由如下：

　　（1）二次回路及电流互感器积尘较多，没有窃电痕迹。

　　（2）清点客户用电设备，根据同期率计算用电量，与上一年月平均用电量相符。

　　（3）客户是事业单位，窃电可能性不大，并且计量装置安装在供电局公共台区里，客户不能随便进入，窃电难度很大。

　　3. 原因分析

　　（1）装表人员没有严格履行岗位职责，将电能表、电流互感器、二次回路等计量装置分开安装，没有采用专用计量表箱独立安装，这违反《中国南方电网有限责任公司电能计量装置典型设计》规定。

（2）抄表人员工作不认真，明显发现计量装置没有采用专用计量表箱等不规范情况，但没有向上级反映，以致问题长时间没有解决，违反《广东电网有限责任公司抄表管理细则》相关规定。

（3）用电检查人员工作流于形式，工作不到位，没有按照客户用电安全检查内容检查客户用电计量装置，违反《广东电网有限责任公司用电检查管理细则》相关规定。

4. 整改措施

（1）要求供电局与客户协商，按照《中国南方电网有限责任公司电能计量装置典型设计》要求尽快整改，计量装置应配置专用计量表箱。

（2）加强行风教育，端正工作态度，吸取教训，通过业务培训提高工作人员的整体业务素质和业务技能，确保工作质量达标。

（3）根据《广东电网有限责任公司用电检查管理细则》要求，按周期开展用电检查工作，尤其加强对低压客户开展现场实际用电性质检查。

六、业扩报装超时问题案例

1. 案例介绍

2017 年 3 月 20 日，某市城区局客户通过"一口受理"申请零散居民增容业务，城区局没有及时跟进并联系客户现场勘查，客户分别于 3 月 24 日、3 月 27 日、3 月 29 日三次致电 95598 进行咨询，供电所曾承诺三天内到现场勘查，但到第十天才到现场勘查，直到 4 月 9 日仍未完成增容业务，客户对业扩报装超时不满拨打了 12398 进行投诉。

2. 稽查情况

3 月 20 日，客户张某通过"一口受理"申请零散居民增容业务，坐席人员当天将工单传递给城区分局，城区分局没有及时跟进处理。3 月 24 日，客户致电 95598 咨询进度，95598 坐席将诉求工单下发至城区分局，城区分局没有跟进回复工单。3 月 27 日，客户再次致电 95598 进行意见咨询，95598 坐席再次将诉求工单下发至城区分局，城区分局仍没有跟进回复工单。3 月 29 日，客户第三次致电 95598 进行抱怨，因系统故障 95598 坐席人员通过交互记录方式电话通知分局跟进处理，客户表示若仍处理不及时将在 12398 进行投诉；当天城区分局客服班班员黎某将系统两张 95598 工单合并处理，通过电话回访客户，取得客户理解。3 月 29 日，客服班班长叶某勘查派工，将工单派送至客服班技术员杜某处理，当天杜某完成现场勘查。4月1日，客服班班员萧某完成系统现场服务及信息录入，业务工单流转到装表接电班班长张某计量配表环节。4月9日，装表接电班班长张某完成计量配表。4月10日上午，装表接电班何某、黄某和业扩配套施工单位配合完成现场装表接电。

3. 原因分析

（1）业扩报装管理不到位。该城区分局信息传递和部门内部协调不力，对业扩工单的流转、时间节点管控缺乏科学安排和闭环跟踪，导致业扩工单滞留，造成业扩报装超时。

（2）客户诉求处理不到位。该城区分局未按规定的时限传递和处理客户诉求，造成客户抱怨迟迟无人办理、无人跟进，不满情绪得不到及时安抚，造成客户不满。

（3）风险管控意识不强。城区分局对同一客户多次来电反映问题的情况，没有引起足够的重视，客户关系修补工作落实不到位，对投诉客户的后续工作缺乏跟踪处理，导致客户最终越级投诉。

4. 整改措施

（1）全面梳理中、低压业扩超时的存量工单，分层分级分业务线条、责任到人，采取逐单销号式管理。

（2）加强典型案例学习。结合近期发生的营销事件，组织基层工作人员学习典型案例，举一反三，增强责任意识，杜绝类似问题发生。

（3）严格执行《关于印发加快解决业扩工单超时问题专项工作方案的通知》的要求，强化业扩报装工单时限监管，加强业扩稽查力度。

（4）全面推行业扩流程全节点透明办理，对外，实现进度信息实时推送客户，及时告知用户办理进度；对内，将办理节点依次串联，互相加强监控、监督，防范业扩工单超时。

第三章　抄核收业务稽查

第一节　抄核收业务基础知识

一、抄核收业务概念

抄核收是指营业工作中从系统形成自动抄表数据到收费销账的一系列业务过程，包括抄表、计算电费、核算、发行电费、推送账单、划扣电费及电费账务管理等工作。

管理单元是指以抄核收业务管理需要进行划分的客户组合，是营销系统中抄表流程及电量电费计算流程相关功能操作的基本单位。

抄表例日是指管理单元在一个抄表周期内计划安排的抄表日。

核算是指供电企业对电费计算结果进行审核验证，在审核过程中发现异常，进行处理的工作。

电费是指供电企业电力销售的总收入，包括执行目录电价的电费、随电价加收的各种基金和附加费等。

对账，分为一次对账和二次对账，一次对账是指营销人员将营销系统的收费凭证、收费记录与银行（含代收费机构）返回的交易记录进行核对；二次对账是财务人员将财务管理系统采集的电费数据推送至营销系统，由供电服务中心在营销系统将一次对账的结果与财务推送的电费数据进行核对，完成核对后向财务系统反馈对账结果。

电费发行是指将电量电费复核通过的结果，形成客户应收电费。

欠费是指供电企业自发出电费通知后未收到的应收电费。

电费坏账是指供电企业无法回收的电费款项。

电价是电能这个特殊商品在电力企业参加市场经济活动，进行贸易结算中的货币表现形式，是电力商品价格的总称。通常所说的电价指电力生产企业的上网电价、电网间的互供电价、电网销售电价。

购电是指公司及各子公司向公司电网区域内独立发电企业、地方电力企业以及其他交易主体购买电力电量的行为。对于跨省、跨区域、跨国境电能交易行为，执行公司《跨区跨省电能交易管理办法》及《跨国（境）电能交易管理办法》相关规定。

二、抄核收业务主要内容

抄核收业务主要划分成抄核收基础管理、抄表、计算电费及集中核算、发行电费及推送账单、收取电费、发票管理、退补和退费、对账、电费欠费管理、电费坏账核销、报表统计及核对工作、电价执行、购电的抄核收管理、市场化交易抄核收管理。

1. 抄核收基础管理

抄核收基础管理介绍抄表前期基础管理工作，根据抄表形式的不同，分为自动抄表基础管理工作、现场抄表基础管理工作两部分进行介绍。

（1）自动抄表基础管理工作。

为确保自动抄表数据及时、准确，自动化抄表率高，自动抄表日常管理主要包括以下四个方面：

1）基础档案管理。主要工作有：在业扩、计量装置装拆环节中准确完整录入关键计费参数、计量设备信息。计量自动化系统与营销系统的档案同步更新，做到现场与计量自动化系统、营销系统三者档案一致。开展档案类异常的常态化稽查，在每月抄表翻月前完成档案核查工作；开展计量日常运维工作以确保自动化抄表率。

2）每月抄表前准备。主要工作有：及时完成相关业务工单归档及其他影响当月抄表数据准确性的工作。完成新装客户的归属管理单元、抄表方式、抄表周期设置。对营销系统的抄表数据开放、电费计算、电费核查、异常分发、电费发行等定时任务做好检查与设置。在规定时间抄表数据开放定时任务启动前，完成所有供电单位的电费翻月初始化。

3）抄表周期设置。抄表周期的设置，专变客户的抄表周期不得超过1个月，非专变客户的抄表周期不得超过2个月。

4）制订抄表计划。主要工作有：按照抄表例日、抄表周期等信息以管理单元为单位制定的抄表工作计划。存在计费关联的客户，所有的表计必须安排在同一个管理单元并同期抄表，集团客户根据实际情况进行管理单元编制。单、双月抄表客户的划分应考虑月度客户数量、电量均衡因素科学划分。

（2）现场抄表基础管理工作。

为确保抄表及时、到位，抄表数据准确，现场抄表日常管理主要包括以下四个方面：

1）每月抄表前准备。主要工作有：及时完成流转到电费岗位的新装和变更用电的工作单。及时完成增加、删减抄表区段和调整抄表序号的工作。及时完成上月所有电费报表的统计和核对工作。及时完成影响当月抄表数据准确性的其他工作。在抄表的前一个工作日完成抄表机的下装工作，确认抄表的数据完整正确，抄表装置可正常使用。

2）抄表周期设置。现场抄表周期设置与自动抄表周期设置要求相同，此处不再赘述。

3）执行抄表轮换。抄表员定期轮换抄表区域，轮换周期原则上不超过1年。对于边远山区或隔月抄表地区，抄表轮换周期在经过审批后可根据实际情况适当延长，但最多不超过2年。

4）制订抄表计划。主要工作有：在抄表工作开始前，按照抄表例日、抄表周期、抄表员等信息以抄表区段为单位制订的抄表工作计划。抄表例日应相对固定，并提前把抄表时间告知客户。如变更抄表例日，应履行审批程序，提前告知客户。存在计费关联的客户，所有的表计必须在同一天抄表。单、双月抄表用户的划分应考虑月度用户数量、电量均衡因素科学划分。

2. 抄表

根据抄表形式的不同，分为自动抄表和现场抄表。

（1）自动抄表。自动抄表主要包括以下两方面：

1）自动抄表。在规定的自动抄表期间，由系统自动采集抄表数据。如遇定时任务抄表不成功，则在规定的自主运维补采期间，由计量运维人员召采或现场补采表码。

2）远程抄表数据校核。在新装增容、用电变更、电能计量装置参数变化、表计故障等业务流程处理完毕后，核对现场抄表数据与计量自动化系统、营销系统一致性。定期现场核实市场化交易用户远程抄表数据的准确性，对计量自动化系统生成的停复电等异常报警信息的应按相关工作要求至现场核实。全面实施计量自主运维的单位，结合计量自动化系统自动生成的异常以及报警信息进行现场核实；应每年至少一次对远程抄表数据与客户端电能表记录数据进行现场核对。

（2）现场抄表。现场抄表主要包括以下三方面。

1）现场抄表。抄表员按时到位抄表，核对抄表客户用电地址、表号、倍率等档案记录，正确抄录电能表示数。

2）异常处理。当发现抄表数据异常，抄表员应按规定时限及时赶赴现场核查，分析示数信息，核查示数的正确性。发现抄表现场异常情况时应立即启动抄表现场异常情况处理流程。

3）上传表示数据（上装）。上传表示数据，并在上传完成后检查数据的完整性。

3. 计算电费及集中核算

（1）计算电费。

（2）核查电费。按照抄表计划进行电费核算工作。根据核查规则自动核查电量电费计算结果，形成异常复核工单并自动下发。

（3）分散复核。对下发的异常复核工单，供电所要在规定时限前完成电费异常工单的核对工作。对电费异常工单必须逐单确认，对于由于业务变更引起的异常，在系统数据不能判断是否正常的情况下，必须开展现场复核。对电量电费复核过程中发现的问题需按月汇总形成复核报告。

4. 发行电费及推送账单

对实现发行电费及推送账单自动化的，对于非异常情况原则上不予人工干预，对产生异常的电量电费数据须在系统中手动发行电费。

5. 收取电费

严格控制现金收费窗口，积极推广非现金交费方式，以银行代扣收费方式为主，为客户提供多样的电费缴费渠道，缩短电费资金在途时间，确保电费资金安全并提高收费效率。除经归口管理部门审批同意的特殊地区外，不允许走收电费的收费方式。电费收取方式主要有以下六种。

（1）各营业网点柜台收费。营业网点柜台收费是指收费员在供电营业厅柜台收取客户电费，并完成轧账、日结的过程。营业网点柜台收费有柜台现金收费、柜台支票收费、柜台 POS 机收费三种形式，收费人员在收取电费时必须实时上机操作，按操作要求核对客户档案、客户应付金额、是否存在电费违约金等信息，确保收费正确。

交班报表。每个收费员在交班时或日结前必须形成交班报表，交班报表必须与银行进账凭证、收费票据存根一一对应，交日结结账人员。

收费员汇总本人的当日收费信息，确认收取的费用和营销系统里轧账的信息一致后，打印相关的凭证信息，和日结结账人员进行结账。结账人员核对营业网点各收费员的当日轧账信息，确认当日收取的现金、票据准确并与系统中的账务情况一致。结账后的电费必须在当天送交银行；结账后另收取的电费资金由各营业网点根据实际情况妥善保管并在次日存入银行。收取的支票必须在日结后一个工作日内送财务人员进行背书，并在背书当天送交银行。

每日在银行停止营业前收取的电费资金必须当天全部存入银行，或交相关押款公司进行押款。在银行停止营业后各营业网点要严格控制电费现金收入，配备足够安保设施的营业厅或收费网点方可留存过夜资金并妥善保管，没有足够安保设施的营业厅或收费网点必须在银行停止营业前将收取的电费资金全部存入银行，不得留存过夜资金，以确保资金安全。

（2）自动划扣电费。银行账户划扣是指根据代扣协议由银行代为扣取客户电费。

（3）采用电费代收方式收费。电费代收是指与社会上的收费单位（如银行、超市、邮局等）合作，采用代收费方式收费。

（4）采用预购电装置预收费。与安装预购电装置的客户签订（预）购电协议，实行预购电的收费方式。协议内容应包括购电方式、跳闸方式、预警电量、违约责任等。预购电平均电价应每年进行核定，对新装专用变压器及以上客户，应尽量安装预购电装置，对存量专用变压器客户，应逐渐推广安装预购电装置。

（5）采用预收电费、多次结算电费。采用预收电费、多次结算电费方式收费，应在供用电合同中增加相应的条款，按抄表周期结算电费。预收电费可在系统中打印收费凭证，加盖收款专用章后交客户，待转付成实收电费后再行开具发票。

（6）采用流动营业厅收取电费。对于交通不便的偏远山区，可采用流动营业厅方式定期在固定地点收取电费。采用流动营业厅方式收费时，收费镇区、周期、地点必须经区县局（含县级子公司）单位主要负责人签字审批后方可实施，并报地市局市场部备案。并由2人组成工作小组，执行当天入账制度。

6. 发票管理

发票管理主要包括以下两方面。

（1）发票使用。电费发票应按照"按需开票"的原则进行管理，对于普通发票一律采用电子发票，发票的开票金额必须与结算电费一致。收取电费后，向客户开具的发票有"广东增值税电子普通发票"（以下简称电子普通发票）和"广东增值税专用发票"（以下简称增值税专用发票）。

电子普通发票须在确认客户缴费后开具，通过客户电子邮箱下载、营业厅自助终端和营销系统打印，并在营销系统中登记相关信息。电子普通发票需定期向税务部门领取，从金税盘上传电子普通发票号码，并每月编制电费发票使用报表。

增值税专用发票须专人管理，发票领用到人，不允许班组内混用，严格按国家增值税相关规定开具发票，并做好增值税发票用票、存根（税控机统计）

登记、统计。按照财务相关制度每月按时办理增值税专用发票的装订、验票核销及报送工作。客户要求开具增值税专用发票时，必须提供增值税一般纳税人资格证书、营业执照正证、法人身份证、增值税开户银行许可证和复印件（客户提供的复印件必须加盖单位的公章，并注明"此件与原件相符"的字样）；各营业网点核对无误后，保留复印件，在营销系统、税控机上维护客户相关增值税信息；并在收存客户资料的第一次计费后，为客户开具增值税专用发票。开具增值税票的客户不得再重复提供普通发票。

发票专用章由各单位财务部负责刻制。各营业网点设立专人管理派发和监督使用情况，建立领用登记制度，多人共用的发票专用章必须指定专人保管并登记领用的时段。

（2）补开、重开发票。对于电子普通发票，当需重开发票时，营业人员在确认该客户已缴费后，若无需更改票面信息，重新推送电子普通发票后，通过客户登记的邮箱、营业厅自助终端、营销系统下载后打印电子发票。若因数据有误等原因需更改票面信息，在营销系统上做冲销操作，生成负数发票，重新推送电子普通发票后，通过客户登记的邮箱、营业厅自助终端、营销系统下载后打印电子发票。

对于增值税专用发票，当需重开发票时，营业人员在确认该客户已缴费后，若无需更改票面信息，通过发票号码查找增值税发票的存根联或在税控机上查找电子文档，复印并加盖"与原件一致"章和发票专用章。若因数据有误等原因需更改票面信息，客户需退还原发票，当月开具并且未认证的，加盖"作废"章，在税控机上置作废标志，并重新开具正确的发票；对于已认证或跨月需重开的，需凭税局生成的冲红通知单号执行冲红操作，开具负数发票，并重新开具正确的发票。

集团客户发票服务由地市局相关部门负责按照上述要求统一维护和进行日常管理。

7. 退补和退费

加强电费差错管理，减少退补与退费操作，退补和退费有据可依。退补工作必须在营销系统中进行操作，必须严格按相关流程的要求进行操作，不能越级审批，严格禁止在系统外以手工形式进行退补工作。冲正退补、电量电费退补等流程需提供完整的退补依据。

各营业网点应指定专人负责电费退费的工作。退费的凭证应保存整齐，每天对退费清单进行核对。退费必须严格执行资金收支两条线管理办法的规定，严禁以收代支的行为。

如将预付费及重收电费转为不同客户的预付费时，必须由双方客户提供电费转让证明，营业人员需要将转让证明上传至营销系统作为退费流程的附件，原件妥善保存。涉及现金及支票的电费退费，应请客户签收。对通过营销电费数据和财务达账数据对账确认重收的电费，对异常数据进行平账并转预收处理，根据客户意见对预收款进行退费或保留预收处理。

8. 对账

所有对账工作必须通过营销管理系统和财务管理信息系统开展。营销人员每天进行一次对账，将收费机构交易明细与营销系统电费交易明细数据通过系统自动和人工辅助的对账方式进行核对，并对其中的差异进行处理。财务部在电费达账后在规定时限内把达账的电费账务明细电子数据推送到营销系统。每月完成电费财务达账数据和营销实收数据的对账后，应形成相关对账记录和报表，由相关部门的有关人员签字确认。

财务部完成财务达账数据和营销电费数据的核对，对财务数据和营销数据的差异，财务部和市场部及对账工作执行部门须及时查明原因并即时进行处理。

9. 电费欠费管理

（1）催费及欠费停复电。严格执行三级催收制度并履行居民客户停电审批。居民客户原则上不停电催费，在执行一级或二级催收后，确认仍需执行欠费停电的低压居民客户须由地市局市场部进行审批。

超出规定缴费期限仍未交清电费的，自逾期之日起计算超过30日、经催交仍未交清电费的，按规定的程序中止供电。费控客户按签订的费控客户协议执行自动停电。

欠费停电通知应在停电前规定时限内书面送达客户，并在停电操作前规定时限内再次通知客户，避免违规停电风险，高压客户的欠费停电处理由两人或以上进行。在停电实施前，需再次核对客户档案资料及缴费情况，客户清缴全部电费则取消停电处理，客户清缴部分电费的，则暂停停电处理，并与客户协商分期清缴的具体实施办法，并签订《还款协议》。停电时，须凭欠费客户停止供电工作传单。

对于已经缴清电费的客户，严格按照服务承诺执行复电。如遇特殊情况无法在服务承诺时限内复电，需与客户沟通协调取得谅解。

（2）电费违约金。电费违约金是逾期交付电费的客户对供电企业所增付利息的部分补偿。根据《供电营业规则》中第九十八条之规定：客户在供电企业规定的期限内未交清电费时，应承担电费滞纳的违约责任。电费违约金从逾期之日起计算至交纳日止。每日电费违约金按下列规定计算：居民客户每日按欠费总额的千分之一计算；其他客户当年欠费部分，每日按欠费总额的千分之二计算，其他客户跨年度欠费部分，每日按欠费总额的千分之三计算。电费违约金收取总额按日累加计收，总额不足 1 元者按 1 元收取。

（3）重大停电纠纷的报告制度。重大停电纠纷是指在实施停电过程中，引起强烈社会反响或媒体关注，或者由于被停电客户的过激行为而有可能影响公共安全或社会稳定、有可能对公司形象或声誉造成不利影响的停电事件。具体包括：对居民小区或影响居民客户户数超过 50 户的住宅实施停电所产生的纠纷；对违法转供电的客户实施停电所产生的纠纷；上级关注或媒体报道的停电事件；因被停电客户的过激行为而有可能影响公共安全或社会稳定的停电事件；其他有可能对公司形象或声誉造成不利影响的停电事件。

发生纠纷后，各单位电费回收负责人要按规定在时限内，按要求进行汇报。

（4）重大欠费事件报告制度。自逾期交费之日起，凡符合"客户重大欠费"定义范围的客户，需定期汇总后上报。

（5）电费回收法律风险管理。妥善保管供用电合同和相关的《担保协议》《还款协议》等文件，以便发生欠费纠纷时我方能主动行使权利，减少损失。对欠费额在 10 万元以上的，除用电方下落不明外，必须与之协商签订《还款协议》。如双方在《供用电合同》中没有约定担保条款，也没有另行签订《〈供用电合同〉担保协议》，则须在《还款协议》中要求用电方提供担保。经催告，用电方拒不还款也不提供担保的，可向法院提起诉讼，或依据双方约定提起仲裁。

持续关注高耗能、高污染行业客户等风险客户用电情况，关注国家淘汰落后产能动态，制定高风险客户清单并动态更新，及时做好电费回收预控措施。按程序采纳国有或具备相应资质的第三方征信体系及数据开展客户信用评价管理，并根据客户电费风险类别和等级，实行有针对性的电费回收措施。

对于发生电费资金安全事件的单位和个人，按公司相关规定追究责任。

10. 电费坏账核销

电费坏账核销，是指对符合电费坏账条件的客户向上级部门提请核销，经批复后在营销管理信息系统中进行坏账核销的过程。

（1）电费坏账核销申报。应收账款的坏账损失认定程序和认定条件等应严格按照规定执行，对于符合条件，又能收集齐全资料的客户，录入营销系统，进入电费坏账损失核销审批流程。

地市供电局每年按照公司财务部门的通知时间开展电费坏账核销工作。电费坏账损失核销申请工作单与纸质资料（必须逐户封装）必须同时到达至地市供电局的审批部门进行审批。审批部门在规定时限内审核完毕，形成全局的清单。清单和每户的纸质资料必须按照规定时间送达地市供电局财务部、市场营销部、法律部门、审计部门、监察部门审核，并在地市供电局财务部审核后，报送公司财务部审批。

（2）电费坏账损失的核销处理。地市供电局财务部取得本单位或省公司的电费核销批准文件后，在规定时限内通知相关单位。地市局市场营销部应在接到财务部门通知的规定时限内（必须在该日历月内），组织完成系统的录入工作。如批复金额中发生客户电费已回收的情况，不得置核销的标志，并在规定时限内书面通知财务部门和其他相关单位。各单位在形成该月份的电费报表时，必须核对核销的金额。

（3）账销案存管理。要按照相关账销案存管理办法，对电费坏账损失核销的应收款项，建立备查账簿登记，保留继续追索权利，并积极催收。

11. 报表统计及核对工作

按规定时间在营销系统上报相关电量、电费报表。

12. 电价执行

（1）电价分类及其适用范围。

1）按销售电价分类及其适用范围界定。电价按目前实行的销售电价分类包括居民生活用电、农业生产用电、工商业及其他用电价格三个类别。

居民生活用电价格，是指城乡居民家庭住宅，以及机关、部队、学校、企事业单位集体宿舍的生活用电价格，城乡居民住宅小区公用附属设施用电（不包括从事生产、经营活动用电）学校教学和学生生活用电、社会福利场所生活用电、宗教场所生活用电、城乡社区居民委员会服务设施用电以及监狱监房生活用电，执行居民生活用电价格。

农业生产用电价格，是指农业、林木培育和种植、畜牧业、渔业生产用电，农业灌溉用电，以及农业服务业中的农产品初加工用电的价格。其他农、林、牧、渔服务业用电和农副食品加工业用电等不执行农业生产用电价格。

工商业及其他用电价格，是指除居民生活及农业生产用电以外的用电价格。

2）按容量区分的电价分类。电价按容量区分的电价分类包括单一制电价和两部制电价。

变压器容量在 315kVA 及以上的大工业用电执行两部制电价，其他用电执行单一制电价。

3）分时电价。分时电价是指根据电网的负荷变化情况，将每天 24 小时划分为高峰、平段、低谷多个时段，并对各时段分别制定不同的电价。分时电价具有鼓励客户优化生产方式，提高电力资源社会效益发挥的作用。由于各地峰谷负荷出现的时间不同，高峰、平段、低谷时段划分也不同。

4）按生产流通环节划分的电价分类。按生产流通环节划分的电价分类有上网电价、网间互供电价和销售电价。

5）各种基金及附加费。

（2）电价执行管理。按照国家价格政策规定严格执行有定价权的省级以上价格管理部门发布或批准的电价。电价政策的执行以公司财务部确认的电价文件为依据，由公司市场营销部统一集中管理。各地市局在营销系统新增或变更电价必须履行审批流程，由公司市场营销部统一审批。

定期或不定期开展内部电价检查，主动接受政府、社会和客户的监督，确保电价执行到位，合法合规。

13. 购电的抄核收管理

以下主要介绍与抄核收业务相关的购电管理内容。

（1）购电结算管理。

1）电价执行。严格执行国家电价政策，按价格主管部门批复的上网电价与发电企业结算电费。发电企业未获取国家正式批复电价的，由双方协商确定临时结算价格。

2）抄表管理。上网电量的抄录和确认，应在规定时间内完成。电量抄录可以采用远程抄表或现场手工抄表等方式。电厂上网电量与用网电量应分别计量并不得互抵。

3）电费与发票管理。电费结算管理按照原国家电监会《发电企业与电网企业电费结算暂行办法》《购售电合同》和其他相关规定执行。市场营销部门按月向财务部门出具审核确认的结算单，结算单数据包括上网电量及其中的脱硫脱硝电量、上网电价、追补电费、考核电费、结算电费等数据。财务部门按季与市场部门核对电费结算数据。

上网电费的计算、核对、修正和确认，应当在完成上网电量抄录和确认后的规定时间内完成，由双方确认签署《电费结算单》。纳入并网运行管理及辅助服务管理的机组，由系统运行部门记录补偿及考核电量，经电力监管机构确认后，由市场营销部门出具结算单，并在电费结算中一并进行结算。

发电企业根据《电费结算单》开具增值税发票，电网企业依据《电费结算单》及增值税专用发票支付上网电费。

4）计量故障处理。当关口电能计量装置发生故障时，由相关部门提供电量退补详细技术报告和初步处理意见，由市场营销部组织相关部门和电厂协商解决。

（2）信息档案管理。按季度开展信息档案更新整理工作。信息档案管理主要包括发电企业信息资料管理、电厂系统档案新建及变更、购售电合同备案管理及购电统计报表管理等，发电企业信息资料主要包括各企业概况、联系方式、机组参数及能源供应等信息。购电统计报表应包含历年购电量、分类购电结构及购电报表分析等。

14. 市场化交易的抄核收管理

以下主要介绍与抄核收业务相关的市场化交易的内容。

（1）客户档案日常管理。客户用电类别、电价类别、电压等级、计量档案、子母表、线变损分摊关系等基本档案及欠费状态的核查，确保计费结果正确。配合当地经信部门开展资格审查时，对客户运行状态、电量、用电类别等情况提出具体意见。

每月月度竞价后提供下下月市场化交易用户初步清单，收到初步清单后，向各地市局分发清单。按照收到的市场化用户清单开展本单位内的用户相关计量设备校试及台账校核等准备工作，保证计量的准确性。

对进入/退出市场化交易的用户及时做好台账变更记录、标识市场化交易服务属性，特别是对允许进入电力市场的用户计量点的用电性质、电价类别等情况逐一完成复核确认，并向本地市场部报备。

（2）抄表管理。

按规定时间完成提供下月市场化交易用户清单。检查本月市场化交易用户档案清单的变动情况并按照规定进行现场检查，做好记录，完成台账核查工作，确认无误后进行抄表初始化。

对于参与市场化交易的用户，应在规定时间内使用计量自动化系统进行表码采集监控。对于参与市场化交易的用户，按时完成抄表工作，对于远程抄表不成功的，必须及时进行设备维护，开展远程或现场补抄。

如在结算周期中存在客户换表等情况，要求客户止码抄读不允许手工补录，必须通过计量自动化系统或抄表终端获取电子凭证，同时保留对应的照片、用户签名等证据，相关审批提级。如遇表记严重损坏等特殊情况确实无法电子凭证的，需报备案。

（3）电费管理。

按规定时间完成交易中心推送电量。每月进行市场化交易用户电费核算时，对于当月发生工作单的用户必须全部经人工复核确认。跟踪监督市场化交易用户核算状态，发现并及时解决问题。

市场化交易用户电费按照要求及时发行。按照规范要求时限提供市场化交易用户结算依据。按时出具市场化交易用户（含售电公司）电费结算单、支付单。跟踪市场化交易用户（含售电公司）电费的支付过程。

（4）异常管理。发现市场化交易用户出现异常电量应立即进行核查，要求当天排查完毕，如确属电量抄读错误的，应立即报告上级市场部门进行协调处理并开展后续问责流程。

发现市场化交易用户电费发行异常（如未进行客户退费或退费不正确等情况）应立即进行处理并报告地市局市场部，在统一安排下主动向售电公司、用户等市场化主体解释，降低负面影响。

在接收到市场化交易用户电费结算依据后（含电费发行前）如发现电量错误应立即报告公司市场部，提请交易中心开展差错登记，并定期对计费结果进行改单，出具结算结果调整依据。

第二节　抄核收业务风险点及防范措施

一、抄核收基础管理

1. 业务风险点

（1）非正常建立、修改和删除客户抄表档案。

（2）新装、增容、减容、暂停、销户等的计费参数确定或录入错误。

（3）用电容量、力调标准、倍率、电价、用电分类、阶梯类别等档案信息之间不对应。

（4）未及时完成档案类异常整改及相关业务工单归档等工作，影响抄表数据准确性。

（5）现场与计量自动化系统、营销系统三者档案不一致。

（6）多户共用同一证件享受免费电。

（7）市场化交易用户档案参数未及时更新导致抄表数据有误。

（8）市场化交易用户涉及表码截取的业扩工单未及时归档。

（9）购电档案信息不完整、不准确或存在信息之间不对应的情况。

（10）未按规定编制抄表计划，应抄客户未编入抄表计划。

（11）存在计费关联的客户，所有的表计未在同一天抄表。

（12）存在擅自调整抄表时间情况，未按规定时间完成抄表工作。

（13）未按规定执行抄表轮换制度。

（14）未按规定设置抄表周期。

2. 防范措施

（1）电费档案。在业务办理过程中，认真审核关键计费参数、计量设备信息是否录入准确、完整，确保与纸质资料、现场信息对比一致。重点关注、督促及时归档涉及关键计费参数、计量设备信息修改的工单。加强计量自动化系统数据维护，减少计费差错。确保档案类异常整改工单在规定时限内完成整改。定期对五保户、低保户的计费档案进行核对。

应加强市场化交易用户的日常档案管理，对档案变动情况及时做好台账变更记录，确保交易客户抄表计费档案正确。及时归档市场化交易用户关于暂停、增减容、并户、销户、改类等涉及表码截取的工单，并逐一核查是否已当月生效。

（2）抄表计划。及时建立抄表档案、编制抄表区段、抄表周期、抄表路线、抄表方式，确保无遗漏。注意存在计费关联的客户，所有的表计应在同一天抄表。抄表例日应相对固定的，不可随意更改，如调整应按流程进行审批并告知客户。

（3）抄表周期。需关注专变客户、非专变的抄表周期时长设置的限制。为规避电费回收风险，关注高耗能高污染、临时用电、租赁经营用电以及信用等级较差的客户，是否采取了有效的规避电费回收风险的措施（如采取安装预购电装置、银行信誉担保、存款担保或预存电费、每月多次抄表等）。每月多次抄表的实施，须在与客户签订的供用电合同中增加相应的条款。

（4）抄表轮换。利用信息系统功能对抄表轮换制度执行情况开展定期筛查。

二、抄表

1. 业务风险点

（1）未在规定时间内完成抄表工作。

（2）未按规定时间完成抄表数据上、下装工作。

（3）未及时核对未抄表用户。

（4）因自然灾害或客户原因无法按期抄表时，补抄未在抄表例日起一天内完成补抄工作。

（5）存在错抄、漏抄、估抄、不抄表、委托客户抄表、私自委托他人代抄表或累积电量不抄录。

（6）发现用电异常情况（如零度、电量突变等），没有详细记录在抄表事项中。

（7）发现计量装置运行异常，未在当天启动工作单通知计量班组处理。

（8）发现有违约用电和窃电行为，未及时保护现场、记录，并立即通知用检人员进行处理。

（9）发现其他异常，如有表无档、有档无表，抄表路段拆迁、改造；客户的投诉、咨询等情况，未及时启动工作单通知相关班组处理。

（10）采用远程抄表方式的，未按规定时限到现场核对抄表数据。

（11）发现远程抄表信息异常，未在规定时限内进行现场补抄。

（12）表码修改记录不完整、规范，存在擅自修改表码的情况。

2. 防范措施

采用现场抄表方式的，抄表人员上装数据时应先接收数据后再下装下次抄表数据，防止丢失抄表数据。要严格管控人工抄表，有条件的供电所要采用营销业务移动终端进行签到、抄表。

抄表工作应在抄表例日时段内完成，在计费前，复核人员需所有抄表数据完整、无误，发现电量异常应及时通知相关人员或班组到现场核查。

已实现自动抄表的客户，应严格执行自动抄表客户开放人工抄表审批流程，严格执行低压集抄全覆盖供电所人工抄表数据提级录入管控。

三、计算电费及集中核算

1. 业务风险点

（1）未进行异常电量、电费数据核对。

（2）未在规定时间内完成复核。

（3）因复核不到位造成计费差错。

（4）未进行异常电量、电费数据核对，发现异常电量、电费数据未进行现场复核。

（5）对新装增容、用电变更、电能计量装置参数变化、执行或不执行特殊电价、表计故障等，在业务流程处理完毕后的首次计费月份，未逐户进行核对。

（6）在电价政策调整、数据编码变更、营销信息系统软件修改、营销信息系统故障等事件发生后，未对电量电费进行试算并对各类客户的计算结果进行重点抽查审核。

（7）客户基本电费、客户变损、客户功率因数调整、免费电客户电费计收错误。

（8）电量套扣、分摊关系错误。

（9）市场化交易客户电费复核不准确。

2. 防范措施

（1）日常管理。严格按照抄表计划进行电费核算工作。各级的计费、复核归口管理部门应对其下级供电单位的抄表及复核数据的完成情况和质量进行管理和监督。

对异常数据复核情况做好记录，并进行异常数据分析。周期性地对所有客户计费档案进行复核，发现异常应及时通知相关部门人员或技术人员处理。客户档案、电价设置、计量及计费参数等与电量电费计算有关的资料的修改，须严格按照各级各专业的工作权限进行管理。

针对当月新装和发生业务变更的用户进行电量电费复核。同时，加强市场化交易用户的自动抄表及时性、准确性管理，在规定时间内完成电量电费校核、电量推送等工作。

（2）其他情况处理。在电价政策调整、数据编码变更、营销系统软件修改、营销系统故障等事件发生后，应对电量电费进行试算并对各类客户的计算结果进行重点抽查审核。

四、收取电费

1. 业务风险点

（1）发生结算错误。

（2）电费收费存在截留电费。

（3）违约使用电费、违约金（滞纳金）不按标准收取。

（4）电费违约金计收错误。

（5）营业网点留存现金不符合规定。

（6）支票收取及退回未按相关规定进行。

（7）未执行收费日清月结。

（8）银行划扣或（预）购电收费未签订相关协议。

（9）电费代扣数据未及时发送银行。

（10）发现预付电费未按规定入账。

（11）发现预付电费未按规定实现滚动。

（12）更名过户或销户客户的预付电费未按规定处理。

（13）将预付电费转为不同客户预付费时，没有双方客户提供的电费转让证明。

（14）购电行为中，对上网电擅自以未经正式批准的价格进行结算，或用网电价及电量互抵不正确。

2. 防范措施

（1）电费计收。严格按照相关对账制度如实核对账目，确保账实数据正确无误。

（2）电费违约金。用户在超出规定的期限，仍未清缴电费的，应对其依法收取电费违约金，且应确保电费违约金计算准确。

（3）营业网点柜台收费。认真做好日清月结、交班报表工作。营业厅做好资金安全管理工作，现金执行当日送存银行制度。

（4）预付电费。关注办理变更业务的客户，应按照近期电费金额缴纳预付电费后再给予办理业务。如将预付费及重收电费转为不同客户的预付费时，必须由双方客户提供电费转让证明，并及时上传、妥善保管转让证明材料。

五、发票管理

1. 业务风险点

（1）开具增值税发票未存档客户有效证件的复印件。

（2）电费发票的领用、缴存、使用、移交、保管不符合规范。

（3）电费发票印章和收费印章的领用、缴存、使用、移交、保管等不符合规范。

（4）电费发票金额与营销系统电费金额不一致。

2. 防范措施

严格根据相关规定开展发票管理工作，发票工作应设专人管理，并定期编制的发票使用统计资料。

六、退补和退费

1. 业务风险点

（1）电费改单、退补、抹账计算存在错误。

（2）电费改单、退补、抹账计算依据不足或没有录入原因。

（3）电费改单、退补的原因与实际不符。

（4）电费改单、退补的文档资料存在缺失、不完整，审批流程不规范。

（5）未征询客户处理意见即对重收电费作转预收或退费处理。

（6）存在以收代支行为。

（7）现金或支票退费未保留客户签收记录。

（8）市场化交易用户电量电费退补工单未按要求推送。

2. 防范措施

针对电量电费退补用户，实行专人跟踪。改单、退补工作必须在营销系统中进行操作。必须严格按相关流程的要求进行操作，不能越级审批。改单及退补的凭证应保存整齐，按规定时间对改单及退补清单进行定期核对。对当期有电费改单、退补、抹账工作单生效的客户进行单独复核。

对重复交费的客户，应征询客户对重收电费的处理意见，根据客户意见转为预收或作退费处理。

七、对账

1. 业务风险点

（1）存在以手工报表对账的情况。

（2）对数据差异未说明原因或未及时处理。

（3）对待查待退电费未说明原因。

（4）电费收入或营业外收入未按对应科目入账。

（5）未按规定及时完成对账工作。

（6）未形成对账记录和报表并由有关人员签字。

2. 防范措施

全面实行自动对账，杜绝以手工报表数据对账。做好一次、二次对账工作，按要求形成对应报表和对账记录，并由相关人员签字确认。持续提升数据质量，提高数据准确性，确保自动对账高效运作。

八、电费欠费管理

1. 业务风险点

（1）未按规定及时将电费信息送达客户。

（2）超过缴费期后，未按规定向客户进行催缴工作，未派发催收通知书。

（3）欠费停电未按规定程序执行。

（4）欠费停（复）电记录不完整、不准确。

（5）无合理原因欠费复电超时。

（6）未严格执行重大欠费或停电纠纷事件报告制度。

2. 防范措施

（1）考核制度。电费回收工作设立专人负责制度，层层负责、层层考核。

（2）催收及欠费停复电。对电费逾期未交的客户，工作人员进行分级催收，并完成现场催缴后，方可实施现场停电；对于客户已缴清欠费后，应当日恢复客户用电。保存好相关停、复电相关记录，以备核查。

所有已发出的催收、停电通知书都必须在营销系统中按规定做好记录备查。对欠费用户的催缴、停电和复电的操作必须在营销系统中做好记录备查，对已停电的用户要继续跟踪。

客户缴清电费欠款后，当日恢复客户用电；如无法当日恢复客户供电的，应及时与客户做好沟通，确定恢复供电时间。

九、电费坏账核销

1. 业务风险点

（1）未按规定严格审查电费坏账损失核销客户条件，出现不符合条件的客户列入坏账核销清单、坏账核销客户未进行现场核实或现场核实出错、故意隐瞒客户实际情况、坏账审核资料与实际不符等情况。

（2）坏账核销客户的电费催收原始记录、现场核实原始记录及相关材料不准确、不完备，原始记录、系统和实际不一致。

2. 防范措施

工作人员应严格核实坏账客户资料与现场实际情况是否相符，若存在不相符的情况，应记录现场情况，及时反馈至相关工作人员。符合条件的应严格按照电费坏账流程进行申报和审批。

电费坏账损失核销的应收款项，要按照公司账销案存管理办法，建立备查账簿登记，保留继续追索权利，并积极催收。完整保存客户欠费台账、催费记录、欠费确认资料以及其他相关资料等。

对因工作失职、渎职或者违反规定，造成损失的人员进行责任追究和处理，构成犯罪的，依法追究刑事责任。

十、电价执行

1. 业务风险点

（1）现场实际用电情况与系统执行电价不一致。

（2）混合用电未分开计量。

（3）对符合执行条件的客户，未按规范执行客户基本电费、客户变损、客户功率因数调整、免费电。

（4）违规实行优惠电价、差别电价、惩罚性电价等或减免电量电费。

（5）电价变更不符合规范。

2. 防范措施

加强新增客户档案信息的审核，确保电价执行符合现场实际。利用营销系统及稽查积累数据，找出问题多发客户类型，重点分析其电量变化趋势，判断是否已经改变用电性质。

购电应严格执行国家电价政策，按价格主管部门批复的上网电价与发电企业结算电费。发电企业未获取国家正式批复电价的，由双方协商确定临时结算价格。电费结算管理按照相关规定执行。

十一、其他

1. 业务风险点

（1）未按规定执行抄、核、收三分离制度。

（2）发现抄核收业务类问题未及时整改。

2. 防范措施

严格执行抄、核、收三分离制度。发现抄核收业务类问题应及时整改，避免造成损失或扩大影响。

第三节　抄核收业务稽查要点

一、抄核收基础管理

1. 电费档案质量的稽查

电费档案上有关客户的信息资料质量是抄表质量的保证，是抄表计量和电费计算的依据，同时也是现场核对客户各种参数的必备资料。必须重视电费档案的建立质量，加强对电费档案的监督检查。电费档案稽查不适用详查，应采用抽样调查法，重点围绕以下方面开展。

（1）电费档案完整性、准确性稽查。可依据业扩报装资料及工单，重点检查户名、开户银行和账号，用电类别、用电容量、电价代码、基本电费、功率因数考核、变损计算，表计技术参数、综合倍率、电能表示数类型、表计关系是否录入完整、准确。涉及计量装置更换的，应重点关注表码数据、装拆日期、资产编号等信息录入是否完整、准确。严格把关免费电档案信息录入。

（2）电费档案一致性稽查。核对营销系统、计量自动化系统之间的客户档案信息是否已同步更新。可携带客户档案资料到客户现场进行核对，确保电费档案纸质资料、营销系统以及现场实际三者相符。同时还应考虑档案信息之间逻辑关系是否合理，例如用电类别、阶梯类别、电价之间不对应，多户免费电客户不可使用相同证件号等。

（3）其他方面稽查。关注增减容、改类、更换计量装置等涉及电费档案变更的业务工单是否在规定时限前归档，避免影响客户计费准确性。

关注暂停、增减容、并户、销户、改类等涉及表码截取的工单，应在规定时限内归档，如有市场化交易用户发生此类业务，需逐一核查是否已当月生效，且不允许出现电量交叉跨月。

发现档案类异常后，是否及时下发、跟踪及督办。责任单位接收档案类异常整改工单后，是否在营销系统中发起相应流程工单，是否在规定时限前完成整改。

2. 抄表前期工作规范性的稽查

（1）检查抄表周期设置是否符合规范。

（2）检查抄表计划编制是否符合规范。存在计费关联的客户的所有的表计是否安排在同一个管理单元并同期抄表。新装客户是否按规定及时编入抄表计划。

（3）检查抄表例日的设置与更改是否符合规范。

（4）采用自动抄表方式的，营销系统的抄表数据开放、电费计算、电费核查、异常分发、电费发行等定时任务的设置是否符合规范。

（5）采用自动抄表方式的，在抄表数据开放定时任务启动前的规定时间内，完成所有供电单位的电费翻月初始化。

（6）采用现场抄表方式的，需检查抄表轮换制度是否执行到位。

（7）采用现场抄表方式的，要求抄表装置可正常运作。

二、抄表

1. 抄表业务的稽查

（1）采用自动抄表方式时，抄表业务稽查重点围绕以下方面开展。

1）要求严格控制自动抄表客户采取非自动抄表方式抄表。

2）检查系统记录，确认是否按照规定时间开展自动抄表及补抄补采工作。

3）检查自动抄表不成功时的处理情况。检查是否在抄表期内对系统提取不到表码的用户进行现场故障处置；对在抄表期内无法完成现场整改的，是否在规定期限内进行现场补抄。人工抄表数据录入是否严格执行审批流程。

4）查阅记录，检查是否按规定定期对市场化交易用户远程抄表数据的准确性进行现场核实。

5）查阅记录，检查是否按规定定期对远程抄表数据与客户端电能表记录

81

数据进行现场核对。

（2）采用现场抄表方式时，抄表业务稽查重点围绕以下方面开展。

1）检查系统记录，确认是否按规定的抄表时间、抄表周期到位抄表。如遇特殊情况无法按时抄表，是否在规定时间内补抄。

2）查阅抄表异常处理工作单，检查抄表员在现场抄表发现异常后（如计量运行异常、违约用电和窃电行为、有表无档、有档无表，抄表路段的拆迁、改造；客户的投诉、咨询等），是否按规定启动异常处理流程，异常是否有跟踪处理，是否做好记录保存。

3）检查用电量变化较大客户的异常处理情况，检查抄表员是否确认现场电量，是否有现场核查记录。

2. 表码修改的稽查

（1）通过营销系统查看修改表码记录，对比营销系统和计量自动化系统的抄表时间、表码数据是否一致，检查是否存在无合理理由修改表码的情况，判断是否存在通过修改表码掩盖抄表差错、装拆表环节录入表码错误，或调节线损等行为的情况。

（2）可通过系统记录、现场核查的方式，判断是否存在计量运行异常、系统提取抄表数据错误的情况。

三、计算电费及集中核算

计算电费及集中核算的稽查重点围绕以下方面开展。

1. 异常复核的稽查

（1）对于非异常情况原则上不予人工干预，对产生异常的电量电费数据须在系统中手动发行电费。

（2）查询营销系统记录，检查供电所是否在规定时间前完成电费异常工单的核对工作。

（3）查阅营销系统记录，检查是否逐单确认电费异常，对无法通过系统判断的，是否开展现场复核。

2. 计费信息修改规范性的稽查

查询营销系统记录，检查客户档案、电价设置、计量及计费参数等与电量电费计算有关的资料的修改，是否存在越权办理的情况。

四、发行电费推送账单

发行电费及推送账单的稽查重点围绕以下方面开展。

（1）查询营销系统，检查无异常电量电费是否按规定时间完成发行。

（2）应关注，对于非异常情况原则上不予人工干预，对产生异常的电量电费数据须在系统中手动发行电费。

五、收取电费

收取电费的稽查重点围绕以下方面开展。

1. 各收费方式的稽查

（1）对于营业网点柜台收费，检查交班报表与银行进账凭证、收费票据存根是否一一对应；检查（当日）收取的现金、票据和系统中的账务情况是否准确、一致。是否存在没有足够安保设施但留存过夜资金的情况。

（2）对于自动划扣电费，检查是否与用电客户签订电费划扣协议。

（3）对于采用电费代收方式收费，检查是否与代收费单位及资金清算银行签订合作协议。

（4）采用预购电装置预收费，检查是否按规定每年进行预购电平均电价核定。

（5）采用预收电费、多次结算电费，检查是否在与客户签订的供用电合同中增加相应的条款；是否按抄表周期进行电费结算；开具收费凭证、发票是否符合规范；是否存在将其他客户的预收账款作为另一个客户的实收电费。

（6）采用流动营业厅方式收费时，检查是否严格依照规定经流程审批、备案；收费方式、人数、当天入账制度是否执行到位。

（7）了解是否存在走收电费的情况，如有则检查是否严格依照规定经流程审批同意。

（8）客户在供电营业网点柜台交费时，允许分次交费，其他交费方式必须足额交费。

2. 退支票的稽查

（1）检查退票凭证与所退支票内容是否一致。

（2）查询营销系统，检查抹账处理是否录入退票的支票号码、退票原因。

六、发票管理

发票管理的稽查重点围绕以下方面开展。

1. 发票档案管理的稽查

（1）检查营销系统的客户电费发票档案信息和税控系统的客户发票档案信息是否一致。

（2）检查开具增值税票的客户是否已提供一般纳税人资格证书、营业执照正证、法人身份证、增值税开户银行许可证和复印件（客户提供的复印件必须加盖单位的公章，并注明"此件与原件相符"的字样）。

（3）检查是否妥善保留增值税票客户提供资料的复印件，要求无缺漏，且与营销系统、税控机上的信息一致。

（4）开具增值税票的客户不得再重复提供普通发票。查询营销系统，检查开具增值税票的客户是否显示普通发票标记。

2. 发票使用的稽查

（1）检查发票的开票金额与结算电费是否一致。

（2）检查是否存在手工开具电费发票，使用白条、收据替代发票的情况。

（3）检查增值税专用发票管理是否符合规范。应关注：是否有专人管理，管理人员需负责领用、发放、保管、月度的验票核销等工作；是否领用到人，是否存在班组内混用的情况；是否有使用增值税专用发票（税控机统计）的登记、统计；是否按照财务相关制度每月按时办理增值税专用发票的装订、验票核销及报送工作。

（4）检查普通发票管理是否符合规范。应关注：是否定期向税务部门领取，从金税盘上传电子普通发票号码；每月编制电费发票使用报表内容是否有缺失，报表内容包括领取数和起讫号码、已用数和起讫号码、作废数和发票号码、未用数和起讫号码；开具电子普通发票，是否做到通过客户电子邮箱下载、营业厅自助终端和营销系统打印，并在营销系统中登记开票金额、开票时间、开票人、票据类型和票据编号等信息。

3. 发票专用章使用的稽查

查阅资料记录，检查发票专用章管理是否规范。应关注：是否设专人管理派发和监督使用情况；对于多人共用的发票专用章是否指定专人保管并登记领用的时段。

4. 补开、重开发票的稽查

查询营销系统、税控机，检查补开、重开发票是否符合规范。

七、退补和退费

改单、退补的稽查重点围绕以下方面开展。

1. 退补、退费管理的稽查

（1）检查是否存在系统外以手工形式进行退补工作。

（2）退补、退费流程是否符合相关流程操作要求，是否存在越级审批。

（3）是否指定专人负责电费退费的工作。

2. 退补、退费依据的稽查。

（1）因电能表校验、轮换造成的电量退补，可查看电量退补报告是否合理，是否根据报告及时、准确退补电量。还应注意检查是否存在未按时限归档工单导致退补不及时，遗漏办理退补电量流程的情况。

（2）因计量故障造成的电量退补，稽查人员可通过查询营销系统记录，调阅计量故障处理资料，依据计量检定规程和供电营业规则的有关规定，判断退补依据是否充分，计算是否准确。还应重点关注是否存在应退补但未按规定办理退补流程的情况。

（3）因用电类别变化造成退补，电量电费差错等造成电量、电费退补。首先查阅营销系统工单中对客户用电现场情况的描述，然后对照追退补电量电费的计算依据及处理结果，检查是否存在追退补电量电费的依据与现场情况描述不符合情况，是否存在计算有误。如涉及重要用户、大客户的电量电费退补业务，无法通过营销系统、纸质资料进行判断时，还应至现场调查取证。

（4）检查冲正退补、电量电费退补等流程的退补依据是否完整，是否按要求上传、妥善保存。

（5）关注预付费及重收电费转为不同客户的预付费、涉及现金及支票的电费退费、重收电费处理，检查处理时是否按规定与客户沟通，或签字确认，相关资料是否按要求上传、妥善保存。

（6）检查退费工作是否存在不执行资金收支两条线管理办法规定的情况。

八、对账

自动对账的稽查重点围绕以下方面开展。

（1）检查是否按规定开展一次、二次对账工作。

（2）对账发现数据差异是否及时处理。推送数据质量问题是否及时消缺。

（3）对账记录和报表是否有相关人员签字确认。

九、电费欠费管理

电费欠费管理的稽查重点围绕以下方面开展。

1. 催收及欠费停复电的稽查

（1）稽查人员对照有关制度检查供电企业采取停电催费措施的程序是否到位，对欠收电费客户实施停电催费的时间、范围、批准流程以及实际执行的情况，执行停电催费后的效果，客户缴清电费后及时恢复供电情况等，有无违规作业现象等做检查。

（2）是否严格执行三级催收制度并履行居民客户停电审批。居民客户原则上不停电催费，在执行一级或二级催收后，确认仍需执行欠费停电的低压居民客户须由地市局市场部进行审批。

（3）检查催收、欠费停复电工作是否按规定做好记录备查。

2. 电费违约金的稽查

电费违约金的计收是供电企业对到期未缴清电费的客户按照《供电营业规则》的有关规定，计收由欠收电费客户承担的违约使用电力的费用。稽查人员在发现有客户在规定的期限内未能按时缴清电费时，要核对营业人员是否按照相关规定计收了违约使用电费，违约使用电费收取是否及时、准确，有无擅自减免违约使用电费。

3. 重大停电纠纷报告制度

检查是否按规范执行重大停电纠纷的报告制度。

4. 重大欠费事件报告制度

检查是否按规范执行重大欠费事件报告制度。

5. 电费回收风险管控

稽查人员还应提醒、指导被稽查部门关注经营困难导致无力按时缴付电费的客户，故意拖欠电费的失信客户，破产清算且不足以清偿欠费的客户；对于故意逃避电费债务的客户，提早做好预防措施，降低电费回收风险。

关注国家淘汰落后产能动态，关注高耗能、高污染行业客户等风险客户用电情况，制订高风险客户清单并动态更新，及时做好预控措施。

十、电费坏账核销

电费坏账核销的稽查重点围绕以下方面开展。

（1）通过查阅资料，判断客户是否符合坏账核销条件，客户提供资料是否认真核实，未发现有误。

（2）电费坏账核销是否严格按照流程审批，是否存在私自核销的情况。

（3）坏账核销相关资料是否妥善保存，无资料遗失情况。

十一、电价执行

电价执行的稽查目标主要包括电价执行的合规性、电价分类的准确性、电价计算的正确性。可重点围绕以下方面开展。

1. 计费档案稽查

调阅客户的报装资料、营销系统记录，查看报装资料中对容量、电价、用电分类、功率因数考核标准及阶梯类别等，与营销系统录入情况是否相符，信息之间逻辑关系是否合理，记录是否完整，各相关业务工单传递是否及时准确等。还需要关注的内容有：

（1）检查基本电价的确定是否正确。按照电价分类规定：对于变压器容量在 315kVA 及以上的工业客户，执行大工业电价。其中，基本电价计费方式有：按变压器容量或按最大需量，或按实际最大需量计费。不论哪种计费方式，都应该在电费档案上注明客户的变压器明细（包括不经过受电变压器的高压电机），作为收取基本电费的依据。稽查人员要依据客户的报装资料，一是查其受电总容量（包括变压器和高压电机）是否在 315kVA 及以上；二是查其用电性质是否为工业用电，对于受电总容量在 315kVA 及以上的工业客户，其电价是否确定为大工业电价。对于按最大需量计收基本电费的客户，必须安装最大需量表，并在每月抄表时同时抄录最大，需量表后，及时将需量表回零。

（2）检查用电性质与确定电价是否吻合。

（3）检查确定的电价与客户受电电压是否吻合。电价分类中对具体的电价是按用电性质和受电电压等级来确定的，对于同一种性质的用电，不同受电电压销售电价的标准也不同。稽查人员应核查营销系统记录与客户报装资料是否相符，再对照电价是否正确，并到客户现场进行核对，是否按对应的电压等级确定电价。

2. 电价执行异常行为分析

（1）可通过读取信息系统的数据，分析一定区域内，同一用电类别客户的用电量，获取该类客户用电时间、用电量分布情况，以此发现存在异常用电行为的客户。

（2）关注用电量变化较大客户，通过系统、纸质资料和现场比对，检查是否存在抄表差错、用电类别更改、涉及表码录入的环节信息录入错误等。

（3）关注长期无电量客户。检查是否存在窃电、有档无表、未设置抄表、累积电量再抄表，以及多抄电量不退补而是直接抄表为无电量的情况。

（4）关注是否存在混合用电未分开计量的情况，如商住混用。

3. 电费计算的正确性

（1）基本电费计收的稽查。

1）基本电费的计费方式的稽查。在核查基本电费计费方式时，应注意以下问题：

基本电价按变压器容量或按最大需量，或按实际最大需量计费，由客户选择。基本电价计费方式按自然季度调整，客户提前 15 个工作日向电网企业申请变更下一季度的基本电价计费方式。

基本电价按最大需量计费的客户应和电网企业签订合同，并按合同最大需量值计收基本电费。客户可根据用电需求情况，提前 5 个工作日向电网企业申请变更下一个月（抄表周期）合同最大需量核定值。

客户实际最大需量超过合同确定值 105% 时，超过 105% 部分的基本电费加一倍收取；未超过合同确定值 105% 的，按合同确定值收取。

申请最大需量核定值低于变压器容量和高压电动机容量总和的 40% 时，按容量总和的 40% 核定合同最大需量。对按最大需量计费的两路及以上进线客户，各路进线分别计算最大需量，累加计收基本电费。

2）发生变更用电业务时计收基本电费的稽查。基本电费以月计算，但新装、增容、变更与终止用电当月的基本电费，可按实用天数（日用电不足 24 小时的，按一天计算）每日按全月基本电费的 1/30 计算。事故停电、检修停电、计划限电不扣减基本电费。

受市场和生产形势的影响，会出现客户申请对计费容量的全部或部分减容、暂停的情况，在核查减容、暂停的业务办理质量时，要注意以下问题：①调阅系统及纸质记录，检查是否对客户变压器减容、暂停做好记录；客户申请是否按照规定的管理权限进行审批；②核查客户现场设施的封存是否到位，记录是否翔实；对客户超期减容、暂停的客户，是否按规定流程履行告知程序；③核查是否按照规定计收客户的基本电费。

客户（含新装、增容客户）可根据用电需求变化情况，提前 5 个工作日向电网企业申请减容、暂停、减容恢复、暂停恢复用电，暂停用电必须是整台或整组变压器停止运行，减容必须是整台或整组变压器的停止或更换小容量变压器用电。

客户申请暂停时间每次应不少于十五日，每一日历年内累计不超过六个月，超过六个月的可由客户申请办理减容。

客户减容两年内恢复的，按减容恢复办理；超过两年的按新装或增容手续办理。

减容（暂停）后容量达不到实施两部制电价规定容量标准的，改为相应用电类别单一制电价计费，并执行相应的分类电价标准。减容（暂停）后执行最大需量计量方式的，合同最大需量按照减容（暂停）后总容量申报。

减容（暂停）设备自设备加封之日起，减容（暂停）部分免收基本电费。

（2）功率因数调整电费的稽查。

一要考虑容量的问题，需要实行功率因数调整电费的客户，用电容量必须在 100kVA（kW）及以上。

二要考虑客户的用电性质，160kVA以上的工业客户、装有带负荷调整装置的高压电力客户和3200kVA及以上的高压供电电力排灌站按0.9标准考核；100kVA（kW）至160kVA（kW）的工业客户、100kVA（kW）及以上的非工业客户和电力排灌站、大工业客户未划归电业部门直接管理的趸售客户按0.85标准考核；100kVA（kW）及以上的农业客户和趸售客户按0.80标准考核。

三是对于应该实行功率因数调整电费考核的客户必须加装无功计量装置。

（3）阶梯电价计费的稽查。

1）计费类型的判断。在核对阶梯电价前，应判断客户的计费类型，计费类型不同，计费方式也不同：

a. 阶梯计费：对于抄表到户的"一户一表"用户执行阶梯电价，根据阶梯基数划分出的其第一、二、三档电量及各档电价计算电费。

b. 合表计费：对于未抄表到户的合表用户、公共用电和执行居民电价的非居民用户等，按抄见电量乘以合表电价计算电费。

c. 分时阶梯计费：对于选择峰谷分时电价的"一户一表"用户，同时执行峰谷电价和阶梯电价，按"先分时后阶梯"的方式计算电费。

d. 卡表计费：使用预付费电能表的居民用户，在实现远程自动抄表前，按购电量以年为周期执行阶梯电价。

2）计算方式正确性的稽查。

检查退补电量、窃电、违约用电的计算是否准确。对于可追溯抄表周期的退补电量，将退补电量还原至当期并重新计费后进行退补。对于无法追溯抄表周期的退补电量，按照退高补低、有利居民的原则处理；对于合表用户，退补电费按合表电价执行。对用户违约或窃电情况，若该电量可追溯相应月份，将退补电量还原至当期并重新计费后进行退补；若无法追溯，按合表电价计算电费。

检查免费电量电费计算是否准确。对城乡"低保户"和农村"五保户"家庭每户每月的用电量，由供电企业抄表收费时直接扣减15kWh的免费电量后，再执行阶梯电价政策。对于当月用电不足15kWh的，按照实际用电量扣减。关注是否存在多户共用相同证件办理免费电，造成计费错误的情况。

十二、购电

（1）检查是否严格执行国家电价政策，按价格主管部门批复的上网电价与发电企业结算电费。发电企业未获取国家正式批复电价的，是否协商确定临时结算价格。

（2）检查电量抄录工作是否在规定时限前完成。

（3）发生计量故障是否按照规范进行处理。

十三、市场化交易用户

（1）确认营销系统中的市场化交易用户明细与省公司下发清单一致。

（2）检查档案准确性。核对用电户名与用电户号是否与营销系统一致；核对电压等级、用电性质、欠费情况等是否符合准入标准。

（3）检查是否按规定时间完成交易中心推送电量。

（4）检查发现异常时，是否按流程处理并上报。

第四节　抄核收业务典型案例分析

一、新装客户归档后未及时抄表计费案例

1. 案例介绍

稽查人员按月度工作计划对某供电局的抽样稽查样本进行核查，发现该供电局的抄表班班长未及时将当年1月新装已归档的客户编入抄表计划，影响线损电量和下一周期抄表计费。

2. 稽查情况

稽查人员按当月稽查计划对某供电局的抽样稽查样本进行核查，发现某交通警察支队在1月11日办理了新装业务，并在1月14日新装流程已归档。但抄表班班长在新装业务工作单归档后，没有及时将该客户编入抄表计划，致使2月、3月都没有进行抄表计费，直到4月才将该户编入抄表计划进行抄表计费。

3. 暴露问题

抄表班班长未及时将新装客户编入抄表计划，影响线损电量和下一周期抄表计费。

4. 整改措施

抄表班班长应在每月抄表前对已归的新装客户编入抄表计划进行抄表计费，避免因未及时抄表影响线损电量和下一周期抄表计费。

二、电能表实际行度与系统记录不对应案例

1. 案例介绍

某供电所某店营销管理系统2014年8月6日抄表止码346kWh，大于

2014 年 8 月 25 日以后现场拍照显示的电表止码 341kWh，多抄 5kWh，存在抄表不正确。

2. 稽查情况

2014 年 8 月，稽查人员对抄表管理情况进行在线稽查。2014 年 8 月初，各供电所完成 8 月抄表工作后，稽查人员导出部分用电异常的客户清单下发各供电所获取抄表例日后的电表照片，并与营销管理系统 8 月的抄表止码对比，发现部分单位存在抄表不正确，如上述该店。

3. 暴露问题

该户以外出打工为主，自 2012 年 6 月起已不用电，供电所抄表人员因责任心不够强，自 2012 年 6 月抄录该户电表止码 346kWh，已多抄 5kWh，但之后每次抄表仍未发现错误，存在未认真到位抄表，有估抄现象。

漏抄、估抄的后果和风险，除影响线损，造成电量、电费错误外，还会导致客户投诉事件，企业形象受损。更严重的可能会产生违法违纪事件，如抄表员与客户勾结采取少收少计电量的手段或方式，以此作为盈利的目的，使供电企业蒙受损失。

4. 整改措施

（1）供电所工作人员应根据规范要求按时、到位、使用抄表机、正确地抄录电能表的表码。

（2）对责任人员开展业务培训及批评教育。

（3）加强核算工作，及时发现电量波动的客户，提供给抄表人员进行核实。

（4）加强稽查，并将问题整改作为下次稽查重点，防止屡查屡犯。

三、计量点核算有误，漏收基本电费案例

1. 案例介绍

2012 年 10 月，稽查人员在对某供电局的常态稽查中，发现该局客户某建材厂存在以下情况：两个计量点，630kVA 变压器及 160kVA 变压器各一台，总容量为 790kVA，但是 160kVA 变压器未参与计算基本电费。

2. 稽查情况

通过抽取同一户名或同一地址下存在多台变压器样品，稽查人员按照稽查程序首先在营销系统中查阅该客户的基本档案、电费结算清单和工作单记录等信息。经核实：该户为 10kV 供电，原装有一台 160kVA 变压器，高供低计，执行普通工业 1～10kV 电价。

2011 年 12 月申请增容一台 630kVA 变压器，2012 年 4 月接火送电后：

630kVA 变压器的计量点执行大工业 1～10kV 电价，高供高计；160kVA 变压器维持原来的计量方式和电价，未参与计算基本电费。

通过资料核查及现场检查发现此户的两台变压器是同一电源供电，属于同一受电点，未按《供电营业规则》第 70 条的相关规定计算电费，即：关于"每个受电点作为客户的一个计费单位"的规定，一个工业客户有多个受电点的，以每一个受电点作为一个计费单位。凡变压器总容量达到 315kVA 的受电点，执行大工业电价，按该点的变压器总容量计算基本电费。

3. 暴露问题

（1）业扩人员在制定供电方案时，仅仅考虑到增容 630kVA 变压器的供电方式、计量方式及电价等，没有从整体考虑该户的供电方式、计量方式及电价。

（2）供电方案审核人员也未能发现供电方案存在的问题。

（3）虽然《供用电合同》拟订人与审批人已经将上述问题纠正，并将正确的计费方式写进合同，但是档案的更新、归档人员并未按合同条款更新相关计费参数。

（4）电费结算审核人员没有认真履行审核职责，未核查出客户的电价、计费容量存在异常的问题。

（5）工作人员之间关于业务问题的沟通不足。

4. 整改措施

（1）将两个计量点合并按大工业用电计算电费、容量按 790kVA 计算，160kVA 变压器的计量点电价改为大工业 1～10kV 电价。

（2）计算错收电量、电费，及时与客户沟通进行退补。

（3）举一反三，组织人员对近期工业客户增容工单进行核查。

（4）加强对营销人员的业务能力及沟通能力的培训。

（5）对于"每个受电点作为客户的一个计费单位"的理解，应该是同一个受电点属于同一个客户用电，原则上只允许安装一个计量点，这就避免了上述情况的发生。

四、大工业客户暂停当月重复计收暂停变压器容量的基本电费及功率因数调整电费案例

1. 案例介绍

2016 年 1 月，稽查人员按照专项稽查工作计划在对某供电局进行专项稽查。稽查人员在核查用电客户的用电资料和查阅营销系统电费台账信息记录时，发现某有限公司，用电类别为大工业，在 2015 年 7 月 14 日对暂停设

备进行加封，但在 2015 年 7 月进行 2 次电费结算中多计收 13 天暂停容量（630kVA）的基本电费和功率因数调整电费。

2. 稽查情况

2016 年 1 月，稽查人员按照专项稽查工作计划及抽样稽查样本对某供电局进行电费电价稽查。稽查人员按照稽查程序调阅了该户的档案资料、业务办理流程工作单记录和电费记录发现，该客户原合同容量为两台 630kVA 变压器，用电类别为大工业，在 2015 年 7 月 2 日申请办理暂停其中一台 630kVA 变压器，2015 年 7 月 14 日对暂停设备进行加封。由于 2015 年 7 月是新旧营销系统数据迁移的时段，该户当月又进行了两次电费结算，引起了稽查人员的注意，于是对该客户进行重点检查。经稽查人员对其客户抄表结算清单和用电计量装置工作单实体的分析比对，发现在 2015 年 7 月进行 2 次电费结算中多计收了 13 天暂停容量（630kVA）的基本电费和功率因数调整电费。

3. 暴露问题

（1）本案例中暴露了该供电局营销管理松散，业务人员工作马虎责任心不强，工作不够细致，管理制度不健全，在新旧营销系统数据迁移期间，未重点对当月发生业务变更的客户进行数据核对。

（2）电费核算人员没有严格按照《广东电网有限责任公司抄表管理细则》中第 5.2.4 条，"对新装增容、用电变更、电能计量装置参数变化、执行或不执行特殊电价、表计故障等，在业务流程处理完毕后的首次计费月份，应逐户进行核对。"要求对该户在办理高压暂停业务流程完毕后的首次计费月份进行认真的核对，导致没有及时发现 2015 年 7 月份多计基本电费及功率因数调整电费。

4. 整改措施

（1）相关工作人员要及时在营销系统走冲正退补流程将多收的基本电费及功率因数调整电费退回给客户。

（2）供电局每月应重点对当月归档的工作单和相应的客户抄表结算复核单进行认真复核，同时组织营销人员对《广东电网有限责任公司抄表管理细则》进行在岗培训，要求各班长对此组织班员认真学习，吸取教训，引起大家的重视和警觉，杜绝类似现象再次发生。

五、以客户的零电量为突破口稽查案例

1. 案例介绍

2014 年 11 月 19 日，开展"零电量"客户专项稽查，发现某供电所户名为"薛某"（户号 1*00*****0）的商业电价客户，连续超 15 个月电量为零，但

在系统中同一用电地址另有一住宅客户"薛某"（户号 80**00****）其月用电量较大，经现场稽查发现，客户现场一楼为制鞋厂，楼上为住宅，一楼制鞋厂用电全部接住宅表计费，存在高价低接情况。

2. 稽查情况

2014 年 11 月 19 日，稽查人员在稽查样本中发现 ×× 供电局辖下某供电所，户号 1*00*****0，户名为"薛某"的商业电价客户，从 2009 年 1 月起至检查当月连续 71 个月电量为零，但在系统中同一用电地址还另有一住宅客户"薛某"（户号 80**00****），其月均用电量超 2000kWh，继而列为怀疑存在差错客户，经稽查人员现场稽查发现，客户现场为单栋多层楼房，有商业和住宅两个计量表计费，一楼为制鞋厂，楼上为住宅，一楼制鞋厂用电全部接住宅表户号 80**00**** 计费，存在高价低接情况，商业表户号 1*00*****0 无接任何用电负荷。

3. 暴露问题

（1）抄表员日常抄表工作不到位，对客户电费档案的管理不重视，现场抄表时未认真核对客户电价、电量等信息。

（2）抄表人员未严格执行抄表管理规定。抄表员对用电异常情况，如零度、用电量突增突减等，未现场向客户了解异常的情况，详细记录在抄表事项中备查。

4. 整改措施

（1）根据《供电营业规则》"第一百条 1. 在电价低的供电线路上，擅自接用电价高的用电设备或私自改变用电类别的，应按实际使用日期补交其差额电费，并承担两倍差额电费的违约使用电费。使用起讫日期难以确定的，实际使用时间按三个月计算。"的规定对客户进行违约用电处理。

（2）根据《供电营业规则》"第七十条 供电企业应在客户每一个受电点内按不同电价类别，分别安装用电计量装置。每个受电点作为客户的一个计费单位。"的规定，对客户鞋厂和住宅用电分表计费。

（3）加强对抄核收业务的基础管理。严格执行抄核收管理相关规定，加强对用电异常客户的监督力度，现场抄表时发现客户用电异常应及时启动的工作单，并设专人跟踪处理。进一步做好客户的用电基础档案管理工作，确保客户用电现场与系统用电信息一致。

（4）加强对抄核收业务的监督考核。定期开展抄核收业务专项检查，加大对大抄核收工作的抽查力度，将发现问题纳入营销质量考核，并及时跟踪问题的整改情况，从而调动抄核收人员的工作积极性，减少抄核收责任事故。

六、非正常修改表码的案例

1. 案例介绍

2018 年 5 月，稽查人员通过营销系统导出修改表码记录，筛查后发现，供电所将客户李某的 1 月止码从 6136.64 修改为 2040，但无任何合理理由，存在非正常修改表码的情况。

2. 稽查情况

2018 年 5 月，稽查人员通过营销系统导出修改表码记录，筛查后发现，供电所将客户李某（资产编号为 ***2563）的 3 月抄表止码从 6132.34 修改为 2040，且通过办理更换故障计量装置流程，将表计 ***2563 更换，更换故障计量装置流程的表码录入为 2040，纸质装拆表单填写拆回表计止码为 2040。

稽查人员查询计量自动化系统，发现该用户 3 月抄表止码确为 6132.34，且对比计量自动化系统的抄表数据采集时间与营销系统记录抄表时间一致。稽查人员到供电所计量仓库调出该表计，发现表计显示止码为 6132.34。存在利用修改表码、更换表计来掩盖抄表差错，回避退补流程。

3. 暴露问题

（1）抄表管理不到位，台区负责人对抄表质量未开展监督检查。

（2）抄表员日常抄表工作不到位，台区负责人工作失职，错误抄录客户计量电表行码。

（3）发生抄表差错时，未按规定流程办理退补，而是通过非正常修改表码、更换计量装置回避错误。

4. 整改措施

（1）修改表码需备注修改原因。

（2）加强对修改表码的管控力度，严控通过修改表码掩盖抄表差错、躲避电费追退补的情况。

（3）定期开展表码修改自查自纠工作。

第四章 电能计量业务稽查

第一节 电能计量业务基础知识

电能计量是一项涉及电力营销各环节与电力客户之间供用电合同履行、电能质量控制、电能交易实现的重要衡量活动。电能计量稽查管理必须遵守《计量法》《计量法实施细则》《电能计量装置技术管理规程》《广东电网有限责任公司营销稽查作业指导书》及其配套法则的规定。

电能作为商品，其交易过程必须遵循市场规律，在国家技术监督的要求下，按照国家确定的价格，在供电企业与电力客户之间，按电能质量等级，在受电设备安全状态下公平买卖。电能计量装置是一种容易被损坏、受计量技术影响、数据录取易人为差错的计量设备。因此，电能计量稽查是依据国家有关法律、法规，国家政策和电力企业有关规章制度对电能计量装置的分类及技术要求，针对电能计量装置资产管理、计量点管理、计量体系管理等方面工作质量管理进行稽查，保障供用电企业双方经济利益的实现。

电能计量稽查首先要把握住计量准确关。计量准确关是指电力企业对电能计量装置从确定电能计量方案，电能计量器具选型与订货，到电能计量器具的订货验收、检定（校准、检验）、仓储、运输及配送、安装、竣工验收、运行维护、现场检验、运行质量检验、故障处理及报废淘汰等整个过程的管理规范。电能计量稽查工作质量的好坏，直接影响企业的经济利益，影响企业与客户贸易结算电费的依据，影响电能计量、核算电费的及时准确。通过电力营销稽查，可以提高电能计量装置的技术水平和管理水平，规范电力营销工作行为，保证电能计量法制管理的严肃性和电能量值的准确、可靠和统一，从而促进适应社会发展需要的、科学的电能计量装置技术管理体系的建立。

一、计量运行管理

1. 计量运行管理定义

计量运行管理是包括计量方案的确定，计量装置装拆和运行维护的全过程管理，是供电企业按照国家法律法规、行业标准制度的要求，对计量装置进行安装、验收、运行维护等，来保证计量装置的准确性，保护用电客户和企业自身的合法权益，包括计量方案设计审查，电能计量装置安装验收、运行维护、故障处理，封印运行管理，计量自动化系统主站和终端运行维护等。

2. 计量运行管理业务概念

（1）电能计量装置。电能计量装置包括各种类型的电能表，计量用电压、电流互感器及其二次回路，电能计量箱（柜），计量自动化终端等。

（2）计量自动化系统。计量自动化系统是指实现对电厂、变电站、公用变压器、专用变压器、低压客户等发电侧、供电侧、配电侧和售电侧电气数据采集、监测与分析功能的系统，包括计量自动化主站系统、通信通道、计量自动化终端。

（3）主站。主站是整个计量自动化系统的控制和信息收集中心，通过远程通信信道（如 GPRS、CDMA、PSTN、以太网、拨号等）对现场终端的信息进行采集和控制，并对采集的大量数据进行分析和综合处理。主站是由计算机系统和远程通信设备组成。

（4）终端。终端是负责各信息采集点的电能信息的采集、数据管理、数据传输以及执行或转发主站下发的控制命令的设备。终端按应用场所可分为厂站电能量采集终端、负荷管理终端、配变监测终端和低压集中抄表终端（包括集中器、采集器）等。

（5）电力工程。电力工程是与电能的生产、输送、分配有关的工程，包括生产基建中的新建、技改工程项目，营销技改项目等。

（6）厂站侧电能计量装置。厂站侧电能计量装置是指安装在发电厂及变电站侧的电能计量装置。

（7）客户侧电能计量装置。客户侧电能计量装置是指安装在受电客户侧的电能计量装置。

3. 计量运行管理业务流程

包括计量方案（包括采集方案）设计审查、计量自动化终端联调测试、系统应用参数管理、主站系统巡视管理、主站系统缺陷处理、计量自动化终端巡视、计量自动化终端故障处理、电能计量装置装拆、厂站侧电能计量项目竣工验收、客户侧电能计量项目竣工验收、电能计量装置现场检验管理、电能计量装置运行抽检管理、电能计量装置周期轮换管理、厂站侧电能计量装置故障处理、客户侧电能计量装置故障处理、电能计量装置故障电量退补、电能计量设备质量评价、计量封印运行管理等 18 个业务流程。

二、计量资产管理

1. 计量资产管理定义

计量资产管理是指从计量资产的选型购置到报废再利用的全过程管理，包括计量资产的选型、购置、入库，为新资产进行预建档、验收、检定，计量资产的配送与调拨，计量资产的退库、再利用、报废等。

2. 计量资产管理业务概念

（1）检定：查明和确认计量器具是否符合法定要求的程序，包括检查、加标记和（或）出具检定证书。

（2）首次检定：对未曾检定过的新计量器具进行的一种检定。

（3）后续检定：计量器具首次检定后的任何一种检定。

（4）检定证书：证明计量器具已经通过检定，并获得满意结果的文件。

（5）检定结果通知书：声明计量器具符合有关法定要求的文件。

3. 计量资产管理涉及的业务流程

主要涉及电能计量设备选型管理、电能计量资产购置管理、电能计量设备到货验收、计量封印到货验收、计量表箱（柜）到货验收、电能表检定、终端检测、互感器检定、电能计量器具临时检定、电能计量设备领用管理、电能计量设备调拨管理、电能计量设备配送管理、电能计量设备丢失处理、电能计量设备退库、电能计量设备再利用、电能计量设备报废等 16 个业务流程。

三、计量综合管理

1. 计量综合管理定义

计量综合管理包括实验室管理、电能计量考核评价管理及计划管理三个方面。

（1）实验室管理是指公司按照国家政策、法律法规、规程的要求，对实验室质量体系文件、计量人员、计量标准装置及配套设备、档案资料进行规范化管理，保障量值传递的准确、可靠。

（2）电能计量考核评价管理是指公司为加强电能计量管理工作，定期或不定期对下属各分子公司的规章制度的配置及落实、计量设备采购、运行设备台账管理、计划管理、检定管理、运行计量器具抽检及故障统计分析等方面的工作进行考核评价，确保公司电能计量工作实现有效的管理。

（3）计划管理是对电能计量规划、需求计划、项目管理的需求填报、计划编制、评审审查、审批等业务环节进行规范化管理，确保计划管理工作规范、合理、有序。

2. 计量综合管理业务概念

（1）试运行：指在上级计量中心对标准器、配套设备及装置首检后，使用单位调试、运行电能计量标准装置，并进行标准装置的重复性、稳定性试验，试运行时间为 6 个月以上。

（2）技术评价：指根据上级计量中心对标准器、配套设备及装置首检后所出具的检测报告、校准报告，对计量标准的技术性能、技术指标进行评价，确定设备是否符合订货要求。

（3）计量标准：为定义、实现、保存或复现量的单位或一个或多个量值，用作参考的实物量具、测量仪器、参考（标准）物质或测量系统（计量标准约定由计量标准器及配套设备组成）。

（4）电能计量标准装置：用于检定电能计量标准或电能计量工作器具，实现量传和溯源的标准装置，包括电能表标准装置和互感器标准装置。

（5）计量标准的考核：是指上级计量技术机构对计量标准测量能力的评定和开展量值传递资格的确认，包括建标考核与复查考核。

3. 计量综合管理涉及的业务流程

计量综合管理涉及的业务流程包括计量标准装置管理、计量标准装置到货验收、计量标准建标及复查、计量标准装置档案审核、标准器及配套设备溯源、计量标准装置测试维护、计量标准装置更换、计量标准装置封存（撤销）、计量考评员考核（复查）管理、计量检定员考核（复查）申请管理、国家实验室认可、电能计量考核评价管理、电能计量规划、规划年度实施计划、电能计量需求计划管理、营销技改项目管理等 16 个业务流程。

四、低压集抄运维管理

1. 低压集抄运维管理定义

（1）低压集抄电能计量装置：包括各种类型的低压单相（三相）电能表、互感器及其二次回路、集中器、采集器、低压电能计量箱等。

（2）低压集抄电能装置变更：包括设备故障或低压客户容量变更、销户、改变用电性质、临时检定等引起的低压集抄电能计量装置的更换和拆除等工作。

2. 低压集抄运维管理业务概念

（1）低压集抄运维监控：运维管理单位定期对各单位计量自动化系统和网级电能量数据平台指标进行监控并记录，监控发现指标（低压集抄设备覆盖率、在线情况和日零点电量采集成功率等）出现异常，组织进行原因分析及整改。

（2）低压集抄异常处理：运维管理单位定期对计量自动化系统"终端离线、上线无表码"等异常工单进行派工处理，运维人员根据异常类型按处理标准、时限要求完成现场处置并回填工单，经核实涉及台区可以正常集抄，故障已排除后方可对异常工单进行归档；故障处理过程需进行现场拍照记录，详细记录现场处理过程，确保故障处理过程可追溯。

现场异常处理如需进行电能表、终端设备的更换，运维人员需同步完成现场终端和系统主站的联调工作。完成装拆更换工作后，在营销系统录入相关信息并在计量自动化系统同步完成档案更新工作。

（3）低压集抄日常运维：运维管理单位制订辖区内低压集抄设备的周期巡视计划，对于已覆盖实现自动抄表台区，每年确保现场巡视一次，核对终端采集数据与电能表数据的一致性。负责辖区内发生台区负荷割转时的集抄调整工作，确定台区负荷割转具体日期及集抄通信方案，在台区负荷割转当日到现场进行电表户变关系确认，按期完成计量自动化系统档案调整，并跟踪确认数据连续在规定时限内抄读成功。

3. 低压集抄运维涉及的业务流程

包括低压单相（三相）新装及增减容、低压零散居民快速新装、批量新装、更名、过户、改类、分并户、销户等涉及计量装置变更的业扩流程。

4. 低压运维常见问题判断及处理（见表 4-1）

表 4-1 低压运维常见问题判断及处理

设备	故障描述	集抄故障类型	故障原因	排查方式	处理方法
集中器	集中器离线	集中器上行通信模块故障	终端（GPRS/CDMA）通信模块损坏	集中器上行通信模块"NET"灯不闪烁	更换集中器上行通信模块
					更换集中器
		SIM卡故障	SIM卡氧化、数据丢失	将SIM插入手机，短信发送不成功	更换SIM卡
			SIM卡接触不良	将SIM插入手机，短信发送成功	SIM卡重装
		集中器天线故障	天线损坏	现场确认	更换天线
			天线接触不良	现场确认	调整天线位置
	电量负荷数据发送失败	时钟异常	集中器时钟异常	现场确认或系统后台召测集中器时间	现场或后台重新设置时钟

设备	故障描述	集抄故障类型	故障原因	排查方式	处理方法
集中器	集中器下行数据采集失败	集中器下行通信模块故障	终端载波模块损坏	集中器下行通信模块"A、B、C"灯不闪烁	更换集中器下行通信模块
	集中器停电报警或离线	集中器死机	集中器程序故障	现场确认	重启集中器
				现场确认	更换集中器
	集中器烧坏、黑屏	集中器终端本体故障	集中器本体损坏	现场确认	更换集中器
485线	485线路引起数据采集失败	485线路故障	集抄设备、表前485断线（不涉及台区重新布线）	现场确认	485线重联
采集器	采集器引起数据采集失败	采集器故障	采集器损坏	使用掌机和抄控器用载波控制命令对采集器通信，通行不成功或成功率低	更换采集器
电能表	电能表引起数据采集失败	电表故障	电能表载波芯片故障	使用掌机和抄控器用载波控制命令对电表进行通信，通行不成功或成功率低	更换电表
			485口故障、本体故障、时钟异常、表码突变	使用掌机和抄控器用载波控制命令对电表进行通信，通行不成功或成功率低	
档案	参数设置错误	集中器参数异常	集中器参数设置错误	现场确认或系统后台召测集中器参数	重新设置设备参数
	台账错误	集抄设备台账错误	集中器、采集器装、拆、换后台账未更新	营销系统和计量自动化系统台账对比	台账整改并重新设置设备参数
		电能表台账错误	电能表装、拆、换后台账未更新	营销系统和计量自动化系统台账对比	

设备	故障描述	集抄故障类型	故障原因	排查方式	处理方法
档案	台账错误	电能表台账错误	台区负荷调整后电能表台账未更新	营销系统、计量自动化系统、资源地理信息系统台账对比	台账整改并重新设置设备参数
通信信号	载波信号不稳定	载波信号质量差	载波通信信号弱、衰减	使用掌机和抄控器用载波控制命令对设备进行通信，通行不成功或成功率低	增加载波中继
				使用掌机和抄控器用载波控制命令对设备进行通信，通行不成功或成功率低	更改载波方案
		电力线路异常	电力线路干扰	现场确认	排除线路干扰
			电力线路路径过长	通过资源地理信息系统及现场摸查	根据现场情况迁移集中器安装位置，或增加中继
			电力线路断线、异常	现场确认	电力线路改造、维修
	无信号、信号弱等	GPRS/CDMA无信号、信号弱	缺少无线通信网络信号	现场确认	安装信号增强器
				现场确认	集中器位置迁移
	其他	其他	自定义故障	自定义排查方式	按实际情况处理

五、市场化交易管理

1. 市场化交易管理定义

（1）市场化交易用户：指在电力市场上开展购售电业务的售电公司及用电客户等社会组织体。

（2）市场化交易服务：指由电网公司对市场化交易用户开展的台账管理、计量管理及抄表、计算、复核、发行、收费，对售电公司收费、支付，解答市场化交易用户相关问题等工作的总称。

（3）三方合同：指按照国家政策要求，在市场交易过程中，由电网公司、售电公司及用户三方经协商签订的电力零售合同。

2. 市场化交易管理业务概念

（1）结算：市场化交易电费结算是指广东电力交易中心对市场化交易（包含发用电侧电能交易、输电服务、辅助服务等）发生数量进行计算，经市场化主体确认后形成结算依据，由电网公司进行电费计算、复核、发行及支付的过程。

（2）零售合同：售电公司与其代理用户协商签订的合同统称。

（3）考核：根据当月交易结算完成情况，对用户、售电公司、发电企业等市场主体的考核情况。

（4）违约金：市场化主体（用电客户或售电公司）在收到电费通知单后，未按供用电合同或结算协议约定时间内缴纳电费所产生的违约费用。

（5）欠费：电网企业自向市场化主体发出电费通知单之日起，按合同约定时间仍未收到的应收电费。

（6）结算月：实际发生发电、用电的次月。

（7）市场化主体：在电力市场上开展购售电业务的发电企业、售电公司、用户等组织体。

3. 市场化交易涉及的业务流程

市场化交易涉及的业务流程包括市场化交易电费结算、三方合同签署、市场化交易发电企业电费结算、电力市场化交易网间平衡、市场化交易用户电费支付、市场化交易售电公司电费支付、市场化交易发电企业电费支付、市场化交易结算用户执行情况监督等业务流程。

第二节　电能计量业务风险点

电能计量业务营销风险点分析，是针对电能计量稽查业务要点分析其中主要风险点，进行风险描述，从而对不同风险点有不同稽查关注度。本章电能计量业务营销风险点主要包括计量标准管理，计量设备到货验收及首次检定，计量设备运行管理，装拆计量装置，计量资产管理，计量装置异常、故障处理，计量自动化等内容。电能计量业务各个环节容易产生的风险如下：

一、计量标准管理

1. 计量标准管理存在风险

（1）新建和在用电能计量标准未通过计量标准建标考核（复查）合格并取

得《计量标准考核证书》。

（2）未按规范做好电能计量标准的建标、复查、更换、封存、撤销以及定期维护测试工作。

（3）电能计量标准装置未定期或在其主标准器送检前后未定期进行核查，未考核其稳定性。

（4）计量标准装置考核（复查）未在期满6个月申请复查。

（5）未编制计量标准检定计划或未按时开展电能计量标准设备的量值传递和送检工作。

（6）未按规定周期和检定计划，未及时送检计量标准器具，电能计量标准器及其主要配套设备未具有连续、有效的检定（校准）合格证书。

（7）未按规定做好电能计量标准装置到货验收工作，验收资料及验收记录不规范、不齐全。

（8）未建立电能计量标准设备的台账。

（9）电能计量标准设备的技术档案不齐全，无厂家资料、历次检定证书、建标资料、电能计量标准装置履历表、规程、规范、制度等。

（10）技术档案没有分类，未集中放入资料盒中。

（11）标准装置未及时更换、封存、报废。

（12）标准装置日常维护不到位。

（13）标准装置运输中无可靠有效的防振、防尘、防雨措施。

（14）标准装置搬运时未放置在专用仪表箱内。

（15）购置计划中库存器具数量不满足实际工作需求；或造成库存积压，占用企业资金。

2. 防范措施

严格按照《计量标准考核规范》《交流电能表检定装置》《电子式电能表》《测量用电流互感器》《测量用电压互感器》《互感器校验仪》《电能计量装置技术管理规程》《实验室资质认定评审准则》等系列国家标准、规范和《中国南方电网有限责任公司计量标准及人员考核管理办法》的要求，规范电能计量标准设备的运行管理，标准装置技术档案资料齐全及专人管理，按需购置标准装置并及时更换、封存、报废。

二、计量设备到货验收及首次检定

1. 计量设备到货验收及首次检定存在风险

（1）计量设备到货后，未抽取规定数量的样品送省计量中心进行抽检、测试，未及时做好入库或退货工作。

（2）未按规定的检定项目开展计量设备首次检定工作，在检定装置系统中未记录试验数据及检定结果，未上传营销系统。

（3）相关检定证书（通知书）未以电子文档或纸质等形式保存、管理。

（4）检定人员不按实际记录出具检定结果，或出具虚假检定报告的。

（5）检定合格的电能表，未加封检定封印，未贴合格标签，封印编码未录入营销系统电能表档案。

（6）检定不合格的电能表未贴不合格标签。

（7）检定后的计量设备应返回库房，未按合格区或不合格区分开放置，未同时更改营销系统对应设备的库存状态。

（8）计量器具到货验收、强检不到位，造成各级质量事件未能及时发现。

（9）新购计量物资的规格不符合中国南方电网有限责任公司计量典型设计、广东电网有限责任公司电能表、互感器（变电站外）选用规格的要求。

（10）新购电能表、计量自动化终端外观结构、技术参数不符合中国南方电网有限责任公司、广东电网有限责任公司技术规范的要求。

2. 防范措施

严格按照《中国南方电网有限责任公司电能计量标准装置管理办法》的要求，组织验收电能计量标准装置，确保验收记录填写准确完整；外观、配件、出厂原始资料齐全，须有上级计量中心或法定计量技术机构的检测证书；计量标准装置的技术性能、功能、指标达到订购技术规范书要求。

三、计量设备运行管理

1. 计量设备运行管理存在风险

（1）未按规定流程及时间开展临时检定工作，未出具检定证书或检定结果通知书，客户未签字确认。

（2）未按规定周期及检验计划开展各类计量设备现场检验工作。

（3）新投运或改造后的 Ⅰ、Ⅱ、Ⅲ 类电能计量装置未按规定在带负荷运行一个月内进行首次电能表现场检验。

（4）现场检验的计量设备未加封检验封印，未保存相关检验记录。

（5）电能表误差超过准确度等级未按规定流程更换电能表。

（6）现场检验用标准装置准确度及检验周期不符合规定要求。

（7）未按规定的检定周期、抽样方案、运行年限、安装区域和实际工作量等情况，制订每年（月）电能表运行质量检验计划。

（8）未根据检定（抽检）情况出具检定结论并编制年度质量分析报告。

（9）检定（抽检）不合格的计量设备未制定轮换计划进行更换。

（10）因计量装置配置不规范，使计量装置过载烧毁或计量误差超过规定值。

（11）没有"电能表、互感器现场检验计划"或计划不齐全、内容不完整。

（12）新装、增容客户未及时列入当月现场检验计划。

（13）现场工作未采用必要的安全措施。

2. 防范措施

严格按照《电能计量装置检验规程》《电能计量装置技术管理规程》《中国南方电网有限责任公司电能计量装置运行管理办法》《广东电网有限责任公司电能计量装置运行管理实施细则》以及相关国家标准、规范的有关管理规定开展临时检定、周期及检验计划，新投运或改造后专变电能计量装置进行首次现场检验工作，按规定周期及计划开展各类计量设备周期检定（抽检）及轮换工作，确保流程合法规范，检验内容完整正确。

四、装拆计量装置

1. 装拆计量装置存在风险

（1）配置、安装和更换计量装置不符合相关技术标准和技术规范。

（2）接线图、出厂试验报告、检定证书等技术资料不完整或不准确。

（3）计量装置技术资料不完整、不正确。

（4）计量装置装拆工作单填写内容不准确、不完整或无客户签字确认；起止码未填写或不准确。

（5）计量装置装拆信息未及时、准确、完整录入营销系统。

（6）营销系统计量档案资料不正确不完整。

（7）电能计量装置类别的分类不正确。

（8）资产编号、计费倍率等关键信息错误。

（9）计量装置的安装、更换未按规定对所有应加封的部位进行加封。

（10）因工作不到位，使用电计量装置接线错误、不准，分时计量错误。

（11）已发放的电能计量器具、封印没有闭环管理；已领出但因故未能安装的不按规定程序处理。

2. 防范措施

严格按照《电能计量装置安装接线规则》和《南方电网有限责任公司电能计量装置典型设计》的要求，配置、安装和更换计量装置，工作单记录的电能计量装置各项参数应齐全，拆回的电能计量装置应及时做好退库手续，营销系统计量信息录入正确、完整、及时。

五、计量资产管理

1. 计量资产管理存在风险

（1）计量器具需用计划制订不准确、不及时。

（2）计量物资领用未批准或未制订需用计划。

（3）计量器具领用单填写不正确、不完备，领用信息未按规定录入营销系统。

（4）未按装拆表工作单领、退计量装置。

（5）计量物资的领用未按仓库管理规定办理出、入库手续。

（6）计量器具出入库登记不规范、不准确、不完备。

（7）计量器具未按要求分类定置摆放。

（8）计量器具未定期开展库存盘点。

（9）计量器具未做到账、卡、物一致。

（10）营销系统计量资产状态及数量信息与实际不一致。

（11）客户计量档案信息与实际不一致。

（12）失窃、遗失、报废计量装置的处理流程不规范，相关记录不准确、不完整。

（13）计量资产管理不规范，存在以领代耗或计量器具遗失的情况。

（14）封印的领用、保管、使用不规范。

1）计量封印未按照相关规定由相应人员保管、使用及严格保管，领用未及时正确录入系统。

2）计量封印使用人员未按照权限范围及管理规定对计量装置相应部位进行加封。

3）计量封印使用人未做好使用登记；废旧计量封印未按规定定期集中回收，未妥善保管及系统报废。

4）各型号的封印的使用未按规定执行。

5）现场工作人员未及时发现失封情况；未按规定做好现场记录、报告及后续处理工作。

6）系统封印的使用状态与实际不相符；现场加封位置、封印号与系统不相符。

（15）经检定合格的机电式（感应式）电能表在库房保存时间超过6个月以上，安装前未重新检定。

（16）经检定合格的静止式电能表在库房保存时间超过6个月以上，安装前未检查表计功能、时钟电池、抄表电池等是否正常。

（17）计量物资非单位相关人员领用。

2. 防范措施

严格按照《电能计量装置检验规程》《电能计量装置技术管理规程》《中国南方电网有限责任公司电能计量设备管理办法》《广东电网有限责任公司电能计量设备管理实施细则》以及相关国家标准、规范的有关管理规定，加强公司电能计量设备的管理，规范需求计划编制、验收、检定（检测）、配送、领用、备品备件、退运、再利用、报废及质量管理，提高电能计量设备质量和管理水平，防范营销风险及经济损失。

六、计量装置异常、故障处理

1. 计量装置异常、故障处理存在风险

（1）异常、故障计量装置未按照相关规定、程序、技术要求进行处理。

（2）故障数据的记录、确认、保存不完整不正确。

（3）装置故障追退补电量的计算不正确不合理，计算依据不充分。

（4）造成计量差错时，未按差错等级和时间要求及时上报。

（5）追退补电量计算不正确或计算依据不充分。

（6）对电能计量装置异常和故障未按规定进行追补。

（7）工作人员在现场未和客户共同对故障现象所有调查取证的材料、记录、笔录等资料予以签字确认，导致客户事后否认。

（8）电能计量装置申请校验超过时限要求。

（9）电能计量装置申请校验处理时出现差错，造成表计检定结果出现偏差。

（10）未出具退补电量计算依据或检定结论。

（11）故障处理超时。

2. 防范措施

严格按照《电能计量装置检验规程》《电能计量装置技术管理规程》《中国南方电网有限责任公司电能计量装置运行管理办法》《广东电网有限责任公司电能计量装置运行管理实施细则》以及相关国家标准、规范的有关管理规定，预防电能计量差错，防止接线差错、倍率差错、互感器开路或短路等；按规定流程开展电能计量装置故障及差错处理。

七、计量自动化

1. 计量自动化业务存在风险

（1）计量自动化终端的建档、调试及运行维护工作不及时、不规范。

（2）未建立主站及系统日常维护值班制度。

（3）系统故障、缺陷处理不及时。

（4）远程抄表数据核对及传递工作不及时、不到位。

（5）异常报警信息的监测及处理不及时或未闭环管理。

（6）报警信息处理结果未在系统中归档。

（7）新装客户未能及时在计量自动化系统建档或档案资料不一致。

（8）计量自动化系统终端维护工作不到位。

（9）计量自动化系统无法采集电能量数据。

2. 防范措施

严格依据《电能计量装置检验规程》《电能计量装置技术管理规程》《中国南方电网有限责任公司电能计量装置运行管理办法》《广东电网有限责任公司电能计量装置运行管理实施细则》以及相关国家标准、规范的有关管理规定，履行计量自动化终端故障的处理职责，做好故障分析，分类并跟踪，督促按时完成确保各业务环节处理规范、资料完善。

八、低压集抄运维

1. 低压集抄运维业务存在风险

（1）集抄设备下行 RS485 线与电表的接线错误。

（2）集中器的通信参数设置有误，造成离线、假上线。

（3）台区的集中器、采集器、电表关联关系错误。

（4）未定期对设备的运行状态进行监控。

（5）监控发现指标出现异常，未进行原因分析及整改。

（6）异常计量装置未按处理标准完成现场处置。

（7）异常计量装置未按时限要求完成现场处置。

（8）现场异常处理完未在计量自动化系统同步更新档案。

（9）未制订低压集抄设备周期巡视计划。

（10）未开展低压集抄设备周期巡视。

（11）计量系统档案与现场与营销系统档案，三者不一致。

2. 防范措施

严格依据《电能计量装置检验规程》《电能计量装置技术管理规程》《广东电网有限责任公司低压集抄自主运维实施细则》《广东电网有限责任公司低压集抄与智能电表改造建设专业指引》以及相关国家标准、规范的有关管理规定，履行低压集抄设备的处理职责，做好故障分析，分类并跟踪，督促按时完成确保现场低压集抄电能计量装置的稳定可靠运行及客户档案正确。

九、市场化交易

1. 市场化交易业务存在风险

（1）市场化交易用户资料的真实性。

（2）三方合同用户资料的真实性、完整性、准确性。

（3）市场化交易用户表计运行、表码采集的完整性、及时性、准确性。

（4）计量装置类传票对用户档案参数更新。

（5）电量计量的准确性。

（6）市场化交易用户的准入资格核查。

2. 防范措施

严格依据《关于进一步深化电力体制改革的若干意见》《关于电力交易机构组建和规范运行的实施意见》《关于进一步深化电力体制改革的实施意见》《广东电力市场交易基本规则（试行）》《广东省内电力市场化交易电费结算工作规范（试行）》《广东电网有限责任公司市场化交易用户服务细则》以及相关国家标准、规范的有关管理规定，履行市场化交易的处理职责，做好交易服务分析，分类并跟踪，督促按时完成确保各业务环节处理规范、资料完整。

第三节 电能计量业务稽查要点

一、电能计量装置的分类及技术要求稽查

电能计量稽查管理是保证电能计量准确、可靠的主要手段，是加强电能计量管理的重要组成部分。有人把电能计量装置比作电力企业的一杆秤，这杆秤的准确与否，不仅关系电力投资者和经营者的经济利益，同时也关系到每一个客户的经济利益，稍有不慎，就有可能造成计量漏洞，给国家、客户和电力企业带来损失。因此，必须加大电能计量装置的类别、准确度配备稽查，以保证电力企业的资金流动，按照生产、输送、销售三个不同阶段顺序而行，周而复始，构成资金循环，才能加速资金周转，及时为国家积累资金，这样，电力企业的再生产才能不断进行，企业的经济效益才能有保障。

1. 电能计量装置的类别、准确度配备稽查

（1）电能计量装置的类别和准确度配备是否符合 DL/T 448—2016《电能

计量装置技术管理规程》(简称《技术管理规程》)的要求。

（2）采取审阅法对用电客户投运前的工作传单、工作完成记录、供用电合同和电费账本等进行审阅稽查，做好记录，收集有疑问的有关资料备查。

（3）重点审阅电能计量装置主要参数及计量关系，包括计量点中的有功电能表、无功电能表的型号规格，TA、TV 型号规格和倍率，变压器容量（计费容量）编号、型号，用电构成及比例，做好记录，收集有关资料，形成稽查计划。

（4）审阅客户户名、用电地址、用电户号、合同编号、供电时间、合同有效期、生产班次以及功率因数调整电费考核标准等，做好记录，收集、分类、筛选有关资料备查。

（5）通过审阅法，收集有疑问的有关资料，形成稽查计划，列出稽查的重点。如客户的变压器容量、功率因数考核标准、负荷率、月用电时间（生产班次），采取核对法进行电力营销稽查。

（6）电能计量装置按其计量的重要性分为 5 类，其类别的划分和相对应的电能表、互感器的准确度等级要求如表 4-2 所示。

表 4-2　　电能计量装置的分类、准确度等级的稽查表单

编号		户名		用电户号		
类别	电能计量适用范围	电能计量装置的准确度配备				稽查结论评判意见
		有功电能表	无功电能表	电压互感器	电流互感器	
Ⅰ	220kV 及以上贸易结算用电能计量装置	0.2S	2	0.2	0.2S	
Ⅱ	110（66）～220kV 贸易结算用电能计量装置	0.5S	2	0.2	0.2S	
Ⅲ	10kV～110（66）kV 贸易结算用电能计量装置	0.5S	2	0.5	0.5S	
Ⅳ	380V～10kV 电能计量装置	1	2	0.5	0.5S	
Ⅴ	220V 单相电能计量装置	2	—	—	0.5S	

2. 电能计量装置的接线方式稽查

电能计量装置在电力企业买卖电能过程中起着"秤"的特殊作用，其准确性与电力企业和电力使用者有着密切的关系，占有十分重要的地位。电能计量装置的等级与它们的接线方式有关，即使电能计量装置的准确度很高，由于接线方式的选择错误，也会造成电能表、电流互感器的损坏，导致整套的计量装置发生故障，造成重大的经济损失。因此，对于运行中的电能计量装置的接线方式进行定期或不定期的稽查是很有必要的。

（1）电能表接线方式稽查的内容与方法。根据稽查任务的工作要求及其优先等级，合理安排稽查任务，进行调查核实；对问题的原因和相关的责任进行分析，制订整改措施、提出考核意见；记录整改结果；记录该问题所损失的电量电费，挽回的损失。对于有疑问的计量装置一般采用以下方法进行分析和稽查。

1）有窃电嫌疑的分析稽查。根据工作质量标准查处异常，提出整改要求，跟踪整改结果。

2）现场检查电能表接线的稽查。检查电能表进出线是否牢固完好；电能表进出线预留是否太长，电能表表盖及接线盒螺丝是否齐全和紧固，是否完好；电能表表箱是否上锁等。如查出异常，应提出整改要求，下达稽查整改督办单，督促整改。

3）现场新型防撬铅封的稽查。在一般情况下，正常的新型防撬铅封表面光滑平整、完好无损，一旦开启铅封就破坏了原貌。根据本地电力企业对铅封的分类及使用范围的规定，检查铅封的标识字样，检查字迹是否清晰，符号是否相同，检查是否有防伪标记，以及标记是否相符，通过检查判断铅封是否被伪造。检查电量电费是否有异常波动情况，如果是客户违约用电或窃电，则填写内部工作联系单，触发（违约用电、窃电处理）流程进行处理；如果一切正常，则如实填写调查情况。处理完毕后，填写处理意见，并记录相关流程编号、考核处理结果、损失的电量电费以及挽回的损失等信息。

4）停电检查的内容。对于在运行中的电能表，当带电检查无法判断接线正确与否或需要进一步核实带电检查的结果时，有时也要停电检查。检查的内容应包括电流互感器的变比型号、三相电压互感器接线组别、二次回路接线及端子排标志的核对。

5）测量负荷功率及功率因数。

a. 功率核对：利用秒表测电能表铝盘转速与配电盘指示仪表核对。

b. 计算功率：依据配电盘装置的电压表、电流表、功率因数表的指示，

计算功率值

$$P = \sqrt{3}UI\cos\varphi$$

$$Q = \sqrt{3}UI\sin\varphi$$

利用秒表测电能表铅盘转速数，计算功率值

$$P = \frac{3600n}{ct}k$$

$$Q = \frac{3600n}{ct}k$$

式中　　n——测定电能表铅盘的转数；

　　　　c——电能表的常数（r/kWh）；

　　　　t——测定电能表铅盘的转数的时间（s）；

　　　　k——电能表的计算倍率。

在负荷稳定情况下，两计算值若相等，说明二次线接线正确。

（2）互感器接线方式的稽查。单相电能表大多数是直接接入电路，其接线简单，出现错接线容易被发现和查找。经电流、电压互感器接入的三相电能表，一旦发生错误接线，就不太容易被发现。发生错误接线后果不堪设想，因此，对高压供电、高压计费的电能计量装置要重点稽查。

1）检查互感器的铭牌参数是否与工作单、纸质资料、现场相一致。检查目的是防止客户因过负荷烧坏互感器而私自对其更换，私自改变互感器的接线，私自改变互感器的实际变比来窃电等。

2）检查互感器的配置是否正确。电压互感器和电流互感器变比选择应该与电能表的额定电压、额定电流相符，因为电压互感器额定二次电压为100V，电流互感器额定二次电流为5A，电能表的额定电压应是100V，额定电流应是5A。为了满足准确计量的要求，互感器实际二次负荷应在25%～100%额定二次负荷范围内，其额定最大电流应为电流互感器额定二次电流的120%左右。

3）检查互感器的运行情况。电流互感器开路如发出声响，需停电马上检查。电压互感器过载时也有可能会发出声响，开路时手感温度会明显低于正常情况。电压、电流互感器因故障引起发热会造成绝缘材料过热挥发出的臭味或烧焦的气味。

4）检查电压、电流互感器的接线是否正常，电压、电流回路中的电压、电流是否正常。

5）检查电压互感器的一、二次侧有无断线和极性反接情况。若在电能表的进线端子测得的三个电压数值相差太大，而且某些线电压明显小于100V。互感器可能有断线或接触不良的故障。查明原因，对断线或接触不良的故障进行分析，制订整改措施，提出考核意见，并跟踪整改结果。

6）当一次侧发生断线时，电能表的二次侧的电压接线端子测得电压数值与互感器的接线方式及断线相别有关，出现的情况如表 4-3 所示。

表 4-3　　　　　　　　二次断线时测得的二次电压数值

一次侧断线相别	接线方式	二次电压值（V）		
		U_{ab}	U_{bc}	U_{ca}
A 相	V 形接线	0	100	100
	星形接线	57.7	100	57.7
B 相	V 形接线	50	50	100
	星形接线	57.7	57.7	100
C 相	V 形接线	100	0	100
	星形接线	100	57.7	57.7

7）为了保证各类电能计量装置配置准确度，要求电能计量中电压互感器二次回路降应不大于其额定二次电压的 0.2%。

3. 电能表、互感器及二次回路日常工作的稽查内容及方法

根据各业务的工作质量标准，合理制定稽查任务，稽查工作优先等级对电能表、互感器及二次回路的稽查工作，采用审阅法、核对法进行日常工作的稽查。

（1）检查电能表的条形码编号是否与账卡相符。

（2）检查电能表容量与账卡和实际负荷是否相符。

（3）检查电能表倍率与账卡是否相符。

（4）检查电能表接线是否正确，接头处有无松动现象。

（5）检查无功电能表（有进相设备的客户）是否装有止逆器装置。

（6）核对电能表的轮换周期是否超过期限。

（7）核对电流互感器与账卡是否相符。

（8）检查在同一组电流互感器中，变比是否相同，电流互感器铭牌是否完整、清楚。

（9）检查有两组二次回路电流互感器时，电能表是否接入 0.5 级回路。

（10）检查二次回路接头是否均接入端子排，端子排标号是否正确。

（11）检查电压回路或电流回路是否有开路或短路。

（12）检查电压或电流互感器是否有极性接反现象。

（13）检查计量装置的二次接头是否排列存序、横平竖直。

（14）根据《电能计量装置技术管理规程》和工作质量标准进行稽查，查出异常、提出整改要求、跟踪整改结果，实现任务制定，任务派工、稽查处理、结果审核和资料收集归档。实现整个稽查工作流程的闭环管理。

二、电能计量装置资产管理稽查

电力企业应建立电能计量装置资产档案，制定电能计量装置资产管理制度。资产档案是电能计量最基础的信息来源，是在整个营销活动中比较关键的原始资料，对业扩报装、抄核收、电能计量装置的运行维护及故障查处、计量纠纷的处理等都可能用到。因此，要加大资产管理的稽查力度，督促建立健全各项规章制度和验收管理办法。同时，实现信息共享的管理模式，使管理更加科学化。

资产管理的稽查内容包括设备验收、检定质量、修调前检验、仓库管理、计量封印、防撬铅封和印模管理监督等工作质量的稽查。稽查方法采用审阅法、抽查法、核对法和比较分析法分别进行稽查。

1. 设备验收稽查

电能计量装置的设备验收应符合电力行业标准。在技术条款中应明确对电能计量装置的各项技术要求，在责任条款中应明确当不符合技术要求时的责任及处理方法；在验收条款中应明确验收电能计量装置的依据和验收方法。供电企业首次选用的电能计量装置应采用小批量试用，检验其性能和技术指标。

（1）电能计量器具的验收是否符合《电能计量装置技术管理规程》的规定。

（2）检查是否制定电能计量器具订货验收管理办法，是否按制定的管理办法进行验收。

（3）检查核对验收的装箱单、出厂检验报告（合格证）、使用说明书、铭牌、外观结构、安装尺寸、辅助部件、功能和技术指标测试等十项票证单据、检验报告、合格证、铭牌等是否齐全，是否符合订货合同的要求。

（4）各供电企业可根据本企业的具体情况确定批量的大小进行试用。确定批量的要求：单相电能表不超过 500 只，三相电能表不超过 100 只。试用的计量器具采用抽样法进行稽查。

（5）检查首次购入的电能计量器具是否先随机抽取 6 只以上进行全面的、全性能检测，全部合格后再按下列条款进行验收，采用核对法进行稽查。

1）2 级交流电能表的订货验收，是否按 GB 3925、GB 17215 系列标准和电力行业的有关规定进行验收。

2）0.2S 级、0.5S 级、1 级和 2 级静止式交流电能表的订货验收，是否符合 GB 17215 系列标准、GB/T 17442—1998 和国家及电力行业的有关规定进行验收。其他类型的电能计量器具参照 GB 3925 或 GB/T 17442—1998 或 GB/T 2828.2—2008 的抽样方法进行抽样，其检验项目和技术指标参照相应产品的国家标准或国际标准、电力行业标准的规定或订货合同的约定进行验收。

（6）新订购电能计量器具到货批次抽检率100%。合格的由电能计量技术机构负责人签字接收，办理入库手续并建立计算机资产档案。

（7）验收不合格的，验收技术部门出具验收报告和验收清单，由订货单位负责更换或退货。新订购验收不合格批次退货率100%。

2. 检定质量稽查

检定质量稽查主要是核对检定质量，核查试验记录和仓库检测任务单，对检定质量核查试验记录结论不合格的，应有追溯处理记录等工作质量的稽查。

电力营销稽查人员应执行计量检定规程开展稽查工作，主要规程有 DL/T 1664《电能计量装置现场检验规程》、JJG 314《测量用电压互感器》、JJG 307《机电式交流电能表检定规程》、JJG 596《电子式交流电能表检定规程》、JJG 691《多费率交流电能表检定规程》、DL/T 448《电能计量装置技术管理规程》等。

（1）安装式电能表检验项目的稽查方法通常采用审阅法、抽号查法和核对法。

1）工频耐压试验。稽查其试验报告、试验记录、试验结论、合格率和不合格率。

2）直观检查。为保证检定结果可靠，以及电能表有良好的计量特性，在通电校验前往往要对电能表的外部及内部进行目测检查。稽查外部检查项目和内部检查项目的电能表记录。

3）潜动试验。电能表由于电磁元件、转动元件装配不当，或者低负荷补偿力矩过大，会产生潜动力矩。电能表的潜动会影响计量的准确性，因此对新产生的和已检修调试过的都要进行潜动试验。稽查潜动试验报告和记录，试验结论不合格的，检查其追溯处理记录。

4）启动试验。进行启动试验时，电能表计度器的字轮不得有两位或两位以上同时转动，在启动试验时摩擦力矩较大，会影响电能表的灵敏度。稽查其启动试验记录。启动功率的测量误差不得超过 ±10%。启动电流的测量误差不超过 ±5%。若启动电流不超过检定规程规定的极限值，检定质量核查试验记录结论不合格的应有追溯处理记录。

5）基本误差测定。为了基本误差测定结果的可比性、一致性，按检定规程 JJG 307 规定测定基本误差。因此，测定基本误差时，必须规定主要影响量的允许偏差，影响量及允许偏差如表 4-4 所示，外磁场和铁磁物质及邻近表计影响如表 4-5 所示。

表 4-4 影响量及允许偏差

检定装置准确度等级		0.03	0.05	0.1	0.2	0.3	0.3
被检电能表准确度等级		0.1	0.2	0.5	1.0	2.0	3.0
影响量	额定值	影响量的允许偏差					
温度	标准温度（℃）	±2	±2	±2	±2	±2	±2
电压	参比电压(%)	±0.5	±0.5	±0.5	±1.0	±1.5	±1.5
频率	参比频率(%)	±0.1	±0.2	±0.5	±0.5	±0.5	±0.5
电压和电流波形	正弦波（%）	波形失真度不大于					
		1	1	2	3	5	5
工作位置	垂直位置	0.5°	0.5°	0.5°	0.5°	1°	1°
		有水平仪或要求底座水平的应调至水平					
cosφ(sinφ)	规定值	±0.01			±0.02		

表 4-5 外磁场和铁磁物质及邻近表计影响

影响量	电能表准确等级					
	0.1	0.2	0.5	1	2	3
	电能表相对误差的变化（%）					
外磁场（地磁场除外）	±0.02	±0.04	±0.1	±0.2	±0.3	±0.4
铁磁物质或邻近表计	±0.01	±0.02	±0.05	±0.08	±0.1	±0.1

检查基本误差测定记录、结论不合格的应有追溯处理记录。

6）走字试验。规范相同的一批电能表在基本误差测定后，通入三相参比电压和一定的电流，做一段时间的通电运转，再选用误差较稳定的、已知常数的电能表作为参照表同时运行进行比较。如检定质量核查试验记录结论不合格的，应有追溯处理记录。

（2）携带式电能表是否按下列项目进行检验：①工频耐压试验；②直观检查；③潜动试验；④启动试验；⑤基本误差的测定。

（3）检定电能表时，其实际误差是否控制在规程规定基本误差限的 70% 以内。

（4）经检定合格的电能表在仓库中保存时间超过 6 个月是否重新进行了

检定。

（5）临时检定。

1）受理客户提出有异议的电能计量装置的检验申请后，对低压和照明客户，应检查他们是否在 7 个工作日内将电能表和低压电流互感器检定完毕，对高压客户也应该在 7 个工作日内需先进行现场检验。如测定的误差超差时，应再进行试验室检定。

2）临时检定电能表、互感器时，监督他们不得拆启原封印。临时检定的电能表、互感器暂时封存 1 个月，其结果应及时通知客户，备客户查询。

3）电能计量装置现场检验结果应及时告知客户。

4）临时检定时应出具检定证书或检定结果通知书。

3. 修调前检验稽查

修调前检验稽查主要是核对修调前检验记录，检查周期轮换拆回的表计、抽样比例进行检验，修调前检验合格率的稽查。

（1）修调前检验稽查。

1）修调前检验是否按以下负荷点进行检验，$\cos\varphi = 1.0$ 时，I_{max}、I_b、$0.1I_b$ 三点（其中，I_{max}——额定最大电流；I_b——标定电流）。

2）修调前检验的判定误差的绝对值应小于电能表准确度等级值。

3）修调前检验电能表不允许拆开原封印。

（2）轮换拆回的感应式电能表是否进行了拆洗、检查和重新组装。轮换拆回的电子式电能表也应进行表计外部和内部灰尘清除。

（3）电流互感器检定稽查。

1）电流互感器试验前必须做外观检查。稽查电流互感器设备是否完善，外部是否有机械损伤，其表面是否清洁干净，是否有裂纹破损等现象，有无漏油、渗油现象，油面是否位于正常油位等检查。

2）检查电阻绝缘值是否满足要求，按照类别稽查交接、大修、预防性试验的电阻绝缘值的合格率。

3）检查其耐压试验是否满足标准要求，检查其经受交流耐压时间是否达到规定的时间。大修和预防性试验的电流互感器时间为 1min。

4）绕组极性的检查，检查一次绕组极性试验报告。

5）退磁，检查电流互感器检定前是否返磁，互感器铁芯有剩磁而影响误差特性。

6）误差的测量，检查电流互感器误差试验报告。

（4）电压互感器是否按下列项目进行检定。

1）外观检查，对送检（验收）的电压互感器采取抽查法进行稽查。检查有无铭牌或缺少必要标记；检查多变化互感器是否有未标不同变比的接线方式。

2）工频电压试验，检查是否对试品进行工频电压试验和感应电压试验。各电压等级的互感器进行感应电压试验应施加 2 倍额定一次电压值，大修和预防性试验的电流互感器时间为 1min。

3）绕组极性的检查，互感器绕组极性规定为减极性。极性检查可利用互感器检定装置上的极性指示器，按正常接线，对绕组的极性进行检查。

4）误差的测量，稽查处理及检定周期的数据和原始记录。

（5）定期抽查已检定合格的电能表、互感器，检查其修校质量。

4. 仓库管理稽查

仓库管理稽查是对计量设备仓库、配置标识、计量设备、分类、分区放置、出库管理、领表单据、出库记录、盘点记录、库存表计与档案应一致的稽查。

（1）计量设备仓库应按照 DL/T 448《电能计量装置技术管理规程》进行相应配置并标识，计量设备应按照不同状态（待验收、待检、待装、淘汰等）分区放置，并保持仓库干燥、整洁，空气中不含腐蚀性气体且不得存放其他物品。

1）电能计量器具仓库的分区标志线宽度为 10cm，推荐的分区色标如下：

待验收区——白色；

待检验区——黄色；

待安装区——绿色；

淘汰区域——黑色。

2）电能计量器具在实验室也应划分区域定位放置，分区标志线宽度为 10cm，推荐分区色标如下：

待检区域——黄色；

合格区域——绿色；

不合格区——红色。

此外，电能计量器具存放或摆放的不同区域还应有标示牌。

（2）电能计量器具出入库应及时进行计算机登记、做到库存电能计量器具与系统档案相符。

（3）检查计量器具台账，对订货、验收、入库、校验、出库、保管等工作内容台账上是否清楚。

（4）检查计量器具出入库管理。通过抽查，核对领表单据与出库记录的一致性；核对计量现场人员返回的旧表、互感器在入库时，表库管理员应做的记录是否相符；检查报废的电能计量器具是否进行销毁，并在资产档案中及时销账，注明报废日期，防止旧计量设备流入社会使用。

（5）盘点工作检查。检查盘点记录，应按规定周期进行盘点，通过抽查，核对库存表计与档案一致。

（6）电能计量装置资产管理每年稽查核对一次，平时进行抽查。

5. 计量封印检查

计量封印检查是对建立封印的发放台账及签收登记管理计量防伪封印的稽查。

（1）检查是否建立防伪封印的发放台账及签收登记管理。

1）检查计量封印是否统一管理。检查封印购买是否统一归口营销管理部门，检查领用是否进行登记，防伪封印发放是否到责任单位，是否有专人进行管理。

2）检查封印的领用是否进行数量登记，领出的数量应与系统录入一致。

（2）通过抽查形式，检查封印的使用应符合有关管理规定的要求，不存在错用封印或缺封的情况。检查封印使用者的登记情况，是否每用一个都登记在册，每次在客户加封后是否由客户签字认可。发现或接到客户反映的封印脱落，是否及时加封。

（3）检查电能计量各种证书、合格证、测试报告，各种封印是否齐全，是否有专人管理。

（4）出具的计量检定印证文字应清楚、内容填写完整、数据无误、无涂改。

（5）电能计量技术机构应制定计量印证的年审制度，必须严格执行，每年应对计量印证的使用情况进行一次全面检查核对。

三、电能计量装置计量点管理稽查

电能计量装置计量点就是电能计量装置的安装位置。计量点管理稽查就是对电能计量装置配置、计量点关联档案、电能计量装置现场检验、计量设备周期检定（轮换）以及电能计量故障差错和窃电处理等方面的工作质量管理进行稽查。

1. 电能计量装置配置稽查

投运前的电能计量装置是否满足 DL/T 448《电能计量装置技术管理规程》和国家相关技术规范要求，同时实施对客户无计量装置的检查。一般采用审阅法、核对法、比较分析法分别进行稽查。

（1）检查电能计量装置是否安装在供电设施与受电设施的产权分界处。

1）对 10kV 及以下供电客户，变压器容量在 500kVA 及以下和 35kV 供电客户进行重点稽查，变压器容量在 315kVA 及以下供电客户，对安装在低压侧的计量装置进行抽样稽查。

2）检查多个受电点或双回路供电、多种电价的客户，是否按不同电价类别，分别安装电能计量装置计费。

3）当电能计量装置不安装在产权分界处时，检查客户是否计算了线路与变压器损耗的有功与无功电量。

4）检查按最大需量计收电度电费及功率因数调整电费的，是否计算了线路与变压器损耗的有功与无功电量。

（2）对客户无电能计量装置的稽查。

1）对于没有安装电能计量装置的临时用电客户，按用电容量、使用时间、规定的电价计收电费进行稽查。用电终止时，如实际使用时间不足约定期限二分之一的，可退还预收电费的二分之一；超过约定期限二分之一的，预收电费不退；到约定期限时，得终止供电。

2）对无表临时用电超过 15 日的客户，督促其办理装表计费；临时用电超过 6 个月的，办理临时用电延期业务。

3）对装表临时用电超过 3 年的客户，督促其办理转正式用电业务。

4）以上情况若是客户档案资料错误，则分析造成差错原因，对相关责任人进行工作质量考核，同时填写档案变更，填写内部工作联系单。

（3）检查Ⅰ、Ⅱ、Ⅲ类贸易结算用电能计量装置是否按计量点配置计量专用的电压、电流互感器或专用二次绕组；二次回路是否接入与电能计量无关的设备。

1）对电能计量专用设备和专用二次绕组进行专项稽查。

2）检查电能计量二次回路，除可以接入电压失压计时器外，是否接入其他测量仪器仪表，如果有以上情况，督促其整改。

3）在稽查时做好检查记录，如发生异常情况，提出整改意见，及时开出稽查整改督办单。

（4）用于计量单机容量在 100 万 kW 及以上发电机的主变压器高压侧上网电能计量装置和电网经营企业之间的购销电量的计量装置，检查是否配置准确度等级相同的主、副两套有功电能表。

1）检查主、副电能表的电能计量装置，是否有明确标志。

2）检查主、副电能表的电能计量装置，是否有随意调换的现象，查出有异常情况，要查明原因，提出整改要求，跟踪整改结果。

3）检查主、副电能表是否做到现场检验、同期检定和要求相同。检查现场检验记录和检定记录，进行调查核实。

4）检查主、副电能表是否同时抄录读数基本一致，是否达到同时运行、同时记录，实施比对监测的作用。

（5）35kV 及以下计费用电压互感器二次回路，不应装设隔离开关辅助触点和熔断器。

1）35kV 以上电网的短路容量大，二次侧必须有熔断器保护，以免造成主设备事故。

2）35kV 以下电网的短路容量小，可以不装熔断器。

（6）检查 10kV 及以下和 35kV 电压供电的客户是否配置全国统一标准的电能计量柜或电能计量箱。做一次全面普查，了解使用情况，对运行状态提出评判意见。

（7）高压计费应装设失压计时器。没装计量柜（箱）的，其互感器二次回路的所有接线端子、试验端子应能实施铅封，全面普查一次，做好稽查记录。检查电压失压计时器安装运行情况。

（8）互感器二次回路应采用铜质单芯绝缘线。电流互感器二次回路导线截面应按电流互感器额定二次负载确定，至少不小于 $4mm^2$。

（9）检查电流互感器的变比是否适当，互感器实际二次负荷应在 25%～100% 额定二次负荷范围内，而且额定二次负荷的功率因数应为 0.8～1.0，检查是否选用过载 4 倍以上的电能表。

（10）电流互感器额定一次电流的确定，应保证其在正常运行中的实际负荷电流达到额定值的 60% 左右，至少不应小于 30%，否则应选用高动热稳定电流互感器以减少变比。计量用电流互感器的动热稳定要求值如表 4-6 所示。

表 4-6　　　计量用电流互感器的动热稳定要求值

额定电压（kV）	额定一次电流（A）	额定短时热电流及持续时间		额定动稳定电流（kA）
		短时热电流（kA）	持续时间（s）	
0.38	750（800）	15	1	31.5
10	20	5	2	12.5
	30，40	8	2	20
	50，60	10	2	25
	75	16	2	40
	100，150，200	20	2	50
	300，400，500	25	4	63
	600，750	31.5	4	80
	1000，1250，2000	40	4	100

额定电压（kV）	额定一次电流（A）	额定短时热电流及持续时间		额定动稳定电流（kA）
		短时热电流（kA）	持续时间（s）	
35	50	8	2	20
	100	16	2	40
	150，200	20	2	50
	300，400，500	25	4	63
	600，750，800	31.5	4	80

（11）经互感器接入的电能表，标定电流不宜超过电流互感器额定二次电流的30%，其额定最大电流应为电流互感器额定二次电流的120%左右，直接接入式电能表的标定电流应按正常运行负荷电流的30%左右进行选择。对负荷变动特大的客户，应选用宽负载的S级电能表。

（12）执行功率因数调整电费的客户，还应加装无功功率表；按需量计收基本电费的客户，应加装最大需量表。实行分时电价的客户，应安装多资率电能表。具有正向、反向送电的计量点，应装设正、反向有功、无功电能表或多功能电能表。

1）为实行功率因数考核，检查100kVA（kW）及以上的非居民客户是否装设无功表。

2）检查装有无功补偿设备的客户，是否装了反向无功电能表、装有止逆器的无功表或装有双向计度器的无功表。

3）检查执行功率因数调整电费的标准值是否按功率因数调整电费办法执行。

4）按需量计收基本电费的客户，是否装置最大需量表。检查是否按供电合同的协议最大需量计收基本电费和电度电费。如果客户实际测得的最大需量超过了供电部门核准数额，是否加倍收取基本电费。

5）实行分时电价的客户，是否安装多费率电能表。如果有复费率电能表，检查其是否抄录了峰谷两个时段的电能量，同时核对不同电价的执行情况。

6）检查其有正向、反向送电的计量点，是否装设正、反向有功、无功电能表或多功能电能表以及各个计量点的运行状况。

（13）检查装有数据通信接口的多功能电能表，是否按其通信规约DL/T 645《多功能电能表通信协议》的要求或执行当地省级及以上电网管理部门的规定。

2. 计量点关联档案的稽查

（1）客户档案无计量点信息的稽查。

根据有关规定："临时用电的客户，应安装用电计量装置。对不具备安装条件的，可按其用电容量、使用时间、规定的电价计收电费。"因此就生成客户档案无计量点信息，关联出因无表用电而产生有疑问的稽查项目，安排稽查计划。对"临时用电的客户"采取专项重点稽查，列出超过 6 个月的无表、无计量点和超过 3 年装表临时用电有疑问的客户清单，由专人完成临时用电点超期供电稽查工作，下达整改通知单跟踪稽查。

（2）客户档案无计量设备信息的稽查。

1）根据有关规定："在客户受电点内难以按电价类别分别装设用电计量装置时，可装设总的用电计量装置，然后按其不同电工价类别的用电设备容量的比例或实际可能的用电量，确定不同电价差别按用电量的比例或定量进行计算，分别计价，供电企业每年至少对上述比例或定量核定一次。"针对没有装表计量的用户，在营销系统生成无计量装置的客户档案的稽查项目清单，并纳入稽查计划。

2）如按照定比计费的营销客户，低电价电量占比过高，客户少交电费。这项工作，要开展深入细致的调查，制订稽查计划重点稽查，查出异常提出整改措施，下达整改督办单，跟踪处理结果。

（3）同计量点安装的同一块电能表对应多个不同的客户，造成私自转供电，实施重点专项稽查。

根据有关规定"因特殊原因不能实行一户一表计费时，安装共用的计费电能表，客户自行装设分户电能表、自行分算电费"。对于同一块电能表产生了多种电价的客户，要关注是否存在高价低接的情况，如有疑问，安排稽查计划，由专人完成稽查任务。下达异常处理稽查整改通知书，跟踪处理结果。

（4）对档案中电能表状态与实际不一致的客户实施现场核对稽查。

1）新装居民电能表错接客户。居民住宅小区商品房先装表后销售房源的情况下，则生成档案中的电能表状态和户名不对，应实施单项稽查。

2）客户变更没有办理过户手续，户名生成档案中的电能表状态与实际不一致。

3）同一单位同时换表，同一计量点错接，由于工作失误生成档案中的电能表状态与实际不符。

（5）检查已作销户处理的客户当前档案中是否还有计量点与设备的关联关系。客户销户须向供电企业提出申请，供电企业应按有关规定，做如下检查：检查是否停止全部用电容量的使用；检查客户是否向供电企业结清电费；查验用电计量装置是否完好后，再拆除接户线和用电计量装置，检查完后，确认已停止用电，电费已交清，拆回的电能计量装置完好无损，解除供用电关系。

（6）检查计量点关联的电能表、互感器推算出来的倍率与档案中的倍率是否一致。

1）检查报装档案资料、营销系统，与现场实际情况核对。

2）检查电能表、互感器变更情况异动，进行工作传单核对稽查，如有异常进一步核对并提出整改意见，下达整改督办通知单。

3．电能计量装置现场检验稽查

电能计量装置现场检验是对现场周期检验、现场电压互感器二次回路电压降、计量设备同期检定（轮换）的稽查。现场检验应执行 DL/T 1664《电能计量装置现场检验规程》和 DL/T 448—2016《电能计量装置技术管理规程》的有关规定。

（1）检查营销计量中心是否按规程要求编制了年、季、月度现场检验计划。

（2）现场检验电能表时是否按以下项目进行检验：

1）在实际运行中测定电能表的误差。

2）检查电能表和互感器的二次回路接线是否正确。

3）检查计量差错和不合理的计量方式。

计量差错如下：

a. 电流互感器的变比过大，致使电能表经常在 1/3 标定电流以下运行的，电能表与其他二次设备共用一组电流互感器的。

b. 电压与电流互感器分别接在电力变压器不同电压侧的，不同的母线共用组电压互感器的。

c. 无功电能表与双向计量的有功电能表无止逆器的。

d. 电压互感器的额定电压与线路额定电压不相符的。

（3）现场检验用标准器准确度登记是否比被检品高两个准确度等级。电能表现场检验标准是否每 3 个月在试验室比对 1 次。

（4）现场检验时不允许打开电能表罩壳和现场调整电能表误差。当现场检验电能表误差超过电能表准确度等级值时，要求在 3 个工作日内进行更换。

（5）新投运或改造后的 I 、II 、III 类电能计量装置是否在带负荷运行一个月内进行首次电能表现场检验。

（6）运行中的电能计量装置是否按要求进行了现场检验：

1）I 类电能计量装置宜每 6 个月现场检验 1 次。

2）II 类电能计量装置宜每 12 个月现场检验 1 次。

3）III 类电能计量装置宜每 24 个月现场检验 1 次。

统计现场检验率其计算公式为

$$现场检验率 = \frac{实际现场检验数}{按规定周期应检验数} \times 100\%$$

运行电能表的现场检验率应为 100%。

（7）高压电磁式电压、电流互感器是否每 10 年现场检验一次，高压电容式电压互感器是否每 4 年现场检验一次。当现场检验互感器误差超差时，要求查明原因，制订更换或改造计划，尽快实施，时间不得超过下一次主设备检修完成日期。

（8）运行中的电压互感器二次回路电压降是否定期进行检验。对 35kV 及以上电压互感器二次回路电压降，至少每 2 年检验 1 次。当二次回路负荷超过互感器额定二次负荷或二次回路电压降超差时，要求及时查明原因，并在 1 个月内处理。

电压互感器二次回路电压降检测率计算公式为

$$检测率 = \frac{实际检测数}{应检数} \times 100\%$$

规定要求：

1）电能计量中电压互感器二次回路降应不大于其额定二次电压的 0.2%。

2）电压互感器二次回路电压降检测率应为 100%。

（9）定期或不定期检查现场电能表的接线及误差。

4. 计量设备更换稽查

（1）电能表经运行质量检验判定为不合格批次的，是否根据电能计量装置运行年限、安装区域、实际工作量等情况制订计划并在一年内全部更换。

（2）更换电能表是否采取自动抄表、拍照等方法保存存底度等信息，存档备查。贸易结算用电能表拆回后是否至少保存一个结算周期。

（3）更换拆回的 I～IV 类电能表是否抽取了其总量的 5%～10%、V 类电能表是否抽取其总量的 1%～5%，进行误差测定，且每年统计其检测率及合格率。

（4）低压电流互感器从运行的第 20 年起，每年是否抽取其总量的 1%～5% 进行后继检定，统计合格率应不低于 98%，否则应加倍抽取和检定、统计其合格率，直至全部轮换。

5. 检查监督电能计量故障差错和窃电处理工作的质量

每月查阅异动工作传单，检查处理计量故障差错与窃电的处理方法是否正确，退、补的电量计算是否正确。

（1）计费计量的互感器、电能表的误差及其连接线电压降超出允许范围或其他非人为原因致使计量记录不准时，应按下列规定退补相应电量的电费：

1）互感器或电能表误差超出允许范围时，以 "0" 误差为基准，按验证后的误差值退补电量。退补时间从上次校验或换装后投入之日起至误差更正之日止的 1/2 时间计算。

2）连接线的电压降超出允许范围时，以允许电压降为基准，按验证后实际值与允许值之差补收电量。补收时间从连接线投入或负荷增加之日起至电压降更正之日止。

3）其他非人为原因致使计量记录不准时，以客户正常月份的用电量为基准，退补电量，退补时间按抄表记录确定。

4）退补期间，客户先按抄表电量如期交纳电费，误差确定后，再行退补。

（2）用电计量装置因接线错误、保险熔断或倍率不符等原因，使电能计量或计算出现差错时，应按下列规定退补相应电量的电费：

1）计费计量装置接线错误的，以其实际记录的电量为基数，按正确与错误接线的差额率退补电量，退补时间从上次校验或换装投入之日起至接线错误更正之日止。

2）电压互感器保险熔断的，按规定计算方法计算值补收相应电量的电费，无法计算的，以客户正常月份用电量为基准，按正常月与故障月的差额补收相应电量的电费，补收时间按抄表记录或按失压自动记录仪记录确定。

3）计算电量的倍率或铭牌倍率与实际不符的，以实际倍率为基准，按正确与错误倍率的差值退补电量，退补时间以抄表记录为准确定。

4）退补电量未正式确定前，客户先按正常月电量交付电费。

四、电能计量体系管理稽查

电能计量体系管理稽查的主要任务是：①计量标准及设备配置；②计量标准检定、校准；③计量标准考核、复查；④计量检定人员。

1. 电能计量标准装置及设备配置稽查

最高计量标准器等级应根据被检计量器具的准确度分级、数量、测量量程和计量检定系统表的规定配置，供电企业电能计量技术机构、计量标准器应配备齐全。根据 DL/T 448—2016《电能计量装置技术管理规程》进行稽查。

（1）网、省级电网经营企业电能计量技术机构计量标准的配置如下：

1）配置 0.01 级单相和 0.02 级三相电能计量标准。

2）配置 0.001 级别 10～35kV 电压互感器标准，0～2000A 电流互感器标准。

3）配置 0.005 级别 35～220kV 电压互感器标准，2000～10000A 电流互感器标准。

4）配置多功能三相电能表试验装置。

5）其他相关设备参照仪表监督方面的有关规定。

（2）供电企业电能计量技术机构计量标准的配置：

1）配置 0.1（0.2）级三相电能表标准装置。对所辖供电区内有 30 只以上 0.2 级三相电能表，应配置 0.05 级三相电能表标准装置；拥有 30 只以上 0.1 级电能表，经上级主管部门批准，可配置 0.03 级电子式三相电能表标准装置。

2）配置 0.2（0.3）级单相电能表标准装置。

3）配置 0.01 级互感器检定装置，根据工作需要可配置 0.005 级电流比较仪、感应分压器（双级电压互感器）。

4）配置必要的试验设备：0.1（0.2）级功率表、电压表、电流表；具有足够分辨率的数字式功率表、毫伏表、工频频率表、失真度测量仪、示波器、磁感应测量仪等。

5）现场检验用 0.05（0.1）级标准电能表（校验仪）；电压互感器二次回路压降测试仪，互感器变比在线测试仪。

6）电能表、互感器的绝缘强度试验设备；电能表走字试验设备。

7）模拟现场的电能计量与试验装置。

8）其他有关电能计量装置检定、检修与配置零件的必要设备与工具。

（3）发电企业电能计量技术机构计量标准的配置：

1）配置 0.1（0.2）级电子式三相电能表标准装置。

2）配置现场检验用 0.1（0.2）级标准电能表（校验仪）。

3）配置电压互感器二次回路压降测试仪。

2. 电能计量标准装置检定、校准稽查

计量标准装置应选用检定工作效率高且带有数据通信接口的产品，应是全自动，多表位，具备与管理计算机联网等功能。

计量标准器和标准装置的周期受检率与周检合格率。

（1）周期受检率。

$$周期受检率 = \frac{实际检定数}{按现周期应检验数} \times 100\%$$

（2）周检合格率。

$$周期合格率 = \frac{实际检定合格数}{实际检定数} \times 100\%$$

周期受检率应不小于 100%；周检合格率应不小于 98%。

3. 计量标准装置考核、复查稽查

电能计量标准装置必须经过计量标准考核合格并取得计量标准合格证后才能开展检定工作。计量标准考核（复查）应执行 JJF 1033《计量标准考核规范》。

（1）在用计量标准装置周期考核（复查）率。

$$在用计量标准装置周期考核（复查）率 = \frac{实际考核数}{到周期应考核数} \times 100\%$$

在用电能计量标准装置周期考核率为 100%。

（2）计量标准装置稽查内容。

1）检查电能表检定的标准装置，是否按 JJG 597《交流电能表检定装置检定规程》的要求定期进行检定，并出具有效期内的检定书。

2）检查计量标准器送检后或修理后是否进行比对，是否建立系统档案，考核其稳定性。

3）检查电能计量标准装置考核（复查）期满前 6 个月是否重新申请复查。

4）检查计量技术机构是否制定电能计量标准维护管理制度，是否建立计量标准装置履历书。

5）检查电能计量标准装置是否明确有专人负责管理。

4. 计量检定人员稽查

从事检定和修理的人员应具备中专（含高中）或相当于中专（含高中）毕业以上文化程度，连续从事计量专业技术工作满 1 年，并具备 6 个月以上本检定项目工作经历；熟悉有关计量法律、法规、规章和计量基础知识，熟悉与检定工作相关设备的原理、结构、操作方法和检定规程，并具有熟练的检定操作技能；掌握必要的电工学、电子技术，能操作计算机。

五、低压集抄运维管理稽查

1. 运维工器具稽查

（1）应设专人负责运维工器具管理，并建立完善的工器具清册，记录工器具相关信息，并在工器具发生变化时及时更新。

（2）工器具相关资料应齐全，至少包括产品合格证、使用维护说明、使用与维护记录等。测试设备还应包括校验与检查记录、缺陷及故障记录等。

（3）工器具的存放条件应符合工器具说明书的要求，存放工器具处应保存工器具清册，以便工器具存取。

（4）工器具应按人机工效的要求分类合理摆放，标识清晰、取用方便。

（5）领用工器具时应进行检查，使用前再次检查，检查合格方可使用。使用后应进行清洁、整理，按位置标签定置摆放整齐。

（6）工器具的使用者应遵照工器具的使用方法、操作程序和注意事项，禁止违规使用。

（7）工器具的取用和归还应做好登记。

2. 低压集抄和电能计量设备稽查

（1）电能计量设备的领用、退运、再利用、报废工作，并建立完善的设备清册，记录设备相关信息，并在设备发生变化时及时更新。

（2）设备的领用均应进行领用登记。电能计量设备的领用、退用应逐一在营销系统登记资产编号，按规定办理出、入库手续，进行动态管理，做到账、卡、物相符。

（3）在营销系统录入电能计量设备完成安装记录。

（4）对退运的电能计量设备进行清理，对电能表底度、互感器变比进行核对，原则上应保存 2 个抄表周期后启动报废和再利用工作。

（5）电能计量装置的退运、丢失、报废及再利用执行《广东电网公司电能计量设备管理实施细则》。

（6）电能计量设备质量跟踪和资产全生命周期管理工作。

3. 低压运维技术指标稽查

（1）低压集抄现场技术方案符合《广东电网低压集抄技术方案及配置规范》。每个集中器下抄读电能表的数量不宜超过 500 块，推广 II 型集中器方案的使用，提高数据采集的成功率。

（2）全局载波方案厂家（芯片方案）不超过 2 种，同一区县局或供电所的载波方案厂家（芯片方案）宜一致。

（3）低压集抄集中器在线率 99.5% 以上；计算公式 =（所有集中器周期内在线时长之和 / 所有集中器周期内应在线总时长）×100%。

（4）低压集抄数据采集完整率 99.5% 以上；计算公式 =[上日（月）系统实际采集到的低压客户数据 / 上日（月）所有应采低压客户数据]×100%。

（5）低压客户自动抄表率 99% 以上；计算公式 =（营销系统实现自动抄表低压客户总户数 / 低压客户总用户数）×100%。

（6）运维工单处理及时率 100%；计算公式 =（限期内完成的工单数 / 所有工单数）×100%。

4. 低压集抄表码提取及电费核算稽查

（1）对涉及用户档案异常、电费异常类的核算规则在日常通过营销系统稽查模块开展常态稽查，在规定时限内下发异常工单并跟踪、督促运维单位整改、修正完毕。

（2）对所有业扩流程完结后及时进行用户档案异常类核算规则稽查工作，对发现异常的在规定时限内下发稽查工单并跟踪、督促运维单位整改修正结果。

（3）在规定时限内对当月下发的涉及用户档案异常类稽查工单完结情况进行跟踪、督办，确保抄表数据换月前档案修正流程正确完结，确保客户计费档案的准确性。

（4）在规定时限内完成下发的涉及用户档案类异常工单的处置，按规定发起相应流程工单完成在营销系统的整改，对下发的工单必须在规定时限内完成；在规定时限内前需重点跟进此类工单整改完结情况，确保抄表数据换月前整改完毕。

（5）制订低压集抄用户的抄表计划；同时在规定时限内完成本局电费业务的工作单归档并确保用户抄表区本不为空。

（6）在规定时限内完成次月抄表数据开放。

（7）低压集抄数据在规定时限内由计量自动化系统自动推送至营销系统，不需要前台操作。定时任务未抄成功时在规定时限内开始补抄提取集抄数据。

（8）在抄表期内对营销系统提取不到表码的用户进行现场故障处置，对处置完毕的用户再次提取。对在抄表期内无法完成现场整改的，在规定时限内进行现场补抄并在营销系统完成表码手工录入。

（9）对下发的分散复核工单（表码异常、电量异常）进行现场复核，在抄表例日起计的在规定时限内完成异常清单的核对工作并完成工单处置。

5. 主站数据监控稽查

低压集抄系统运行情况由电能量数据班进行集中监控，按照异常工单分级管控原则，电能量数据班对集中器环节的异常（集中器离线、集中器在线无表码）进行分析、低压计量运维班对集中器与电表环节的异常（集中器上线缺数）进行分析。

（1）电能量数据班每天对范围管辖内的低压集抄集中器在线率、抄表成功率进行监控，通过电能量数据监测发现电能量数据缺失情况。对低压集抄计量点电能量数据缺失的情况，启动电能量数据缺陷处理工作任务。对集中器异常（集中器离线、集中器上线线无表码），初步确定故障类型，发起计量自动化系统异常工单，向低压计量运维班 / 营配综合班派单。

（2）低压计量运维班 / 营配综合班，每天对辖区范围内集中器抄表成功率进行监控，对集中器上线缺数的原因进行分析，初步确定故障类型，发起计量自动化系统异常工单。

（3）监控异常处理时限：集中器离线 1 天完成维护，上线无表码（抄表成功率 0%）2 天完成维护，上线缺数（0% ＜抄表成功＜ 100% 率 3 天）完成维护。

六、市场化交易管理稽查

1. 用户档案日常管理稽查

（1）用户用电类别、电价类别、电压等级、子母表、线变损分摊关系等基本档案及欠费状态的核查及计量档案，确保计费结果正确。

（2）在配合当地经信部门开展资格审查时，对用户运行状态、电量、用电类别等情况提出具体意见。

（3）对进入/退出市场化交易的用户及时做好台账变更记录、标识市场化交易服务属性，特别是对允许进入电力市场的用户计量点的用电性质、电价类别等情况逐一完成复核确认，并报备。

（4）每月月度竞价后提供下下月市场化交易用户初步清单。

（5）按照收到的市场化用户清单开展本单位内的用户相关计量设备校试及台账校核等准备工作，保证计量的准确性。

2. 工作单管理稽查

（1）对于参与市场化交易的用户，涉及计量参数变更等的相关工作单（如变电站出线 TA/TV 改造等）必须传递至营销管理系统并在其中运转，相关业务人员须确认用户计费档案参数成功更新。

（2）对涉及市场化交易用户的表计或互感器更换、电量追补，新装/增/减容、销/分/并/过户等工作传票需有现场照片等辅助资料，必须执行提级审核及确认，保证计费参数、计量点档案正确性。

（3）对市场化交易用户工作传单进行监督，严格按照交易结算周期要求及时归档，不允许出现电量交叉跨月。

3. 市场化交易用户抄表管理稽查

（1）在规定时限内提供下月市场化交易用户清单。

（2）在规定时限内检查本月市场化交易用户档案清单的变动情况并按照现场作业表单进行现场检查并形成现场检查汇总表，完成台账核查工作，确认无误后进行抄表初始化。

（3）对于参与市场化交易的用户，在规定时限内起使用计量自动化系统进行表码采集监控。

（4）对于参与市场化交易的用户，应在规定时限内完成抄表工作，对于远程抄表不成功的，必须及时进行设备维护，开展远程或现场补抄，并在规定时限内完成。

（5）如在结算周期中存在客户换表等情况，要求客户止码抄读不允许手工补录，必须通过计量自动化系统或抄表终端获取电子凭证，同时保留对应的照片、用户签名等证据，相关审批提级到地市局市场部。如遇表记严重损坏等特殊情况确实无法电子凭证的，需备案。

4. 市场化交易客户电费管理稽查

（1）及时对市场化交易用户电费进行核算，在规定时限内完成交易中心推送电量。

（2）在规定时限内提供市场化交易用户结算依据。

（3）每月进行市场化交易用户电费核算时，对于当月发生工作单的用户必须全部经人工复核确认，在规定时限内完成。

（4）市场化交易用户电费在规定时限内完成发行。

第四节　电能计量业务典型案例分析

一、计量故障处理周期过长引发电量追补案例

1. 案例介绍

按照专项稽查月度工作安排，对全市 2013～2014 年专用变压器客户故障更换计量装置电量追补情况进行稽查，发现某鞋业有限公司，合同容量为 250kVA，计量方式为高供低计，计量自动化系统显示该户从 2013 年 6 月 22 日开始 B、C 两相电流陆续发生故障，于 2013 年 10 月 10 日更换表计后恢复正常，截至 2013 年 12 月 26 日，尚未对该客户开展电量追补工作的情况。

2. 稽查情况

利用营销信息系统导出全市 2013～2014 年专用变压器客户故障更换计量装置工作单及电费退补工作单，同时联系计量班组取得更换故障计量装置装拆记录。2013 年 12 月 26 日稽查员进行在线稽查时，通过样本比对情况，发现户号：80**0001**，户名：某鞋业有限公司，合同容量为 250kVA，计量方式为高供低计，电价执行普通工业电价，该户计量装置于 2013 年 6 月 22 日 14：30 开始至 2013 年 7 月 10 日 15：00 时 C 相电流断流，计量自动化系统显示 C 相电流为零；2013 年 7 月 28 日 08：00 开始至 2013 年 9 月 22 日 21：15 时 B 相电流断流，自动化系统显示 B 相电流为零。经××局计量班及用电检查班现场检查核实，故障因为表计 B、C 两相二次接线被石头砸断造成（经核查，非客户主观故意造成），于 2013 年 10 月 10 日进行故障换表后计量恢复正常；截至

2013 年 12 月 26 日，该客户尚未进行追补电量。经供电所与客户协商后，已于 2014 年 3 月 25 日共计追回电量 13665.90kWh。

3. 暴露问题

（1）抄表人员对现场异常问题未及时通知用电检查班现场处理；计量人员责任心不强，对以往进行过故障处理的客户，在进行电量追补遇到困难时，未及时向上级反映；县区局未设专人对追补电量客户处理跟踪，可能会造成电量追补客户遗漏追补的情况出现。

（2）由于计量故障处理周期较长，客户对非自身原因的计量故障而导致故障处理时追补电量电费金额过大，加大了追补电量的难度。

4. 整改措施

对于这起营销差错责任事故，供电局营销稽查人员提出整改意见，下达《营销稽整改通知单》，按要求进行整改，并以《营销稽查整改情况反馈单》的书面形式限期反馈电力营销稽查中心。必要时，电力营销稽查中心将对整改情况进行复查。

（1）按《供电营业规则》有关规定，与客户协商，追补电量，计费计量装置接线错误的，以其实际记录电量为基础，按正确与错误接线的差错率退补电量，退补时间从上次校验或换装投入之日起至接线错误更正之日止。

（2）对计量故障的客户，应及时处理，认真进行事故分析，提出处理意见及防范措施。

二、错误配置计量装置的准确度等级以及计量精确度案例

1. 案例介绍

某日某县供电局电力营销稽查人员根据季度工作计划，调出业扩报装资料，对某水泥厂的电能计量装置的配置等级进行营销稽查。该企业供电方式为 10kV 公用线路供电，原有配电变压器容量为 315kVA。其计量方式为三相四线高压计量，电能计量装置配置为：1.5（6）A 有功电能表一套，准确度等级为 1.0 级 1.5（6）A 无功电能表一套，0.5 级 TV 和 0.5S 级 TA 各一套，TA 变比为 25/5A。由于该厂扩大再生产，增容后将其用电容量增大为 2500kVA，供电方式与计量方式没有改变，电能计量装置更换了 TA，变比为 150/5A，准确度等级为 0.5S 级。稽查人员核对了客户档案、抄表卡以及营销信息系统，确认记录相符。但是为了检查电能计量装置的配置等级是否符合《技术管理规程》的配置要求，营销稽查人员展开了专项稽查。

2. 稽查情况

电能计量装置的类别反映了电能计量装置的重要程度。营销稽查人员按照

电能计量装置的分类及技术要求，对该客户的计量电能量的多少和计量对象的重要程度是否适当进行分类稽查。增容后该水泥厂用电容量为 2500kVA，功率因数为 0.9，负荷率为 0.7，月用电时间为 720h（三班制生产），通过计算得出其月用电量近似于 100 万 kWh，发现水泥厂配置的电能计量装置的类别没有达到《技术管理规程》的分类技术要求。

3. 暴露问题

（1）计量装置设计的审查人员对相关规定不熟悉，致使配置源头出现错误。

（2）计量配表人员对计量装置的准确度以及计量精确度的影响不够了解，对计量装置设计方案没有提出质疑，造成本应配置 0.5S 级的电能表却错误配置 1.0 级的电能表，致使电能表准确等级达不到技术管理规程的要求。

（3）计量装置验收人员验收工作不到位，配置等级达不到要求的电能表却能通过验收。

4. 整改措施

（1）严格按照《电能计量装置技术管理规程》《南方电网有限责任公司 10kV 用电客户电能计量装置典型设计》《广东电网有限责任公司业扩报装及配套管理实施细则》的相关要求对计量装置进行配置。

（2）组织相关人员认真学习业务知识、严格执行有关规定，防止类似情况的再次发生。

（3）加强电能计量装置在投运前的验收工作，确保计量装置准确，确保供电企业与客户双方利益不受损害。

三、新装专变客户计量装置未进行首检案例

1. 案例介绍

根据工作计划对全区 2012 年 12 月及 2013 年 1、2 月新装归档的专用变压器客户的计量装置首检情况及业扩业务办理情况进行稽查，稽查结果发现，某经济合作社，其计量装置发生误接线差错，造成少计电量。

2. 稽查情况

稽查人员在进行专项稽查中经系统查询得知，客户名为某经济合作社的客户，其计量装置安装时间为 2012 年 12 月 19 日，在当日进行接火送电，但营销系统没有该计量装置现场首次校验的记录。同时利用计量自动化系统检查发现，该客户已对生产设备进行了用电，稽查人员在计量自动化系统中选择某个时间段的用电数据进行了分析，发现该装置显示总的功率因数很低，与客户的用电性质和负荷不符。

为确认计量装置实际运行情况，稽查人员通知供电分局有关人员，并利用三相电能表现场校验仪对该计量装置进行现场校验，检查计量装置的接线是否正确，检查结果显示，该计量装置中B相电流互感器的二次极性反接，这是造成计量自动化数据反映的总功率因数很低的原因，同时确认了该计量装置二次接线有误，造成对客户用电电量少计的情况，共计需追补电量40419kWh。

3. 暴露问题

（1）装表人员马虎责任心不强，现场计量装置安装完毕后，没有对计量装置的接线情况再次进行检查。

（2）运行班人员在计量装置投运后没有对计量装置的运行情况进行远程检查校验。

（3）电费复核人员对用电量异常的客户没有引起足够重视，没有对电量异常的原因进行认真分析。

4. 整改措施

（1）根据《供用电营业规则》第八十一条第1点"计费计量装置接线错误的，以其实际记录的电量为基数，按正确与错误接线的差额率退补电量，退补时间从上次校验或换装投入之日起至接线错误"的规定，用书面的形式制定电费追补方案，并与客户确认。

（2）安装计量装置必须严格按照《电能计量装置安装接线规则》规范作业，把好技术关，确保准确计量，可以减少计量差错，降低线损，减少因计量失准引发的供用电纠纷。

（3）严格按照《广东电网有限责任公司电能计量装置运行管理实施细则》的规定：对已接入计量自动化系统的高供低计电能计量装置，应在投运后一个月内利用计量自动化系统对计量装置进行远程校验。

（4）加强装拆工作人员的责任心，组织相关人员认真学习业务知识、严格执行有关规定，防止类似情况的再次发生。

（5）加强电费复核人员责任心，加强抄表数据分析，对电量异常波动，尤其新装和更换计量装置的客户，要及时分析原因，并做好记录，发现抄表数据有疑问时，要发出工作传单交计量班组及时处理。

四、计量封印缺失案例

1. 案例介绍

某低压三相普通工业客户，2013年10月更换电能表。稽查人员在2015年11月计量封印专项稽查，核对客户营销系统计量封印档案信息时发现该客户封印记录为空，经现场检查，计量表箱存在更换电能表后未加封。

2. 稽查情况

2015 年 11 月，稽查中心按照稽查月度工作计划，对全市各分局进行计量封印专项稽查，稽查人员认真查阅 2013 年新装和更换计量装置加封情况，是否存在工作完成后未对计量装置及时加封。在翻查营销系统中发现某低压普通工业客户 2013 年 10 月 23 日更换电能表，但更换电能表后在营销系统基本档案信息没有计量封印加封信息。

稽查人员又调取了该户实体更换计量装置工作单，发现工作单上没有填写新装封印，只填写拆回旧封印。

从以上情况反映，该户可能存在现场更换电能表后没有对计量装置加封，或加封后未及时录入营销系统。为了弄清事情真相，稽查人员召集分局抄表人员和装表人员到现场进行调查，现场检查发现计量表箱没有加封，存在极大窃电隐患。

3. 暴露问题

（1）装表人员责任心不强，更换电能表后没有及时对计量装置加封，留下窃电隐患。

（2）资料档案人员对实体工作单归档时没有仔细检查填写内容是否完整、是否准确。

（3）抄表人员工作没有到位，抄表过程中没有检查计量装置加封情况，对未加封的计量柜（箱）要及时记录，并及时发出工作传单。

4. 整改措施

（1）严格按照《广东电网有限责任公司电能计量装置封印管理办法》6.4.2："对于三相用电客户，要求装表封印和用检封印持有人员进行加封操作后，要在外勤工作单记录所加封印的位置、封印名称、颜色、内部编号、换封时间和计量检定封印情况，并请客户确认相关封印完好后，由加封人和客户共同签证。"要求，更换电能表后必须及时对计量装置进行加封，并与客户共同签证，确保供用电双方的合法权益和国家财产的安全。

（2）资料档案人员在工作单归档前必须核对每一项内容填写是否完整、是否规范，确保无误后才能归档。

（3）明确抄表人员职责范围，确保对每个用电客户的计量装置进行加封。

五、电能表装拆换工作脱离系统流程案例

1. 案例介绍

客户名称为"陈某某"的客户，在 2015 年办理了增容手续，工作人

员将原电能表（资产编号 MS1**000000000**2）拆除，重新安装了新的电能表（资产编号 MS1**000000000**4），在更换计量装置时期，营销管理系统的工作单流程尚未到"装表接电"环节，拆回的电能表没有录入系统。

随后客户名称为"某玩具厂"的客户，其计量装置由于雷击烧毁需要更换，工作人员将没有录入系统的电能表（资产编号 MS1**000000000**2）重新装出，最终导致电费计算错误。

2. 稽查情况

客户名称为"陈某某"的客户在 2015 年办理了增容手续，工作人员将原电能表（资产编号 MS1**000000000**2）拆除，重新安装了新的电能表（资产编号 MS1**000000000**4）。但是稽查人员发现，在装拆过程中，该客户在营销管理系统更换工作单流程尚未到"装表接电"环节。为弄清楚事情缘由，稽查人员对供电分局"急救包"进行检查，检查结果发现拆卸下来的电能表（资产编号：MS1**000000000**2）在第一次拆除后送往县局计量班校验，由于检验结果未发现问题便领回，重新放置于"急救包"中，待再次安装。计量装置现场图片及系统记录如图 4-1 所示。

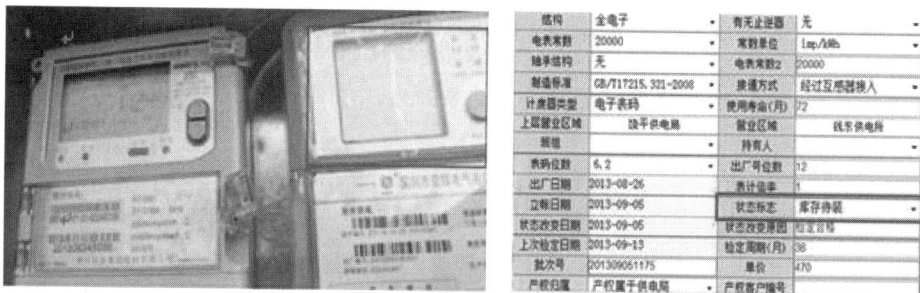

图 4-1　计量装置现场图及系统记录

随后，客户名称为"某玩具厂"的客户，其计量装置由于雷击烧毁需要更换，工作人员将原"陈某某"的电能表（资产编号 MS1**000000000**2）重新装出。整个过程，均在系统外完成，没有记录现场对应表计的行度，客户"陈某某"的新电能表（资产编号 MS1**000000000**4）在营销管理系统中一直处于"库存待装"状态。

由于客户"陈某某"的客户档案未更新，负控终端采集的数据是原来电能表（资产编号：MS1**000000000**2）的行度。实际上电能表（资产编号：MS1**000000000**2）记录的数据是客户"某玩具厂"的行度，因此客户"陈某某"的电量计费错误，如图 4-2 所示。

(a) 系统表码记录1

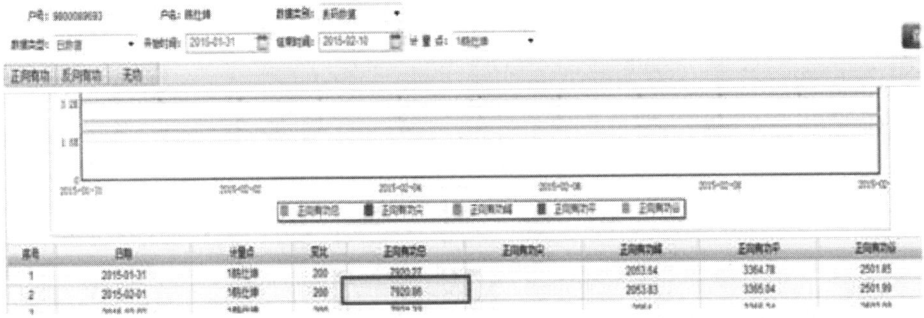

(b) 系统表码记录2

图 4-2　营销系统表码记录

3. 暴露问题

（1）供电分局的仓管人员没有规范做好计量资产的领用、安装和退运管理。

（2）电能计量装置设备完成安装后，没有及时在营销系统录入安装记录。

4. 整改措施

（1）按《广东电网有限责任公司业扩报装及配套管理实施细则》《电能计量设备管理实施细则》的具体要求，重新对计量资产基础信息进行清查，确保数据准确、有效。

（2）严格按照《广东电网有限责任公司电能计量设备管理实施细则》5.5.2："电能计量设备的领用应按仓库管理规定办理出、入库手续，并在营销系统里逐一登记资产编号"，规范做好计量资产的领用、安装和退运管理的规定。

（3）电能计量设备完成安装后应在营销系统录入安装记录。按照《广东电网有限责任公司电能计量设备管理实施细则》规定：零散的应在 2 个工作日完成录入，批量安装的在 4 个工作日内完成录入。

（4）加强装拆表工及计量仓库管理人员的工作责任心，完善领表登记手续材料的核对流程。

六、计量装置故障引起的电费结算差错案例

1. 案例介绍

稽查人员根据季度管理线损监测工作计划，对计量自动化系统开展日线损

异常线路、台区进行异常筛查，发现某食品有限公司计费表电量和参考表电量相差较大，计费表电量少，且计量自动化系统显示频繁出现 C 相电压断相、缺相，但 C 相电流不为 0 的情况。由于该客户为大工业客户，稽查人员迅速组织相关人员到客户现场展开稽查，发现计量器具存在故障造成频繁出现 C 相电压断相情况，导致该户少计电量，经计算补收漏计电量 10770kWh，及时为企业追回了经济损失。

2. 稽查情况

营销稽查人员利用营销信息系统和计量自动化系统对日线损异常线路、台区进行异常筛查，通过对异常数据进行对比、分析，发现该专用变压器客户，计费计量装置在计量自动化系统遥测到的数据，自 2013 年 1 月 1 日开始显示频繁出现 C 相电压断相、缺相，但 C 相电流不为 0 的情况，且计量点 1 的日电量数据明显少于计量点 0 的日电量数据。

计量自动化系统客户电压曲线截图如图 4-3 所示。

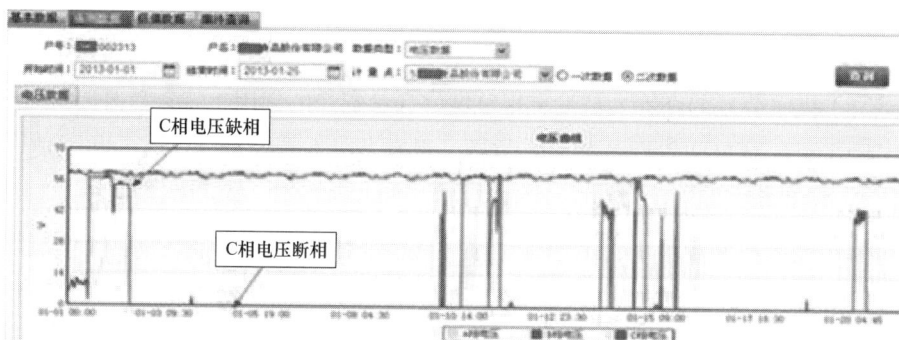

计量自动化系统用户电压曲线截图

计量自动化系统用户计量点0、1日电量数据截图

图 4-3 计量自动化系统客户电压曲线图

稽查人员组织相关县局相关人员到现场对该客户计量装置进行检查，经现

场对电表进行一次全面检查未发现客户有窃电行为，异常情况为多功能电子表的 C 相电压间断失压，稽查人员在现场和客户共同对故障现象所调查取证的材料、记录等资料予以签字确认，避免客户事后否认造成电费补收困难或引发服务事件。

3. 暴露问题

（1）用电检查人员、抄表人员责任心不强，对台区线损异常情况和客户电量异常分析不到位，未能及时发现计量异常情况。

（2）未及时对计量自动化系统的异常数据开展分析，根据异常报警时段，对异常信息进行分析；根据报警事件内容，核查遥测数据，对电压数据进行分析。并根据实际需要，将分析时间段延伸到第一次出现异常之前比对，及时发现计量装置异常情况，避免造成供电企业经济损失和带来的法律风险。

4. 整改措施

营销稽查人员提出整改意见，下达《营销稽查整改通知书》，按要求进行整改，并以《营销稽查整改情况反馈单》的书面形式限期反馈营销稽查部门，必要时营销稽查中心将对整改情况进行复查。

（1）责任单位切实提高工作人员的计量自动化系统业务水平培训，以 100% 覆盖自动化终端线路、台区的日线损率监测为切入点，从基础资料准确性、计量装置运行情况、用电信息异常等方面入手，对日线损率异常的线路、台区展开分析、比对，对存在明显异常情况进行核查，及时发现计量器具的异常情况，避免产生较大的电量差错，引发服务事件。

（2）按《电能计量装置技术管理规程》有关规定，与客户协商，对故障计量电能表拆回封存送检，按照检定数据差错率标准和参照计量点 0 的电量数据向客户补收漏计电量 10770kWh。

（3）对计量故障客户应及时根据封印完好情况进行计量装置故障或窃电情况的判断，应及时处理，认真进行事故分析，做好防范措施，避免异常时间过长造成电费补收困难或引发服务事件。

第五章 用电检查业务稽查

第一节 用电检查业务基础知识

用电检查是指供电企业为了维护正常的供用电秩序，保障供用电安全，以国家有关电力供应与使用的法律法规、方针、政策和电力行业标准、规范为准则，以事实为依据，安排用电检查人员对客户的安全用电、合法合规用电进行专业性检查与管理的全过程。

一、周期检查与专项检查

（1）周期检查计划制定应依照上级相关规定，结合本单位实际情况进行。编制、审核确定后的年度 / 月度周期检查计划可根据客户用电变更情况进行调整，但必须在原计划完成时间内进行。检查周期最长不应超过以下要求：

1）特级重要用户，每三个月检查一次。

2）35kV 及以上电压等级或一级重要用户，每半年检查一次。

3）10（6）kV 高压供电、装见总容量 1000kVA 及以上或二级重要用户，每年检查一次。

4）10（6）kV 高压供电、装见总容量 1000kVA 以下的客户，两年检查一次。

5）0.4kV 及以下的居民客户每年按不低于 1% 的比例进行抽查，其他客户每年按不低于 5% 的比例进行抽查。

（2）专项检查计划制定应根据上级管理部门下达（或由本层级申报并经上级管理部门批准）的专项工作任务进行。

（3）计划应按照用电检查业务管理组织架构与管理职责要求，实行逐级审核、审批，且计划的制定、审核、审批不应为同一人。

（4）用电检查人员已取得《用电检查证》，并符合证件适用范围。

（5）开展现场检查工作应依照以下程序：

1）执行用电检查任务前，用电检查人员应按规定填写、携带《用电检查工作单》或《用电检查（低压单项/批量）工作单》，经审核批准后，携带必要的工器具，并按规定穿着个人防护用品，方能执行检查任务。检查工作终结后，用电检查人员应将《用电检查工作单》交回存档。

2）《用电检查工作单》或《用电检查（低压单项/批量）工作单》内容包括：客户单位名称、用电检查人员及审批人员姓名、检查项目及内容、检查日期、检查结果以及客户代表签字等栏目。

3）实施现场检查时，用电检查人员的数量不得少于两人。

4）用电检查人员在执行检查任务时，应随身携带、主动出示《用电检查证》，并在客户的随同和配合下，按《用电检查工作单》或《用电检查（低压单项/批量）工作单》规定的项目和内容进行检查。

5）用电检查人员应遵守客户的保卫保密规定，不得在检查现场替代客户进行电工作业。

6）用电检查人员必须遵纪守法，依法检查，廉洁奉公，不徇私舞弊，不以电谋私。

（6）应对检查发现的问题及时处理。现场检查工作终结后，用电检查人员应完善用电检查工单中检查日期、检查结果等栏目的信息填写；各类用电检查工单、用电检查结果通知书上应有客户签名的位置，应按要求提请客户签名并留有客户联系电话。

二、客户受配电设备运行档案管理

客户受配电设备运行档案管理，是指对客户设备及运行数据、信息进行收集、保存并实时进行维护管理的过程。

（1）及时收集梳理客户设备运行档案信息，并保证其完整准确。

（2）建立常态化的档案维护机制。

三、客户进网作业电工资质管理

客户进网作业电工信息管理，是指对在客户的受电装置或者送电装置上，从事电气安装、试验、检修、运行等作业人员的基本信息、资质信息和业务培训信息进行检查、核对及登记管理的过程。

（1）应建立客户进网作业人员档案，完整、准确录入人员的基本信息、资质信息及业务培训信息等，发生变更时，要及时更新。

（2）为准确掌握客户进网作业人员作业资质与人员（数量）配置情况，供电方用电检查人员在从事客户端用电检查工作时，应对客户进网作业人员的作业资质进行检查、核对、登记。

（3）执行调度命令操作的双（多）路电源供电客户，应要求客户填报执行电力调度操作命令进行电气操作的人员名单（名单格式、信息内容要求由调度管理部门负责制定），审核后，及时上报电力调度管理部门。

四、客户侧电能质量管理

客户侧电能质量管理，是以提升客户服务水平为导向，结合用电检查工作的开展，收集客户侧电能质量信息并实施档案管理，通过跟踪与分析客户受电端电能质量数据，对发现的问题，采取针对性的措施，确保电能质量合格。

（1）结合用电检查工作的开展及客户有关电能质量的举报事项，开展调查，及时掌握客户端电能质量信息。

（2）建立客户电能质量信息管理档案并根据实际情况，实施信息的动态化管理。

（3）依照《供电营业规则》及国家相关技术标准，对客户受电端电能质量进行技术评定。对电能质量未能达标的情况开展分析、查找原因，制订针对性的整改措施并跟踪整改落实。

五、客户安全隐患整改

客户安全隐患整改，是指在用电检查过程中，对发现的客户用电安全隐患，针对性制定整改措施，并督促客户落实隐患整改工作的过程。

（1）督促客户根据《用电检查结果通知书》的要求，督促客户按期消除用电安全隐患，并告知其将整改情况及时书面反馈供电部门。

（2）接到客户整改复查申请或已到整改期限的，应及时开展现场复查。

（3）对未按期完成安全隐患整改或拒绝整改的客户，按有关程序报政府主管部门备案。

（4）对重要用户存在重大用电安全隐患或者对用电安全隐患不及时进行整改的，应报告地方政府有关部门，其中：

1）一、二级重要用户存在上述情况的，由供电企业定期向地市级有关部门报告。

2）特级重要用户存在上述情况的，由省电网公司及时报告省级有关部门和当地电力监管机构。

（5）对客户安全隐患的处理，如需供电方系统运维部门协助采取临时应急处置措施的，应及时向上级和系统运维部门呈报，并跟踪临时应急处置措施的落实。

六、客户电气安全事故（事件）的调查、处置与统计、报送管理

客户电气安全事故（事件）调查、处置与统计、报送管理，是指客户发生电气安全事故（事件）后，用电检查人员参与开展现场调查、分析事故（事件）原因，确定事故（事件）性质、责任和事故（事件）造成的损失，依照用电检查管理权限进行现场处置，制定客户端安全整改措施并跟踪落实以及对客户电气安全事故（事件）进行统计、报送的过程。

（1）客户电气安全事故（事件）发生后，用电检查人员应参与上级组织的事故（事件）调查工作。

（2）以下客户电气安全事故（事件）发生后，在规定时限内需填写《用户电气安全事件快报》上报公司市场营销部，在规定时限内需协助客户将详细事故报告再次上报公司市场营销部。

1）人身触电死亡。

2）导致电力系统停电。

3）专线掉闸或全厂停电。

4）电气火灾。

5）重要或大型电气设备损坏。

6）停电期间向电力系统倒送电。

（3）分析事故（事件）的原因应当按照实事求是的原则，根据现场调查的实际情况对事故进行客观公正的分析、判定。

（4）事故责任的认定及责任追究应以《中华人民共和国电力法》《中华人民共和国合同法》《供电营业规则》《电业生产事故调查规程》相关规定及与客户签订的《供用电合同》相关协议等为依据。责任认定的有效性应以供、用电双方（必要时还应有见证方）对事故报告材料的签字确认为准。

（5）积极协调相关方，确定赔偿金额及赔偿方式。

七、居民家用电器损坏理赔

居民家用电器损坏理赔，是指因发生电力运行事故导致电能质量劣化，引起居民客户家用电器损坏时，进行现场调查、分析和赔偿（索赔）处理的过程。

（1）供电企业在接到居民客户家用电器损坏投诉后，应在24h内派员赴现场进行调查、核实。

（2）从家用电器损坏之日起7日内，受害居民客户未向供电企业投诉并提

出索赔要求的，即视为受害者已自动放弃索赔权。超过 7 日的，供电企业不再负责其赔偿。

（3）在理赔处理中，供电企业与受害居民客户因赔偿问题达不成协议的，由县级以上电力管理部门调解，调解不成的，可向司法机关申请裁定。

（4）供电企业对居民客户家用电器损坏所支付的修理费用或赔偿费，由供电生产成本（或保险金）中列支。

（5）第三人责任致使居民客户家用电器损坏的，供电企业应协助受害居民客户向第三人索赔。

（6）应确保取证结果的合法性、完整性及有效性。

八、违约用电查处

违约用电查处，是指对客户危害供用电安全、扰乱正常供用电秩序等行为，依照有关规定，进行调查、处理的过程。

（1）应确保取证结果的合法性、完整性及有效性。

（2）应以法律、法规为准则，确保处理方案的正确性。

（3）确保处理方案执行到位。

（4）对于重大违约用电案件查处，需增加对外协调和处理力度的，应及时呈报上一级营销管理部门予以组织协调。

（5）违约客户拒绝接受供电方按规定处理，或违约客户的违约用电行为危及系统安全稳定运行时，经上级批准后，可按国家规定的程序中止供电，并可请求电力管理部门依法处理。

九、窃电查处

窃电查处，是指对客户窃电行为，依照窃电行为责任追究的有关规定，进行调查、处理的过程。

（1）应确保取证结果的合法性、完整性及有效性。

（2）窃电查处取证、认证，应积极寻求第三方特别是公安部门、技术监督部门的协助配合。

（3）现场检查确认有窃电行为的，对满足立即停电条件的窃电客户，应当场中止供电，制止其侵害。

（4）对于重大窃电案件查处，需增加对外协调和处理力度的，应及时呈报上一级营销管理部门予以组织协调。

（5）对于客户拒绝或阻碍用检人员现场查核及取证、认证工作时，应立即拨打110报警，请求公安人员予以协助、配合。

（6）对窃电事实确凿，而窃电户拒绝配合认证工作，应及时向公安部门申请刑事立案，走刑事侦破途径解决。

（7）窃电客户对供电方按照国家、行业法律、法规所制定的处理意见拒绝执行（包括对供电方处理意见无正当修改意见又不予以确认，或确认后不履行费用赔付责任等），应提请司法部门依法处理。

（8）窃电数额较大或情节严重的，应提请司法机关依法追究刑事责任，并可报请电力管理部门予以行政处罚。

（9）对举报和参与查处违约用电、窃电案件的人员和机构，应按照供电企业相关奖励办法执行。

十、重要用户安全用电管理

重要用户安全用电管理，是根据重要用户等级划分标准及相关认定工作要求，确定重要用户及其重要等级，在开展对重要用户用电检查基础上，督促、指导和协助重要用户开展用电安全隐患排查与治理、制定相应的电力保障预案并开展演练和落实，确保重要用户用电安全的过程。

（1）重要用户的认定原则上由客户根据网公司及地方政府有关部门确定的重要客户行业范围、分级标准和认定程序，通过申请审批成为重要用户。确定后的重要用户名单，应报当地电力监管机构备案。

（2）认真开展重要用户受（送）电工程检查、周期检查及专项检查。

（3）对于重要用户存在的用电安全隐患，及时通知并督促客户落实整改。

（4）完善签订各项责任协议，明确供、用双方电力保障权利和义务。

（5）应在全面、准确地掌握客户供电电源配置状况、重要负荷性质、特点及重要用电设备信息的基础上，建立"一户一册"（《重要客户档案管理手册》），并开展重要用户安全用电风险评估，针对评估结果所反映出的安全用电短板，确定责任归属，制定相应的整改与防范措施并加以跟踪、督促落实。

（6）加强与相关业务部门、责任单位的工作配合，跟踪及督促对重要用户各项供电保障措施的落实，在安排电网运行方式、有序用电、停电管理等方面优先考虑重要客户。

（7）制定和不断完善重要用户电力保障反事故措施预案，并定期与重要用户联合开展反事故措施预案演练，提高重要用户用电安全突发事故的应急处置能力。

（8）对临时性重要用户可不纳入重要用户的日常管理，可参照其他等级重要用户开展相应的用电安全检查管理，并应保存相关工作记录。

十一、专用变压器客户用电安全责任协议管理

为明确供、用双方电力保障权利和义务，应与客户完善签订各项用电安全责任协议。

（1）新装客户，应在接入电网前完善签订。

（2）已在用电的客户，应及时补充完善签订。

十二、用电检查人员资质管理

用电检查员资质管理，是对用电检查人员的基本信息及资质信息进行登记、维护的管理。

（1）用电检查员资格规定。

1）用电检查人员的资格分为一级用电检查资格、二级用电检查资格、三级用电检查资格三类。

2）申请不同用电检查资格应符合以下条件：

a. 申请一级用电检查资格者，应已取得电气专业高级工程师或工程师、高级技师资格；或者具有电气大专以上文化程度，并在用电岗位上连续工作五年以上；或者取得二级用电检查资格后，在用电检查岗位工作五年以上。

b. 申请二级用电检查资格者，应已取得电气专业工程师、助理工程师、技师资格；或者具有电气专业中专以上文化程度，并在用电岗位连续工作三年以上；或者取得三级用电检查资格后，在用电检查岗位工作三年以上。

c. 申请三级用电检查资格者，应已取得电气专业助理工程师、技术员资格；或者具有电气专业中专以上文化程度，并在用电检查岗位工作一年以上；或者已在用电检查岗位连续工作五年以上。

（2）考证、发证。

1）用电检查资格实行统一考试认定，其中一级用电检查资格由网级供电企业统一组织考试；二级、三级用电检查资格由省级供电企业统一组织考试。考试合格后发给相应的《用电检查资格证书》。

2）用电检查证书由网级供电企业统一监制。

（3）聘任为用电检查职务的人员，应具备下列条件：

1）作风正派，办事公道，廉洁奉公。

2）已取得相应等级《用电检查证》。

3）经过法律知识培训，熟悉与供用电业务有关的法律、法规、方针、政

策、技术标准以及供电管理规章制度，掌握相应的供用电业务与技术。

（4）证件适用范围如下：

1）三级用电检查员仅能担任 0.4kV 及以下电压受电的客户的用电检查工作。

2）二级用电检查员能担任 10（6）kV 及以下电压供电客户的用电检查工作。

3）一级用电检查员能担任 220kV 及以下电压供电客户的用电检查工作。

（5）《用电检查证》有效期五年，仅限本人使用，不得转让、借用。

（6）《用电检查证》遗失，由聘任单位申明作废后，向发证单位申请补发。

（7）被解聘的用电检查员或过期作废的《用电检查证》，由原聘任的用电检查机构负责收回，交发证单位集中销毁。

（8）用电检查人员资质信息发生变更时，应及时更新。

（9）各单位应加强对用电检查人员的管理和培训。在用电检查岗位工作、具备用电检查资格的人员应至少每两年接受一次专门培训。

第二节　用电检查业务风险点

一、周期检查计划

（1）风险点：未按计划开展客户用电安全检查。

风险管控措施：周期检查计划制订应结合本单位实际情况进行。编制、审核确定后的年度 / 月度周期检查计划可根据客户用电变更情况进行调整，但必须在原计划完成时间内进行。

（2）风险点：未按规定制订年度 / 月度用电检查计划。

风险管控措施：根据客户的电压等级、装见总容量及用电负荷等级分类，确定客户的检查周期，制订年度 / 月度周期检查计划。应在每年第四季度制订下一年度周期检查计划；在每月末制订下月度周期检查计划。

（3）风险点：计划（方案）不符合实际检查要求。

风险管控措施：周期检查计划、专项检查计划中应包含：检查对象（客户名称、客户编号、用电地址）、检查项目及内容、计划数量（按客户编号所对应的检查客户数量）、计划制订日期、计划检查日期、计划完成日期、计划制订人等内容。

（4）风险点：计划制订未按规定要求逐级审批。

风险管控措施：计划应按照用电检查业务管理组织架构与管理职责要求，实行逐级审核、审批，且计划的制订、审核、审批不应为同一人。

二、专项检查计划

（1）风险点：未经上级管理部门统一组织或批准下达的工作任务进行。

风险管控措施：专项检查计划制订应根据上级管理部门下达（或由本层级申报并经上级管理部门批准）的专项工作任务进行。

（2）风险点：未根据保供电、季节性、经营性等检查任务以及客户用电异常情况制订用电检查计划。

风险管控措施：根据保供电、季节性、经营性等检查任务以及客户用电异常情况制订用电检查计划。

（3）风险点：检查计划、方案不符合实际检查要求。

风险管控措施：对编制的年/月周期检查计划或专项检查计划进行审核、审批。确认计划安排的合理性及检查项目、检查内容的完整性。如审核通过，则形成最终的年度、月度周期检查计划或专项检查计划；如果审核不通过，应重新制订检查计划。

三、现场检查及资料归档

（1）风险点：检查记录、表单填写不规范。

风险管控措施：

1）严格按照用电检查作业指导书上要求进行填写。

2）采用现场 APP 终端开展作业，工单填写不规范，不能传递工单。

（2）风险点：现场检查少于两人执行。

风险管控措施：

1）实施现场检查时，用电检查人数不得不少于两人执行。现场检查工单需由二人签名确认。

2）采用现场 APP 终端开展作业及时上传工作记录。

（3）风险点：检查项目缺漏或检查不到位。

风险管控措施：

1）严格按照用电检查作业指导书上项目进行检查。

2）采用现场 APP 终端开展作业，工单填写不规范，不能传递工单。

3）加强检查资料归档审核。

（4）风险点：发现问题未派发整改通知单。

风险管控措施：

1）对检查工作质量进行抽查。

2）采用现场 APP 终端开展作业，记录发现问题，并必须派发整改通知单。

（5）风险点：未对每月无功补偿不达标的客户下发通知书。

风险管控措施：每月定期筛选无功补偿不达标的客户，协助客户查找无功补偿不达标的原因，通过整改通知书督促客户进行整改并形成记录。

（6）风险点：未向客户下发《专变用户低压欠压脱扣处置措施告知书》。

风险管控措施：

1）必须按照规定向新装客户在接入电网前完善签订，已在用电的客户，应及时补充完成。

2）形成专变客户低压欠压脱扣处置台账并更新。

（7）风险点：用电检查资料缺失。

风险管控措施：

1）由专人及时进行整理汇总、登记、存放，保存好用电检查资料，带备专用的文件夹进行保管。

2）加强检查资料归档审核。

（8）风险点：未建立和及时更新客户相关电气设备、自备电源、进网电工信息台账、客户侧电能质量信息与档案。

风险管控措施：按照用电检查管理规定建立和及时更新客户相关电气设备、自备电源、进网电工信息台账、客户侧电能质量信息与档案。

（9）风险点：配备自备应急发电机的客户未签订《用户自备（应急）电源安全使用协议》。

风险管控措施：

1）必须按照规定向新装客户在接入电网前完善签订，已在用电的客户，应及时补充完成。

2）建立客户自备（应急）电源台账并每月更新。

四、用检发现问题整改反馈

（1）风险点：未及时跟踪和复查整改情况。

风险管控措施：

1）跟踪复查期限及时跟踪和复查整改情况。

2）每月底审查归档资料，跟踪和复查整改情况，形成整改复查统计表。

（2）风险点：对未能实施整改或整改不到位的客户，未上报政府主管部门备案。

风险管控措施：

1）严格按照有关程序及时上报上级部门处理。

2）落实每半年一次对拒不整改的客户，上报政府主管部门备案的管理制度要求。

（3）风险点：整改（核查）填报不真实、不准确。

风险管控措施：

1）严格按照规定填报整改（核查）情况。

2）对检查工作质量进行抽查，并对检查工作质量进行考核。

五、客户电气事故（事件）

（1）风险点：未对客户电气安全事故进行查处。

风险管控措施：客户电气安全事故（事件）发生后，用电检查人员应参与上级组织的事故（事件）调查工作。

（2）风险点：事故（事件）调查、分析不准确。

风险管控措施：分析事故（事件）的原因应当按照实事求是的原则，根据现场调查的实际情况对事故进行客观公正的分析、判定。

（3）风险点：未按规定及时上报事故（事件）信息和调查报告。

风险管控措施：客户电气安全事故（事件）发生后48小时内填写《用户电气安全事件快报》报公司市场营销部。

（4）风险点：未对客户下发《用电检查结果通知书》。

风险管控措施：在查明、确认引起系统故障事件的原因为客户（设备故障或电气误操作）原因并完成责任认定与确认工作后，对客户下发《用电检查结果通知书》一式两份，由客户代表签收确认，一份送达客户，一份存档备查。

（5）风险点：客户故障设备修复后投运前，未通知客户按要求提交故障设备修复后电气试验（合格）报告。

风险管控措施：开展客户故障设备修复后投运前的现场查验时，必须要求客户提交故障设备修复后电气试验（合格）报告。

（6）风险点：调查材料无客户签字确认。

风险管控措施：事故（事件）报告须由供电方代表、客户代表（必要时还应有第三方/见证方）签名确认。

六、居民家电损坏调查

（1）风险点：接到居民客户家用电器损坏投诉后，未在 24 小时内赴现场进行调查、核实。

风险管控措施：当接到居民客户家用电器损坏投诉后，用电检查人员应在 24 小时内开展事故现场调查取证。

（2）风险点：现场未按规定采取现场记录、拍照和摄像等手段进行取证存档，未对事故发生情况进行登记。

风险管控措施：对事故做好现场记录、拍照和摄像等手段进行取证、存档；对事故发生情况进行登记，包括事故发生时间、地点、事故接报日期、事故原因等。

（3）风险点：居民家电损坏调查错误认定责任归属。

风险管控措施：根据现场取证材料，开展事故分析和责任认定，形成居民客户家用电器损坏事故调查报告。

七、窃电、违约用电查处

（1）风险点：用电检查不到位，未发现违约用电行为。

风险管控措施：

1）在周期检查、专项检查工作认真负责，当发现的客户违约用电信息时开展现场核查。

2）根据举报、班组移交信息后，迅速组织合适的用电检查人员开展查处工作。

3）现场检查人员不得少于两人，并经验较为丰富的，沟通能力较强的检查人员。

（2）风险点：未按规定查处窃电行为。

风险管控措施：严格按照广东电网有限责任公司用电检查管理细则要求，对窃电客户依照有关规定进行现场检查工作。

（3）风险点：未按规定在营销系统发起窃电、违约用电查处流程，录入系统信息不完整、不准确。

风险管控措施：按规定在营销系统发起窃电、违约用电查处流程，录入系统内容确保正确、完整。

（4）风险点：未正确追补电量电费、违约使用电费。

风险管控措施：严格按照供电营业规则要求，结合现场取证、营销系统和计量自动化系统提取的数据、第三方提供报告、客户提供证明材料，确保追补方案公正合理，且追补方案经集体讨论确定的。

（5）风险点：审批流程不到位。

风险管控措施：严格执行违约用电、窃电的客户追补方案经各级审核与审批确定后，拟订《客户违约用电处理结果确认书》或《客户窃电处理结果确认书》的审批流程。

（6）风险点：现场取证材料不完整、不规范。

风险管控措施：严格按照有关规定要求，用电检查工作规范表格或营销系统表单应准确、具体、完整填写，确保现场取证材料合法性、完整性及有效性。

（7）风险点：现场检查记录表单、通知书填写错误或不完整的。

风险管控措施：严格按照有关规定要求，用电检查工作规范表格或营销系统表单应准确、具体、完整填写，送达客户并由客户或客户代表签名及打指模/盖公章确认，确保资料合法性、完整性及有效性。

八、重要用户管理

（1）风险点：未按规定开展用电安全风险评估。

风险管控措施：重要用户每年开展一次风险评估，包括供电电源、自备应急电源、设备状况、电房环境等。

（2）风险点：未建立重要用户清单或未报相关政府主管部门审定备案。

风险管控措施：市场营销部门应在职责范围内配合地方政府有关部门做好重要用户的认定工作，建立重要用户清单或未报相关政府主管部门审定备案。

（3）风险点：重要用户等级分类不正确。

风险管控措施：根据供电可靠性的要求以及中断供电危害程度，将重要用户分为特级、一级和二级。

（4）风险点：未建立重要用户"一户一册"档案管理。

风险管控措施：对重要用户应建立"一户一册"档案，实行动态管理，及时更新完善重要用户档案信息。

（5）风险点：未对重要用户"一户一册"档案及时进行动态维护或档案数据信息完整率未达 95%。

风险管控措施：重要用户"一户一册"档案应纳入营销信息系统统一管理，及时进行动态维护，数据信息完整率达 95%，确保数据准确可靠。

（6）风险点：重要用户"应急包"信息未在营销系统实时维护，"应急包"、电力保障手册信息与现场不一致。

风险管控措施：加强重要用户信息管理，完善营销系统重要用户"应急包"建设，重要用户相关信息发生变更时，应在发生变更后一周内进行信息维护。

（7）风险点：一、二级重要用户供电电源配置未符合要求。

风险管控措施：重要用户应向供电企业申请配置符合其重要等级要求的供电电源。

（8）风险点：重要用户自备应急电源配置或使用情况不符合要求。

风险管控措施：重要用户应按照国家有关规定、技术规范和标准，合理配置自备应急电源。

（9）风险点：重要用户运维人员配置未符合要求。

风险管控措施：加强重要用户进网作业人员管理，客户进网作业人员应持有电力监管机构颁发的《电工进网作业许可证》。

（10）风险点：发现重要用户存在重大用电安全隐患或者对用电安全隐患不及时进行整改的，未报告地方政府有关部门并存档。

风险管控措施：发现重要用户存在重大用电安全隐患或者对用电安全隐患不及时进行整改的，应报告地方政府有关部门并存档。

（11）风险点：未督促指导重要用户制订保供电应急预案。

风险管控措施：督促指导重要用户制定保供电应急预案，组织重要用户开展应急演练，检验重要用户突发事故应急处置能力。

（12）风险点：未组织重要用户开展应急演练。

风险管控措施：督促指导重要用户制定保供电应急预案，组织重要客户开展应急演练，检验重要用户突发事故应急处置能力。特级、一级重要用户每年一次，二级重要用户为每两年一次。

九、用电检查资格

风险点：用电检查人员未按持证级别，在所属营业区内规定的电压等级客户端从事用电检查工作。

风险管控措施：用电检查人员应按持证级别，在所属营业区内规定的电压等级客户端从事用电检查工作。用电检查资格分为一级、二级和三级三类。

第三节　用电检查业务稽查要点

一、周期检查计划稽查

（1）风险点：未按计划开展客户用电安全检查。

稽查要点：通过比对营销系统年度/月度周期用电检查计划与实体《用电检查工作单》或《用电检查（低压单项/批量）工作单》，稽查用电安全检查工作是否在原计划完成时间内进行。

（2）风险点：未按规定制订年度、月度用电检查计划。

稽查要点：查看营销系统年度 / 月度周期用电检查计划，稽查是否根据客户的电压等级、装见总容量及用电负荷等级分类，确定客户的检查周期，制订年度 / 月度周期检查计划；是否在每年第四季度制订下一年度周期检查计划；是否在每月末制订下月度周期检查计划。

（3）风险点：计划（方案）不符合实际检查要求。

稽查要点：查看营销系统年度 / 月度周期用电检查计划，稽查周期检查计划中是否包含：检查对象（客户名称、客户编号、用电地址）、检查项目及内容、计划数量（按客户编号所对应的检查客户数量）、计划制订日期、计划检查日期、计划完成日期、计划制订人等内容。

（4）风险点：计划制订未按规定要求逐级审批。

稽查要点：查看营销系统年度 / 月度周期用电检查计划审批流程，稽查是否按照用电检查业务管理组织架构与管理职责要求逐级审核、审批计划，且计划的制订、审核、审批是否为同一人。

二、专项检查计划

（1）风险点：未经上级管理部门统一组织或批准下达的工作任务进行。

稽查要点：查看营销系统专项用电检查计划，核查专项用电检查计划来源，稽查专项检查计划制订是否根据上级管理部门下达（或由本层级申报并经上级管理部门批准）的专项工作任务进行。

（2）风险点：未根据保供电、季节性、经营性等检查任务以及客户用电异常情况制订用电检查计划。

稽查要点：稽查上级下达的保供电、季节性、经营性的检查任务及前期客户周期用电安全检查发现的异常情况，查看营销系统是否对应编制了专项用电检查计划。

（3）风险点：检查计划、方案不符合实际检查要求。

稽查要点：查看营销系统年度 / 月度周期用电检查计划，稽查专项检查计划中是否包含：检查对象（客户名称、客户编号、用电地址）、检查项目及内容、计划数量（按客户编号所对应的检查客户数量）、计划制订日期、计划检查日期、计划完成日期、计划制订人等内容。

三、现场检查及资料归档

（1）风险点：检查记录、表单填写不规范。

稽查要点：查看实体检查记录、表单，稽查用电检查人员是否根据检查情况填写客户用电检查工作单，填写是否规范，准确，项目齐全，是否请客户核对无误、无漏后双方签名确认。

（2）风险点：现场检查少于两人执行。

稽查要点：稽查营销系统用电检查派工记录与实体工作记录人员是否一致，是否不少于两人。

（3）风险点：检查项目缺漏或检查不到位。

稽查要点：通过现场检查客户用电安全情况、核查实体用电检查工作单及营销系统用电检查工作记录，稽查是否根据《用电检查工作单》或《用电检查（低压单项/批量）工作单》中的检查项目及内容开展现场检查，客户现场实际与工作记录是否一致。

（4）风险点：发现问题未派发整改通知单。

稽查要点：稽查经用电检查人员现场检查确认的客户设备状况、电工作业行为、运行管理等方面不符合安全规定、存在用电安全隐患情况，或者在电力使用上违反国家有关规定的情况，是否开具《用电检查结果通知书》或《用户违约用电、窃电通知书》，一式两份，由客户代表签收确认，一份送达客户，一份存档备查。

（5）风险点：未对每月无功补偿不达标的客户下发通知书。

稽查要点：稽查供电部门对于月度功率因数低于考核标准10个百分点的客户（节假日及非正常生产日期除外），是否形成《客户节能告知单》，随电费通知单或走访等形式送达客户；对于同一个客户，是否每年告知一次。

（6）风险点：未向客户下发《专变用户低压欠压脱扣处置措施告知书》。

稽查要点：稽查用电检查人员对专用变压器客户，是否派送受电变压器低压侧开关（包括变压器低压总开关低压母线分段/联络开关等）《专变用户低压欠压脱扣处置措施告知书》；是否提请客户交付《专变用户低压欠压脱扣装置处置措施确认表》。

（7）风险点：用电检查资料缺失。

稽查要点：稽查周期检查工作中所涉及的检查情况及处理结果信息、所产生的客户签字确认的表单、记录、协议等文本资料，是否由专人及时进行整理汇总、登记、存放，并在营销管理信息系统录入或扫描上传、保存。

（8）风险点：未建立和及时更新客户相关电气设备、自备电源、进网电工信息台账、客户侧电能质量信息与档案。

稽查要点：稽查供电企业是否及时收集梳理客户设备运行档案信息，并保证其完整准确；是否建立客户进网作业人员档案，完整、准确录入人员的基本信息、资质信息及业务培训信息等，发生变更时，是否及时更新。

（9）风险点：配备自备应急发电机的客户未签订《用户自备（应急）电源安全使用协议》。

稽查要点：稽查供电部门与有自备电源的客户，是否签订《用户自备（应急）电源安全使用协议》。

四、用检发现问题整改反馈

（1）风险点：未及时跟踪和复查整改情况。

稽查要点：稽查供电企业是否在接到客户整改复查申请的规定时限内，或按《用电检查结果通知书》整改期限到期时间，开展现场复查。

（2）风险点：对未能实施整改或整改不到位的客户，未上报政府主管部门备案。

稽查要点：稽查供电企业对于客户未能实施整改或整改不到位的，是否再次以《用电检查结果通知书》的书面形式通知客户整改，是否以本区/县或地市级供电局为单位，抄报同级政府相关管理部门备案；对于重要用户、重点关注用户，是否首次检查发现安全隐患问题时及复查未整改或未能完善整改时，以地市级供电局为单位及时报送公司及地市级政府相关管理部门备案。

（3）风险点：整改（核查）填报不真实、不准确。

稽查要点：稽查客户实际整改情况是否与整改（核查）填报情况一致。

五、客户电气事故（事件）

（1）风险点：未对客户电气安全事故进行查处。

稽查要点：查询客户事故出门事件清单及调查取证记录，稽查供电企业收到或获悉客户原因引起系统故障事件、客户电气安全事件报告、信息后，是否按规定派员调查，用电检查人员是否参与开展事故现场调查取证。

（2）风险点：事故（事件）调查、分析不准确。

稽查要点：查看调查材料及事故（事件）现场，稽查事故（事件）的原因分析是否实事求是，判定是否客观公正。

（3）风险点：未按规定及时上报事故（事件）信息和调查报告。

稽查要点：稽查客户电气安全事故（事件）发生后规定时间内是否填写《用户电气安全事件快报》报公司市场营销部（可在营销信息管理系统中填报相关信息）；客户电气安全事故（事件）发生后规定时限内是否完成含有事故经过、事故性质、事故责任和事故造成的损失为必要内容的事故（事件）报告的提交工作。

（4）风险点：未对客户下发《用电检查结果通知书》。

稽查要点：稽查供电企业在查明、确认引起系统故障事件的原因为客户（设备故障或电气误操作）原因并完成责任认定与确认工作后，是否对客户下发《用电检查结果通知书》，一式两份，由客户代表签收确认，一份送达客户，一份存档备查。是否督促客户修复故障设备、排除事故隐患（包括电气从业人员专业技能培训/考核达标、具备相应资质的整改）。

（5）风险点：客户故障设备修复后投运前，未通知客户按要求提交故障设备修复后电气试验（合格）报告。

稽查要点：稽查供电企业在开展客户故障设备修复后投运前的现场查验时，是否要求客户提交故障设备修复后电气试验（合格）报告。

（6）风险点：调查材料无客户签字确认。

稽查要点：稽查事故（事件）报告是否由供电方代表、客户代表（必要时还应有第三方/见证方）签名确认。

六、居民家电损坏调查

（1）风险点：接到居民客户家用电器损坏投诉后，未在24h内赴现场进行调查、核实。

稽查要点：稽查供电企业在收到客户家用电器损坏投诉信息后，是否于24h内开展事故现场调查取证。

（2）风险点：现场未按规定采取现场记录、拍照和摄像等手段进行取证存档，未对事故发生情况进行登记。

稽查要点：稽查用电检查人员是否采取现场记录、拍照和摄像等手段进行取证存档；对事故发生情况进行登记，是否包括事故发生时间、地点、事故接报日期、事故原因等。

（3）风险点：居民家电损坏调查错误认定责任归属。

稽查要点：稽查现场取证材料，是否依照《居民用户家用电器损坏处理办法》中有关供电部门电力运行责任事故的界定条款，开展事故分析和责任认定，形成居民客户家用电器损坏事故调查报告。

七、窃电、违约用电查处

（1）风险点：用电检查不到位，未发现违约用电行为。

稽查要点：排查违约用电行为，确认违约用电开始时间，稽查违约用电期间供电企业是否曾对稽查排查发现的违约用电客户开展用电检查，是否存在因用电检查不到位导致未发现违约用电行为的情况。违约用电行为常用的排查方法如下：

1）擅自改变用电类别。主要是通过营销系统或核算台账筛选执行电价低且用电量大的客户，列为主要检查对象。

2）擅自超过合同约定容量用电。实践中主要有以下三种方式予以判别：一是通过计量自动化系统来查看其某一阶段最大用电负荷；二是根据用电量、收集整理班次折算其用电负荷；三是通过高低压钳形电流表现场测试其用电负荷。

对于用电负荷超出设备运行容量 125% 的客户，应重点检查、核对相关用电设备。首先，应要求其提供各变压器（高压电动机）的明细，询问清楚安装位置；其次，根据提供明细现场复核，检查是否存在设备无铭牌或铭牌更换现象。在上述复核无误后，还应查清负荷出线柜出线电缆条数，按照电缆走径，逐一核对用电设备。

3）擅自超过计划分配指标用电：主要通过计量自动化系统监测，对发现用电负荷超过计划分配指标的，应进行现场检查，对检查属实的可要求其承担违约责任。

4）擅自使用办理暂停或临时减容手续，或者擅自启用已经封存的电力设备：一是根据计量自动化系统监测其最大用电负荷；二是根据售电量、生产班次折算其用电负荷。对于用电负荷明显超出办理暂停后设备总容量、或超出临时减容手续后设备容量的，可列为重点检查对象。同时，对现场检查发现有私自更动或伪造负荷开关封印的，也可视为存在擅自开启使用的违约嫌疑。

5）擅自迁移、更动和擅自操作用电计量装置、电力负荷控制装置、供电设施以及约定由供电企业调度的客户受电设备：一是查看用电计量装置封印的完好性；二是检查相关负控装置、供电设施的位置是否发生了改变；三是检查约定由供电企业调度的受电设备是否存在更动现象。

6）未经供电企业许可，擅自引入、供出电源或者将自备电源擅自并网：一是检查本区域客户用电量是否异常减少，此时可能其引入第二电源；二是检查本区域或客户用电量是否突然增大，此时可能其存在转供电问题；三是在供用电设施计划检修或临时检修时，检查客户是否存在自供用电现象，对该类客户重点检查其发电机并网手续及相关安全措施。

（2）风险点：未按规定查处窃电行为。

稽查要点：排查窃电行为，确认窃电开始时间，稽查窃电期间供电部门是否曾对稽查排查发现的窃电客户开展用电检查，是否存在因用电检查不到位导致未发现窃电行为的情况。

（3）风险点：未按规定在营销系统发起窃电、违约用电查处流程，录入系统信息不完整、不准确。

稽查要点：校对窃电、违约用电查处实体资料与营销系统窃电、违约用电工作单，稽查是否存在未按规定在营销系统发起窃电、违约用电查处流程的情况，录入系统内容是否正确、完整。

（4）风险点：未正确追补电量电费、违约使用电费。

稽查要点：按照《供电营业规则》规定，结合现场取证、营销系统和计量自动化系统提取的数据、第三方提供报告、客户提供证明材料，稽查供电企业拟定的追补方案是否准确，追补方案是否经集体讨论确定的。

（5）风险点：审批流程不到位。

稽查要点：稽查违约用电、窃电的客户追补方案是否按规定经各级审核与审批确定。

（6）风险点：现场取证材料不完整、不规范。

稽查要点：稽查用电检查人员现场取证是否完整，是否围绕以下三个方面开展现场取证工作：

1）窃电行为类型，即客户通过何种方式、使用哪些设施或工具实施窃电。

2）窃电主体，即由谁实施了窃电行为。

3）窃电量，即客户盗窃了多少电量。

（7）风险点：现场检查记录表单、通知书填写错误或不完整的。

稽查要点：稽查用电检查工作规范表格或营销系统表单是否准确、具体、完整填写，是否送达客户并由客户或客户代表签名及打指模 / 盖公章确认，资料是否合法、完整及有效。

八、重要用户管理

（1）风险点：未按规定开展用电安全风险评估。

稽查要点：稽查供电企业是否对重要用户每年开展一次风险评估，包括供电电源、自备应急电源、设备状况、电房环境等。

（2）风险点：未建立重要用户清单或未报相关政府主管部门审定备案。

稽查要点：已正常用电的客户属于重要用户范围的，稽查供电企业是否进行梳理，并填写出具《重要客户确认告知书》书面告知客户后，按照相关要求组织客户办理申报程序。无法准确确定客户重要等级的或客户存在异议的，是否提交地方政府有关部门进行处理。

（3）风险点：重要用户等级分类不正确。

稽查要点：稽查重要用户等级划分是否符合以下标准：

1）特级重要用户是指在管理国家事务工作中特别重要，中断供电将危害国家安全的电力客户。

2）一级重要用户，是指中断供电将可能产生下列后果之一的：

a. 直接引发人身伤亡的。

b. 造成环境严重污染的。

c. 发生中毒、爆炸或火灾的。

d. 造成重大政治影响的。

e. 造成重大经济损失的。

f. 造成较大范围社会公共秩序严重混乱的。

3）二级重要用户是指中断供电将可能产生下列后果之一的：

a. 造成较大政治影响的。

b. 造成较大环境污染的。

c. 造成较大经济损失的。

d. 造成一定范围社会公共秩序严重混乱的。

4）临时性重要用户：指需要临时特殊供电保障的电力客户。

（4）风险点：未建立重要用户"一户一册"档案管理。

稽查要点：稽查供电企业是否为重要用户建立"一户一册"档案（参照《重要客户档案管理手册》模板），是否实行动态管理，及时更新完善重要用户档案信息。

（5）风险点：未对重要客户"一户一册"档案及时进行动态维护或档案数据信息完整率未达95%。

稽查要点：稽查供电企业是否将重要客户"一户一册"档案纳入营销信息系统统一管理，是否及时进行动态维护，数据信息完整率是否达95%，数据是否准确可靠。

（6）风险点：重要客户"应急包"信息未在营销系统实时维护，"应急包"、电力保障手册信息与现场不一致。

稽查要点：稽查重要用户信息管理，营销系统重要用户"应急包"建设是否完善，重要用户相关信息发生变更时，是否在发生变更后一周内进行信息维护。

（7）风险点：一、二级重要用户供电电源配置未符合要求。

稽查要点：稽查重要用户供电电源的配置是否符合以下要求：

1）特级重要用户具备三路电源供电条件，其中的两路电源应当来自两个不同的变电站，当任何两路电源发生故障时，第三路电源能保证独立正常供电。

2）一级重要用户具备两路电源供电条件，两路电源应当来自两个不同的变电站，当一路电源发生故障时，另一路电源能保证独立正常供电。

3）二级重要用户具备双回路供电条件，供电电源可以来自同一个变电站的不同母线段。

4）临时性重要用户按照供电负荷重要性，在条件允许情况下，可以通过临时架线等方式具备双回路或两路以上电源供电条件。

（8）风险点：重要用户自备应急电源配置或使用情况不符合要求。

稽查要点：稽查重要用户是否按照国家有关规定、技术规范和标准，合理配置自备应急电源。重要用户的自备应急电源配置是否符合以下要求：

1）自备应急电源配置容量标准应达到保安负荷的120%。

2）自备应急电源启动时间应满足安全要求。

3）自备应急电源与电网电源之间应装设可靠的电气或机械闭锁装置，防止倒送电。

（9）风险点：重要用户运维人员配置未符合要求。

稽查要点：稽查重要用户运维人员配置是否符合《关于印发南方区域电力用户（配）电站运行维护人员配置指导意见（试行）的通知》第六条要求：

1）特级重要电力用户：应至少按三班轮值制配备专职运维电工，每班至少3人且应满足平均每个配电室每班1.5人的配置要求。按照一个配电室每班3人共9人、两个配电室每班3人共9人、三个配电室每班5人共15人的标准配置，依此类推。

2）一级重要电力用户：应至少按三班轮值制配备专职运维电工，每班至少2人且应满足平均每个配电室每班1人的配置要求。按照一个配电室每班2人共6人、两个配电室每班2人共6人、三个配电室每班3人共9人的标准配置，依此类推。

3）二级重要用户：单电源受电容量在315kVA及以上或有高压配电室、或是多电源受电的电力客户变（配）电所应有专职运维电工24小时值班，每班至少2人。执行两班轮值制的不少于4人，实行三班轮值制的不少于6人。

（10）风险点：发现重要用户存在重大用电安全隐患或者对用电安全隐患不及时进行整改的，未报告地方政府有关部门并存档。

稽查要点：稽查供电企业在检查过程中发现重要用户存在用电安全隐患，

是否告知并指导其制定整改方案，并督促其及时进行整改。发现重要用户存在重大用电安全隐患或者对用电安全隐患不及时进行整改，是否报告地方政府有关部门并存档，其中：

1）一、二级重要客户存在上述情况的，是否由供电企业定期向地市级有关部门报告。

2）特级重要客户存在上述情况的，是否由省电网公司及时报告省级有关部门和当地电力监管机构。

（11）风险点：未督促指导重要用户制定保供电应急预案。

稽查要点：稽查供电企业是否督促指导重要用户制定保供电应急预案，组织重要用户开展应急演练，检验重要用户突发事故应急处置能力。

（12）风险点：未组织重要客户开展应急演练。

稽查要点：稽查供电企业是否组织重要用户开展应急演练，特级、一级重要客户是否达到每年一次，二级重要客户是否达到每两年一次。联合演练中是否做好安全防护措施，是否存在擅自操作客户电气设备情况，是否执行全过程安全监护。

九、用电检查资格

风险点：用电检查人员未按持证级别，在所属营业区内规定的电压等级客户端从事用电检查工作。

风险管控措施：稽查用电检查人员是否按持证级别，在所属营业区内规定的电压等级客户端从事用电检查工作。用电检查资格分为一级、二级和三级三类。其中：

（1）三级用电检查员仅能担任0.4kV及以下电压受电的客户的用电检查工作。

（2）二级用电检查员能担任10（6）kV及以下电压供电客户的用电检查工作。

（3）一级用电检查员能担任220kV及以下电压供电客户的用电检查工作。

第四节　用电检查业务典型案例分析

稽查部门应设立专职大用电客户稽查员，负责建立大用电客户用电设备台账，每月对大用电客户用电量进行跟踪分析，特别是对配电变压器容量、台数投运情况进行核实比较。由于重要用户专线供电出线回路多，生产车间多，电力变压器安装分散，用电稽查人员应配合用电检查人员赴有关单位进行日常检查、专项检查并随时随地收集资料，有计划地参与用电部门安排的用电大普查工作，稽查部门重点是查违约用电、窃电。

大客户、重要用户计量装置大多数安装在供电企业运行维护的变电站，稽查部门应重点稽查分析月销售电量报表和抄表工作质量，同时对多回供电线路、电力变压器实际投运使用容量、台数进行稽查，分析用电量增（减）变化原因，掌握一个基本规律，建立用电量台账，进行电量分析。

对公用线路工业用电客户，稽查部门重点稽查计量配备，核实安装在客户侧计量装置是否与工作单、抄表卡、表库台账、出库卡、表号、型号、容量、出厂编号、TA 变比、TV 型号及生产厂家一致，现场核实后将资料输入稽查专用台账。

稽查大电量用电客户在供电企业业扩部门报装时申请的变压器投运容量和台数。每月投运的变压器容量和台数是否和初次报装容量一致。用电客户申请减容、暂停、暂换的变压器容量和台数是否按规定报停程序手续办理，用电检查部门是否到现场核对并对减容、暂停、暂换下的变压器加封。

配合用电检查人员稽查安装在客户侧计量装置是否按计量规程要求安装TA、电能表，二次接线是否整齐，二次端接线盒、大表盖、接线桩小盖在施工后是否加有专用铅封，电能表的底码是否填写清楚，客户是否在工作单上签字确认。

对基础资料的审查和现场熟悉是电力营销稽查人员开展违约用电和反窃电处理工作的前提，电力营销稽查部门应在日常工作中做好资料收集工作，建立稽查台账是为防止和查处少数客户窃电、违约用电及处理的稽查手段。

一、用电检查结果与客户现场实际不一致案例

1. 案例介绍

2013 年下半年，某供电局某供电所工作人员对某公司开展用电检查，用电检查工作单记录结果为合格，但客户现场存在严重安全隐患（配电房内外堆满杂物，变压器周边长满杂草）。该户属于普通工业用电，专用变压器容量为 250kVA，如出现配电房内供电线路故障等问题，可能导致日均损失电量约1514kWh 或用电纠纷等。工作人员用电检查不到位，存在用电检查结果与客户现场实际不一致现象。

2. 稽查情况

2013 年 9 月，稽查人员对某供电所开展常态稽查，现场稽查用电检查的

纸质资料，发现大部分用电检查工作单的检查结果为合格后，抽查部分专用变压器客户的用电现场情况，发现客户现场存在严重安全隐患（配电房内外堆满杂物，变压器周边长满杂草）。

3. 暴露问题

某供电局某供电所工作人员工作责任心不强，未切实开展用电检查工作，违反了《广东电网有限责任公司用电检查管理细则》"9.1.2.5.1 经现场检查确认客户的设备状况、电工作业行为、运行管理等方面有不符合安全规定、存在用电安全隐患的，或者在电力使用上有违反国家有关规定的，用电检查人员应开具《用电检查结果通知书》或《客户违约用电、窃电通知书》，通知书一式两份由客户代表签收确认，一份送达客户，一份存档备查"规定。

4. 整改措施

（1）某供电所工作人员应按照《广东电网有限责任公司用电检查管理细则》，根据《用电检查工作单》中的检查项目及内容开展现场检查。对该户出具《用电检查结果通知书》，并督促客户整改。

（2）对责任人员开展业务培训及批评教育。

（3）加强稽查，并将问题整改作为下次稽查重点，防止屡查屡犯。

二、用电设施整改不到位，危及电网安全案例

1. 案例介绍

某饲料实业公司，装有 2 台 1600kVA 油浸式变压器，2012 年 2 月稽查发现该户高压配电房直流屏故障退出运行，在没有工作电源的情况下，全套继电保护装置实际已失去作用，一旦发生事故将直接危及电网安全运行。检查供电所用检资料发现，实际供电所用检员早在 2009 年 8 月已发现该客户直流屏退出运行问题，后续虽几次派发整改通知，但一直未能采取有效措施督促客户落实整改。

2. 稽查情况

2012 年 2 月，稽查人员对某供电所开展常态稽查，在用检资料与现场一致性检查过程中发现，客户安全隐患一直未落实整改。

3. 暴露问题

（1）用检人员安全意识薄弱。对此类危及电网安全的客户严重安全隐患，重视不足，既未及时上报，几年时间里也未能有效督促客户整改。

（2）区局在保障用电安全、防止"客户事故出门"方面的管理措施不到位，特别是客户重大安全隐患的上报和跟进处理机制仍需完善。

4. 整改措施

（1）严格落实省公司关于加强客户用电安全管理和防止"客户事故出门"的相关管理措施，进一步加大对重要用户、大客户的用电安全管理力度，对逾期未预试、定检的电气设备及继保装置，应派发整改通知单，以书面形式向客户告知电气设备和保护装置的试验及检验周期要求，并由客户签收，督促客户在规定时间内整改，引导客户由"要我安全"向"我要安全"逐步转变。

（2）完善相应的管理措施，对超出检验周期的客户受电装置及时跟进处置。加强与地方政府沟通，争取更大的支持；促进政府出台监督客户安全用电管理的相关法律法规，共同推进客户安全用电工作的开展；对拒不整改的，以正式文件的形式提请电力监管或政府电力主管部门督促其进行整改。如存在重大安全隐患的，经政府电力主管部门同意后对其暂停供电，确保电网的安全可靠运行。

三、多类电价客户未定期核定定比计价案例

1. 案例介绍

案例1：某供电所某商贸城，用电容量为125kW，建于20世纪90年代初，现场用电范围为26栋商住楼，商铺及单身公寓等共5000多户，但常住只有100户左右。根据某府办〔2001〕119号文件的要求，小区供电设施不符合移交条件，管理方某商贸城联合发展有限公司不愿意补建配套供电设施，供电设备尚未移交，属于表后线路，故未实施抄表到户。用电情况较复杂，用电结构不稳定，存在多种用电性质。目前执行电价为商业、非工业、住宅三类电价定比计价，从2004年11月执行至今，定比未发生变化。

案例2：某供电所客户陈某，变压器容量为100kW，目前执行电价为商业、住宅两类电价定比计价，多年定比未发生变化。

上述两个案例存在未定期开展定比计价客户的电价核定的问题。

2. 稽查情况

利用目前营销系统营销稽查模块的现有稽查规则为基础，筛选出定比计量客户的名单，从中抽取定比计量客户样本，安排现场进行稽查，核查其目前现场的用电分类的大致情况，从而判断是否定比已发生变化，再结合查看供电所用检工作记录，是否有相关定期核定定比电价的记录留存。

案例1：查看营销系统目前计费档案，该户执行电价为商业定比10%、非工业定比30%、住宅定比60%，从2004年11月执行至今，定比未发生变化。未对上述电价定比比例重新核定。经现场稽查，电价类别为商业、非工业、住

宅三类，但由于用电点数量多，用电情况较为复杂，具体用电比例是否存在变化，需进一步查看供电所日常用检普查记录，但供电所未能提供该客户的日常用检工作记录。

案例2：查看营销系统目前计费档案，该户执行电价为商业定比40%、住宅定比60%，定比多年未发生变化。经现场稽查，现场实际用电为商业（一层饭店）、普通工业（二层制衣厂）、住宅（三层部分住人）三种用电分类，且一层饭店用电设备较多，占比较大，存在电价类别及其比例与目前合同执行电价不一致的情况。进一步查看供电所日常用检普查记录，发现供电所日常用检不到位，未对用电分类定比计价引起重视，未督促对已发生定比计价变化的客户重新签订供用电合同。

3. 暴露问题

（1）供电所用检人员对定比、定量计价客户的合同执行情况检查重视不足，造成检查不到位，未执行《供电营业规则》第七十一条规定每年至少核定一次电价比例。

（2）区局在定比计价客户管理方面存在缺失，未督促下属业务单位加强定比计价客户的定期核定工作。

4. 整改措施

（1）《供电营业规则》第七十一条规定"在客户受电点内难以按电价类别分别装设用电计量装置时，可装设总的用电计量装置，然后按其不同电价类别的用电设备容量的比例或实际可能的用电量，确定不同电价类别用电量的比例或定量进行分算，分别计价。供电企业每年至少对上述比例或定量核定一次，客户不得拒绝"。相关责任单位应按《供电营业规则》第七十一条有关规定，加强定比计价客户的定期核定工作，结合用电检查日常工作，每年至少核定一次，并保存相关的核定过程记录。

（2）经核定后，存在电价类别及其比例与目前合同执行电价不一致的情况，需根据实际情况出具终评记录，修订供用电合同。如涉及违约用电的，按相关规定查处。

四、客户擅自改变用电类别案例

1. 案例介绍

2015年3月19日，营销稽查中心开展大电量居民电价普查核查工作，稽查到某县一户叫"某发展有限公司"的客户时，发现该户存在擅自改变用电类别的行为。本案例中居民合表用电擅自改为商业用电，如未及时发现，将对供电企业造成因电价差导致的电量电费损失。按照近三个月计算，对比该户居民住宅电价的平均用电量和商业电价平均用电量，平均每月会造成电量损失约1800kWh，造成电费损失约486元。由于及时发现并追回电量电费，未造成经济损失。

2. 稽查情况

通过结合大电量居民电价普查，从系统中筛选出2015年2月的单次抄表电量超10000kWh的低压客户进行现场稽查。系统筛选客户显示"某发展有限公司"为合表（自建），而现场发现该客户为一栋六层高建筑，楼体外悬挂有"鑫兴住宿"招牌，一楼门口有服务柜台，门外摆设房型价目表招牌，实为旅馆租住性质，存在擅自改变用电类别的违约用电行为。

3. 暴露问题

（1）对城乡结合部涉及自建房和自建房屋出租的用电检查力度不够。

（2）抄表人员工作责任心不强或业务技能水平不高，现场抄表时未能发现客户用电异常，及时通知用电检查人员到现场处理。

4. 整改措施

（1）按规定给客户下达《用电检查工作单》和《违约用电、窃电通知书》。

（2）通知客户到供电企业办理用电变更手续。

（3）根据《供电营业规则》第八章第一百条第1点的规定，在电价低的供电线路上，擅自接用电价高的用电设备或私自改变用电类别的，应按实际使用日期补交其差额电费，并承担两倍差额电费的违约使用电费。使用起讫日期难以确定的，实际使用时间按三个月计算。经查核实客户私自改变用电类别的时间无法确定，按三个月计算，追补差额电费1458元、违约使用电费2916元。

五、私换变压器超容量违约用电案例

1. 案例介绍

2016年11月，营销稽查中心对全市工业客户超容量用电情况开展专项稽查，当稽查到某厂时发现，客户报装容量为315kVA，现场实际变压器容量为400kVA，该客户存在超容量用电情况，而此前因用电检查不到位，并未对此进行查处。同时，在本次稽查工作中还发现该客户电能计量表计C相电流失流长达近8个月未处理，少计电量电费长期未追补，且存在严重的用电安全隐患未被用电检查排查的情况。

2. 稽查情况

2016年11月，营销稽查中心对全市工业客户超容量用电情况开展专项稽查，当稽查到某厂时，发现该客户的报装容量为 315kVA，电价类别为大工业电价，按功率因数 0.9、月用电天数 30 天及日用电小时数 24h 计算，其月用电极限电量为 204120kWh，但该客户 2015 年 12 月、2016 年 1 月及 2016 年 3 月用电量分别为 236968、206651、216452kWh，均超过其月用电极限电量；查询计量自动化系统中该客户的负荷情况，客户 2016 年负荷曲线维持在 300kW 左右，最大峰值最高达 500kW；抽取 2016 年 2 月 29 日抄表二次电流数据，计量表计及互感器长时间超负荷运行，超过额定 5A 电流，另外自 2016 年 3 月 28 日 08：15：00 开始，电能计量 C 相电流，电流值为 0（A），无法正确计量，截至稽查之日 2016 年 11 月 11 日，仍为异常。稽查人员进一步开展现场稽查发现：

（1）现场用电变压器其铭牌显示为 2004 年的变压器，铭牌仅有两枚螺丝固定，但实际变压器却较新，经现场测试，该变压器容量为 400kVA，与报装容量（315kVA）及铭牌标注容量（315kVA）不一致。

（2）现场计量表计存在计量故障，其 C 相失流，自 2016 年 4 月开始该客户用电量骤减为前期用电量的三分之二，截至稽查之日 2016 年 11 月 11 日。

（3）因该客户为生产易燃产品工厂，配电房门前存放了大量的易燃品，超容量用电产生的高温易引起火灾。

3. 暴露问题

（1）该客户存在私增容违约用电行为，但责任单位在开展用电检查工作中未及时排查。

（2）截至稽查之日 2016 年 11 月 11 日，责任单位未对该客户的计量故障排查原因，未对客户追补少计的电量电费。

（3）超容量用电产生较大的用电安全隐患，但责任单位在开展用电检查工作中未及时排查。

4. 整改措施

客户私自增加用电容量等违约用电行为会危害供用电安全、扰乱正常的供用电秩序。针对本宗案例，提出以下整改措施及建议：

（1）相关责任单位应对该客户超容量用电情况进行查处，按照《供用电营业规则》第一百条第 2 点"私自超过合同约定的容量用电的，除应拆除私增容设备外，属于两部制电价的用户，应补交私增设备容量使用月数的基本电费，并承担三倍私增容量基本电费的违约使用电费；其他用户应承担私增容量每千瓦（千伏安）50 元的违约使用电费。如用户要求继续使用者，按新装增容办理手续。"查处该客户违约用电行为，追补违约使用电费，并要求用户按规定办理增容手续。

（2）相关责任单位应对该客户计量表计进行现场校验，更换或完善计量装置，以及向客户追补因计量故障少计收的电量电费。

（3）规范计量装拆人员工作流程，加强与客户的沟通，在表计更换前后应与客户进行确认，告知更换原因，更换时间，确认表计底度，并要求客户签字确认，避免因工作流程的不畅而产生计量纠纷与营销差错。

六、窃电追补电量计算方式错误案例

1. 案例介绍

2014 年 11 月中旬，营销稽查中心到某县供电局某供电所开展营销用检业务方面进行稽查。稽查人员去到所里，与工作人员进行沟通了解到，该供电所地处偏远山区，供电设施基础相对落后，供电所营业区域内用电政策能及时落实，但人员素质方面仍然存在差异，对电价政策理解存在偏差，在追补电量的过程中，计算方式的错误容易给企业造成一定的经济损失，针对此类情况，稽查员现场随机抽取用检窃电工单进行稽查，发现在对窃电客户邓某的窃电金额计算时存在错误。

2. 稽查情况

现场稽查客户邓某的窃电处理工单时发现，该客户有绕越电能表私接用电设备，属于窃电行为，窃电处理流程合规，但在计算追补电量和追补电费时，在未说明和提供能够明确客户窃电时间证据的情况下，按 93 天计算窃电追补电量的时间，违反了《供电营业规则》第一百零三条的规定，即窃电时间无法查明时，窃电日数至少以一百八十天计算；同时发现存在追补电费执行电价错误，未按《广东电网有限责任公司居民阶梯电价实施手册》规定电量无法追溯相应月份的，应按合表电价计算电费（0.637 元 /kWh），该客户窃电追补执行电价仍按居民电价进行计算，造成窃电追补电量和追补电费不准确。

3. 暴露问题

（1）在日常用检工作中，工作人员未能充分熟悉掌握相关电力法律、法规及新电价执行政策，造成业务办理出现差错；

（2）违约窃电追补计算后的用检复核人员未能对相关的追补情况进行认真核实，造成违约窃电电量、电费的追补计算错误。

4. 整改措施

（1）按照《供电营业规则》第一百零二条、第一百零三条规定窃电时间无法查明时，窃电日数至少以一百八十天计算，并按《广东电网有限责任公司居民阶梯电价实施手册》规定电量无法追溯相应月份的，应按合表电价计算电费

（0.637 元 /kWh）。

正确的计算方法是：

追补电量：180 天 × 6h/天 × 1.39kW/天 =1501kWh

追补电费：1501kWh × 0.637 元 /kWh=956.14 元

追补违约使用电费：956.14 元 × 3 倍 =2868.42 元

合计：956.14 元 +2868.42 元 =3824.56 元

该客户还应追补差额电量 1501–795=706kWh，追补电费及违约使用电费差额：3824.56 元 –1908 元 =1916.56 元。

（2）加强用电检查工作，对窃电客户进行认真核查，针对电量、电费计算错误的，要及时进行追补。对本次抽查过程中发现的电费追补错误的客户，应重新核实，按照现场确认结果及时对追补电费进行纠正。

（3）加强电价政策的宣贯，特别是基层供电所，严格执行相应的规定。

第六章　客户服务业务稽查

第一节　客户服务业务基础知识

一、客户服务业务概念

电力客户服务是以电能商品为载体，以交易和满足客户需要的、本身无形和不发生实物所有权转移的活动。

1. 电力客户服务概念要点

从电力市场营销的角度来看，电力客户服务的概念有两个要点。

（1）电力客户服务的目的是促进电能交易和满足电力客户的需要，即：

1）电力客户服务的目的是为了促进电能的交易。离开交易就不会发生电力企业对客户的服务。

2）电力客户服务交易的目的是为满足电力客户的需要。如报装接电，这既是电力企业与客户之间的电力交易，又是满足客户用电要求、提高供电质量的有效措施。

（2）电力客户服务是无形的和不发生实物所有权的转移。

1）电力客户服务本身是无形的，例如，电力客户服务中心的营业厅和营业人员是有形的，但服务人员对客户提供的咨询、缴费、报装接电等服务是无形的。

2）电力客户服务交易实质上都不发生服务者本身实物所有权的转移。

2. 电力客户服务基本特性

从电力客户服务的本质上讲，其具有如下五项基本特性：

（1）服务的无形性，即电力客户服务的本质是抽象的、无形的。服务既非完全虚无缥缈或不可感知，也非仅是无关紧要的修饰品，而是实实在在存在的产品，只不过其存在的形态是无形的。如电力客户到营业厅申请用电、办理业务时，在购买电能商品的同时，感受到的是供电营销人员提供的各项服务。

（2）服务的不可分性，即电力营销服务和电能商品的销售是同步进行的，并且有客户参与。电力营销人员提供优质服务的全过程也是客户申请用电、办

173

理业务和使用电力商品的全过程。服务活动的发生，依赖于客户向电力营销人员提供其用电的基本情况和用电需求；电力营销人员则要为客户着想，为客户解难题、办实事、办好事，满足客户的需求，保证服务提供的效率与效果。通常，客户要直接面对服务的提供者即营销人员，在许多情况下，客户甚至要亲自莅临服务的生产现场。因此，接受服务的客户，又是电力客户服务的重要协作者。

（3）服务的易变性，即电力客户服务是不标准的、不稳定的。电力服务是一种行为，电力企业服务提供者是营销、服务人员，享有者是各类客户。不同营销、服务人员的行为表现会因人、因时而异，甚至是同一人不同时间所提供的服务也会不尽相同。另外，由于电力客户服务的生产与消费同时进行，使得电力企业无法在其产品到达客户之前对其不足与缺陷予以补救。因此，电力客户服务，必须充分认识到妥善处理与客户关系的重要性，一旦服务过程中出现了问题，必须进行妥善的补救。

（4）服务的易逝性，即电力客户服务对象不能像实体产品那样储存。电力客户服务无法在客户消费电能之前生产与储存，这就是服务的易逝性，即电力客户服务只存在于电能被销售出的那个时点。如果不对电力客户服务的产出能力加以及时利用，它创造利润的机会也会自然丧失。

（5）服务的广泛性，所有的服务都不同程度地具备这个基本特点。电力是特殊的商品，电力企业几乎面向全社会所有自然人和各行各业。因此，电力客户服务具有广泛性。

客户服务按照顺序可以划分为售前服务、售中服务、售后服务。

二、客户服务业务介绍

1. 服务环境

供电营业厅是供电单位重要的服务窗口之一，直接反映供电单位管理水平、服务质量、业务能力和工作效率，对于树立电网公司品牌形象和提高电网公司品牌知名度、美誉度、忠诚度具有十分重要的作用。

营业厅服务环境主要涵盖以下部分：

（1）营业场所设施的设置、摆放标准规范；营业环境符合供电营业规范化服务标准。

（2）营业场所Ⅵ标识符合标准，营业厅门楣、铭牌、营业时间牌等标识灯箱保持醒目清新。

（3）营业场所营业时间严格按照规定执行。

（4）营业厅工作人员的着装、仪容、行为、语言符合相关服务行为规范；营业时间内严格遵守相关劳动纪律和规章制度。

（5）营业厅内各种服务设施如电子显示屏、排队叫号系统、客户评价系统、信息查询设备等保持正常可用状态，设定维护责任人。

（6）营业厅客户休息区饮用水、饮水杯齐全，书写区纸、笔完好可用，便民箱内物品完好齐全。

2. 信息公开

供电企业应当依照《供电企业信息公开实施办法》（国能监管〔2014〕149号），主动公开以下与人民群众利益密切相关的信息：

（1）供电企业基本情况。企业性质、办公地址、营业场所、联系方式、电力业务许可证（供电类）及编号等。

（2）供电企业办理用电业务的程序及时限。各类用户办理新装、增容与变更用电性质等用电业务的程序、时限要求等。

（3）供电企业执行的电价和收费标准。供电企业向各类用户计收电费时执行的电价标准以及供电企业向用户提供有偿服务时收费的项目、标准和依据等。

（4）供电质量和"两率"情况。供电企业执行的供电质量标准以及供电企业电压合格率、供电可靠率情况等。

（5）停限电有关信息。因供电设施计划检修需要停限电的，供电企业应当提前7日公告停电区域、停电线路和停电时间；因供电设施临时检修需要停限电的，供电企业应当提前24h公告停电区域、停电线路和停电时间；其他情况发生停限电，包括供电营业区有序用电方案、限电序位等，供电企业应按国家规定将有关情况及时公布。

（6）供电企业供电服务所执行的法律法规以及供电企业制定的涉及用户利益的有关管理制度和技术标准。

（7）供电企业供电服务承诺以及投诉电话。

（8）供电企业应按照《国家能源局关于进一步规范用户受电工程市场的通知》（国能监管〔2013〕408号）要求，公开用户受电工程相关信息。

3. 服务承诺兑现

各级营销部门应严格履行供电服务承诺，不断提高客户服务水平，树立电网公司良好社会形象。

如某电网公司供电服务承诺：

（1）供电质量：城市地区供电可靠率99.9%、居民客户端电压合格率98%，农村地区供电可靠率99.5%、居民客户端电压合格率92%。

（2）停电通知：计划停电、限电，提前通知或公告。

（3）有序用电：不随意对居民生活拉闸停电。

（4）故障抢修：故障停电后，城市地区供电抢修人员到达现场时间平均45min，农村地区90min，特殊边远地区2h。城市地区抢修到达现场后恢复供电平均时间4h，农村地区5h。

（5）业扩报装：各环节时限符合业扩报装及配套项目管理办法规定。

（6）欠费复电：欠费停电的客户缴清电费后，当日复电。

（7）营业厅管理：客户在营业厅平均等候时间不超过15min。

（8）95598供电服务热线接通情况：95598供电服务热线的20s接通率超过90%。

（9）节能服务：每年举办100期节能服务培训班，为1000家大客户提供节能诊断。

（10）95598供电服务热线管理：95598供电服务热线24h受理客户咨询查询、故障报修和投诉举报。

4. 远程服务渠道管理

远程服务渠道是指电网公司通过电话、网络等信息化方式，向客户提供服务的渠道［包含95598供电服务热线、网上（掌上）营业厅、短信营业厅、微博、微信公众号等］。远程服务渠道与实体服务渠道互为补充、相互结合，共同构成电网公司全方位客户服务渠道。

（1）95598供电服务热线：指采用电话、传真、电子邮件、信函等方式，受办理业务的服务渠道。

（2）网上（掌上）营业厅：指为客户提供电费服务、业务办理、综合查询等服务的专用网站或手机终端软件。

（3）短信营业厅：指通过短信向客户提供服务的渠道。

（4）微博客服：指利用"微博"（一种第三方社交网络平台）为客户提供服务的渠道。

（5）微信公众号：指利用"微信"（一种第三方即时通信软件）为客户提供服务的渠道。

5. 现场服务

现场服务融合了营销类和低压配网设备运维类业务（有条件的可将中压纳入），是实现客户诉求快速响应的"客户经理＋设备主人"服务模式。主要工作范围包括巡检、停电及维护、服务、走访、综合等。

（1）服务人员须严格遵循相关道德规范、员工守则和规章制度的要求，切实把"以客户为中心"服务理念贯穿客户服务工作始终。

（2）进行现场服务时，应着工作服，佩戴工作牌，受理客户咨询和疑问时应及时予以解答，遇暂无法答复的应做好记录，留下客户姓名和联系方式，并及时联系相关业务部门，待确定答复意见后在约定的时限内予以有效沟通和应答。

（3）当客户请求与政策、法律、法规及公司相关制度相悖时，应主动出示相应规章制度，并耐心解释、避免争执。

（4）现场工作需进入客户家中时，需带齐工器具材料，作业时摆放有序，确需借用物品时应先征得同意，用完后先清洁再放回原处，并向客户致谢。

（5）现场作业结束时要清理现场，做到料净场清，经客户确认无异议后再离开现场。

（6）加强对客户诉求的"首问责任制"监督，以工单为媒介，加强对所有服务事件的痕迹化管理，从派单、接单、作业、变更到评价进行全过程闭环管控，实现工作质量和规范化程度的全面提升。

6. 应急管理

应急管理工作原则是预防为主，统一指挥，快速响应，协同联动。

（1）建立电力供应事件、客户服务事件的专项应急管理组织机构。

（2）及时更新电力供应事件、客户服务事件的应急工作负责人、联系人名单、联系电话、传真电话。

（3）突发事件应急响应值班方式应按要求实施。

（4）根据电力供应及客户服务事件的严重性及发展趋势，将应急响应进行分级管控。

（5）周期性开展客户服务事件、电力供应事件应急演练。并对应急演练开展分析和总结。

（6）建立重要用电客户清单，对此类客户编制应急供电方案，指导、规范其自备应急电源的配置与管理。固定周期与重要用户联合开展反事故措施演练。

三、客户诉求管理

1. 客户诉求分类

按照客户诉求的内容，共分为八类。

（1）咨询查询：

1）客户查询、了解关于电价电费、业务规定、停送电、法律法规等供电服务方面的信息。

2）客户反映与供电服务无关的非常规诉求。

（2）投诉：经初步判断，属于公司内部工作原因造成客户损失或不满的客户诉求。

（3）意见：客户对供电服务或用电体验提出问题处理的诉求。

（4）建议：希望供电企业对供电服务进一步改进完善，并提出具体建议的诉求。

（5）举报：客户检举和反映违约供（用）电、窃电、盗窃破坏电力设施或公司员工有违反行风纪律等行为的诉求。

（6）表扬：客户对工作人员服务行为的赞赏。

（7）业务办理：客户要求办理用电业务的诉求，包括电话缴费、变更信息、报装用电等各项服务。

（8）故障报修：客户要求提供故障抢修服务的诉求，包括协助处理客户资产故障的诉求。

2. 客户诉求渠道类别及处理流程

客户诉求渠道分内部诉求渠道及外部诉求渠道。内部诉求渠道包括95598服务热线、网上（掌上）营业厅、微信公众号、微博、企业网站、供电营业厅、客户经理等。外部诉求渠道包括12398热线、12345市府热线、政府行风热线、民声热线、第三方测评公司反馈、其他政府机构转办等。

（1）12398工单处理流程及处置要求。

1）工单受理：各级客户服务部门收到能源监管机构转办12398诉求工单后，应及时传递至属地业务部门。

2）联系客户：属地业务部门接到12398投诉工单后，应由专人及时主动联系客户，了解客户诉求安抚客户情绪，告知客户后续将会有专人跟进并明确接触客户的具体时间。

3）问题处置：按照职责归属，营销服务类、供电质量类、供电能力类、电网建设类问题分别由相关职能部门牵头核查处置。

4）报告回复：属地业务部门接到投诉工单后应在规定时限内完成投诉处置及工单回复报告编制，工单回复报告须逐级审核。

5）客户回访：客户服务部门根据工单回复报告和初步调查情况对客户进行二次回访，结合回访结果，于规定时限内完成对投诉工单回复报告的审核及完善。

6）审批上报：根据职责归属由相关职能部门对"回复报告"进行审批并签名确认。审批通过后在规定时限内回复能源监管机构。

7）通报整改：归口管理部门汇总 12398 投诉最终调查报告，定期对核准属实或有责的投诉进行通报。业务单位结合实际情况，开展对照检查及整改，以点带面做好同类型投诉风险防控。

8）12398 非投诉类工单处置可参照 95598 投诉工单的管控标准执行并编制工单回复报告。

（2）95598 投诉类工单处理流程及处置要求。

1）95598 投诉工单定义：客服部门按照"五有"原则定义 95598 投诉工单，具体为："话中有投诉、情绪有不满、时限有超时、意向有升级、来电有重复"。

2）工单受理：客服部门在接到客户投诉后在规定时限内通过营销管理系统下发投诉工单，同时短信通知属地业务管理人员。

3）联系客户：由属地业务管理人员在接到 95598 投诉工单后及时主动联系客户，及时统筹调配服务资源快速解决客户问题。

4）问题处置：由相应责任人开展现场调查并组织妥善处理客户问题。

5）工单答复：业务部门应在规定时限内在营销系统进行答复，答复内容应包含首次联系情况、现场处理情况、概况描述、处理方案、负责处理部门及负责人、处理情况、客户沟通情况与回访注意事项等方面。

6）问题销号：由属地业务管理人员回访客户，审核确认客户问题确已妥善解决。

（3）95598 非投诉类工单处理流程及处置要求。

1）服务调度部门接到意见工单后组织各级客户经理做好客户沟通安抚和诉求处置工作，并对处理情况进行监控和督办，对客户意见处置环节超时提前做出预警。

2）各级客户经理接到通知后及时联系客户沟通安抚，与客户商讨处置方案，及时妥善解决客户诉求，严防因客户沟通不及时、问题解决不到位等原因引发的客户重复来电和诉求升级，并回传意见工单处理情况。

3）对客户反复来电的意见类工单，应强化提级处置。

（4）客户经理、供电营业厅等非远程服务渠道处理流程。客户经理、供电营业厅等非远程服务渠道受理的客户诉求，由受理人负责启动工作单，并传递至服务调度部门，服务调度部门传递至业务处理部门进行处理并闭环。

（5）其他外部渠道转办工单处理流程。各级业务管理部门受理的上级单位、政府有关部门转办的客户诉求，应及时转办至同级服务调度部门，服务调度部门转办至责任单位，责任单位在规定时限内将经单位负责人审核签名后的办理结果反馈至服务调度部门，由服务调度部门做好客户回访工作。由业务管理部门负责转来单位的答复工作。

3. 客户诉求处理时限要求

业务归口管理部门应明确各类客户诉求处理的到位标准及时限要求，各级业务部门严格按照到位标准在时限内完成客户诉求处理，避免因处置不当导致客户诉求升级。如表6-1所示，某电网公司客户诉求处理时限要求。

表6-1 客户诉求处理时限要求

诉求类别	处理时限要求
咨询查询	（1）总体处理时限不应超过3个工作日。 （2）公司客户服务中心受理工单后，应于5分钟内归档或传递业务处理部门。 （3）业务处理单位（部门）在2个工作日内完成调查处理并反馈公司客户服务中心。 （4）公司客户服务中心于1个工作日内答复客户并归档
投诉	（1）总体处理时限不应超过7个工作日。 （2）公司客户服务中心接到客户投诉后1个小时内通过营销管理系统下发投诉工单，同时短信通知属地地市局分管局领导及市场营销部、供电服务中心负责人。 （3）地市局分管营销局领导或市场营销部、供电服务中心负责人接到工单后1个小时内主动联系客户。 （4）业务处理单位（部门）接到投诉工单后12个小时内开展现场调查并组织妥善处理客户问题。 （5）业务处理单位（部门）应在3.5个工作日内反馈处理结果（地市服务调度应当天完成答复审核工作并传递工单）。 （6）公司客户服务中心在1个工作日答复客户并归档。 （7）回退业务处理部门需要在1个工作日内补充完整工单内容并反馈
意见、建议、表扬、举报	（1）总体处理时限不应超过7个工作日。 （2）公司客户服务中心受理工单后，行风举报应于10分钟内传递至省服务调度，省服务调度应在1个小时内进行诉求审核并传递工单。 （3）各级客户经理接到意见工单后要1小时内联系客户沟通安抚，12小时内与客户商讨处置方案。 （4）业务处理单位（部门）应在3.5个工作日内反馈处理结果公司客户服务中心（地市服务调度应当天内完成答复审核工作并传递工单）。 （5）公司客户服务中心在1个工作日答复客户并归档。 （6）回退业务处理部门需要在1个工作天内补充完整工单内容并反馈

诉求类别	处理时限要求
故障报修	（1）公司客户服务中心受理工单后，应于 3 分钟内将故障工单传递地市业务处理部门。 （2）抢修人员到达现场时间平均 45 分钟，农村地区 90 分钟，特殊边远地区 2 小时。城市地区抢修到达现场后恢复供电平均时间 4 小时，农村地区 5 小时（因天气、交通等特殊原因无法在规定时限内到过现场及复电的，应回复原因和预计复电时间）。 （3）业务处理部门应在 2 个工作日内反馈处理结果。 （4）公司客户服务中心于 1 个工作日内答复客户并归档
业务办理	（1）业务办理按照各业务相关规定时限办理。 （2）业务处理部门于客户缴清电费 12 个小时内为客户复电并在营销系统答复处理情况。 （3）优先推广 95598 热线及远程渠道一口受理客户新装、增容、减容、业务变更等业务

181

4. 诉求工单终止

对红线问题，由责任单位经业务管理人员审核通过后，提出诉求处理终止申请，提交上一级服务调度部门，上一级服务调度部门对相关材料的完整性进行审核把关后，拟定统一答复口径答复客户，如表 6-2 所示。

表 6-2　　　　　　　红线问题分类表

序号	问题分类	问题概述	具体描述
1	主体责任不在供电企业	客户反映诉求的主体责任不属于供电企业	（1）其他单位（市政施工等）申请（围蔽）工程导致客户受影响（出入不便、临时立杆等）。 （2）不属于供电部门施工、安全隐患造成的设备损坏。 （3）由于客户与政府存在着历史遗留问题，造成客户诉求得不到解决
2	能源政策	客户反映诉求违反有关能源政策	（1）客户资料不齐导致无法受理业务。 （2）客户要求办理用电报装，但实际不具备报装条件。 （3）客户要求执行用电分类与实际不符等无理要求。 （4）客户不接受供电营业规则所规定的收费项目，如临时接电费等。 （5）客户窃电、违约转供电被停电。 （6）客户对电价政策有意见，认为政策不合理，例如：大工业两部制电价、功率因素考核力调电费、居民阶梯电价等。 （7）客户提出要求高于现行国家、行业标准

序号	问题分类	问题概述	具体描述
3	地方政策	客户反映诉求违反有关地方政策	（1）供电企业配合政府执行停电。 （2）客户地址属于违建建筑，不符合地方政府要求的用电报装。 （3）客户要求施工赔偿超过地方政策标准。 （4）历史违建建筑翻新后，电表迁移不符合目前地方政府要求
4	客户自身原因	客户诉求因自身责任导致	（1）客户以个人原因、风水、景观等原因要求迁移线行、街码、电表的。 （2）客户因房产纠纷，互相要求停复电、办理过户、销户等业务得不到满足的。 （3）客户因分家要求分表计费，但用电地址不符合分表计费要求。 （4）客户之间有纠纷，举报某客户正常用电行为，投诉供电部门不作为。 （5）客户以地块产权为由要求迁移公用变压器，但无法提供有效证明材料证实产权归其所有的
5	客户资产问题	客户诉求因客户资产问题产生	（1）产权分界点后（表后线）客户电压质量问题。 （2）产权分界点后（表后线）客户用电设备故障。 （3）产权分界点后（表后线）客户设备存在用电安全隐患。 （4）客户提出迁移产权不属于供电部门的电力设备。 （5）资产未接收小区，小区物业管理自行停电。 （6）资产未接收小区，因开发商私自使用业主电表导致的电费差错问题
6	施工受阻	客户诉求因施工受阻而导致无法推进解决的	（1）民事阻挠导致无法开展电力施工（例如打街码、架设线路、安装变压器等），导致低电压和反复停电问题。 （2）施工前已经政府同意，符合相关法律规定及安全距离标准，但客户无理要求迁改的
7	清障/青苗赔偿	供电企业依法开展清障或电网建设时受到客户阻挠或索赔要价过高的	（1）有安全隐患，但拒不配合清障的。 （2）已对产权人实行青苗赔偿，承租人再次索偿的。 （3）非产权人，无依据进行索偿的。 （4）农作物/苗木是在电力线路建设之后种植的
8	未理顺供电体制问题	尚未理顺供电体制区域的客户诉求	（1）小水电自供自管区域的客户诉求。 （2）趸售镇的客户诉求

序号	问题分类	问题概述	具体描述
9	电表表计	客户不接受电表轮换或怀疑电表不准	（1）不接受电表轮换的客户诉求。 （2）经检定无问题，仍坚持认为电表不准

第二节 客户服务业务风险点

一、服务环境

1. 服务环境存在风险

（1）供电营业窗口服务环境、服务设施、服务资料不符合窗口服务规范要求。

（2）营业厅工作人员的着装、仪容、行为、语言未符合相关服务行为规范。

（3）营业厅营业时间不符合要求。

2. 防范措施

（1）营业厅服务环境严格实行供电营业厅建设与管理标准进行建设及管理。

（2）供电营业窗口工作人员采用轮班制，严格执行营业场所营业时间。

二、信息披露

1. 信息披露存在风险

（1）信息公开有缺失或未及时更新。

（2）信息公开不正确，信息披露不当、未履行保密审查等。

2. 防范措施

（1）严格执行营业厅对外公示资料的管控，定期检查上墙资料、意见箱、意见簿、营业厅内各种服务设施是否完备可用。

（2）及时更新定期检查企业网站、企业公众号、电子显示屏、触摸屏、信息查询设备等电子化平台公示的信息。

（3）根据信息的保密性，对需公开的信息做好公示，对保密信息做好封存，严格执行保密工作。

三、营业厅业务管理

1. 营业厅业务管理存在风险

（1）业务受理不规范、不及时。

（2）客户在营业厅平均等候时间超时或办理业务超时。

（3）未有效管控营业厅现场，未做好营业厅应急、疏导管理。

（4）通过远程渠道受理的用电业务，未与客户预约上门服务时间或未在规定时限内预约客户。

（5）通过远程渠道受理的用电业务，因客户原因需作废预申请工作单，未在工作单说明作废原因。

（6）通过远程渠道受理的用电业务，资料传递建档超时。

（7）客户办理用电业务所提供的资料、客户受电工程及设计图纸送审、工程查验申请等，未及时通知相关部门（班组）交接。

（8）窗口人员接到审批完的供电方案、客户工程设计图纸审核意见书、供用电合同等，未及时通知客户领取。

2. 防范措施

（1）规范营业厅排号机的使用，控制客户在营业厅平均等候时间及业务办理时间。

（2）营业厅工作人员熟练掌握安全防范基本知识和紧急情况下的事件处理程序，定时开展应急演练。

（3）对通过95598服务热线、网上营业厅、掌上营业厅渠道受理的用电业务实施预约上门服务。

（4）工作人员与客户签订业务作废说明书或对相关通话进行录音，并将相关资料作为佐证上传营销系统。

（5）按照客户服务渠道管理要求，规范办理远程渠道受理的用电业务。

（6）完善营业厅及后台相关部门（班组）资料交接工作。工作人员定时查询系统，对客户用电业务工单及时传递至相关人员，并监督相关人员做好其他渠道受理的后续跟进服务。

四、营业厅客户诉求处理

1. 营业厅客户诉求处理存在风险

（1）营业场所未设置客户意见簿、意见箱。

（2）客户诉求未及时内录入营销系统传递至客户服务部门。

（3）未准确记录客户诉求信息、诉求归类错误。

（4）客户诉求的非客服处理环节出现超时。

2. 防范措施

（1）在营业厅设置客户意见簿、意见箱，定期查阅，针对客户提出意见进行整改。

（2）在规定时限内处理客户诉求工单。

（3）梳理日常存在的其他客户问题，制定处理措施。

五、95598 客户诉求处理

1. 95598 客户诉求处理存在风险

（1）95598 业务受理不规范。

1）通话过程出现服务忌语。

2）因工作人员答复错误或服务态度引起客户抱怨或投诉。

3）对咨询、查询的问题答复不准确。

4）未准确理解客户来电意图，工作单类型（业务分类）不正确。

5）工作单的诉求内容表述不清楚，填写不正确、未做工单关联或缺失关键项。

6）坐席员不受理客户诉求或引导客户通过其他渠道办理。

7）坐席员未通过客户身份验证直接为来电人受理客户诉求。

8）对客户咨询的问题无法在线解答时，未按要求下发工单。

9）工单未按客户匿名要求，做好保密工作。

10）受理客户诉求后，未按时限归档或通过营销管理系统下发工单。

11）收到能源监管机构转办 12398 诉求工单，超时传递至相应处理部门。

12）其他外部渠道工单，超时转办至责任单位。

（2）故障报修处理不规范。

1）抢修人员没有按服务承诺要求到达现场。

2）伪造到达现场记录及复电时间。

3）重要客户发生停电，需要供电局应急发电装置保障用电时，未能有效传递客户需求，造成重要客户长时间停电无法恢复。

（3）客户抱怨处理不规范。

1）客户投诉举报处理不及时，未按时限要求处理工单。

2）对投诉、举报事件复杂（如涉及多方主体、调查取证困难、需专业机构鉴定等）需延期办理的，没有告知投诉、举报人延期理由。

3）对于不能在规定时限内处理的问题，没有跟踪措施落实情况，在接到相关部门情况反馈后，没有回访客户答复实施结果。

4）客户投诉、抱怨处理不当，导致客户反复投诉或投诉事件性质、影响程度升级。

5）在处理客户投诉过程中，玩忽职守、徇私舞弊，违反保密规定的。

（4）回访工作不规范。

1）没有按规定进行客户回访、超时回访或由于客户原因无法一次回访成功，未在不同时间再次回访。

2）未记录回访的相关信息，内容包括回访人、回访时间、回访失败原因等。

3）回访时，客户提出新诉求，未按要求另起工单记录诉求传递业务处理部门。

2. 防范措施

（1）提升95598业务受理能力。

1）坐席员通话过程要采用规范用语，质检员通过实时话务监听或话务质检发现存在问题，及时纠正并定期通报。

2）提高工作人员业务水平，端正工作人员工作态度，对于答错问题及时与客户做好沟通、解释。

3）熟悉营销系统操作，根据客户诉求内容，立即寻找应答内容，并回复客户。

4）认真听取客户来电诉求内容，根据工单分类，正确选择工单类型。根据客户诉求内容填写诉求工单，及时做好工单关联。

（2）抢修人员应严格按服务承诺要求到达现场，因天气、交通等特殊原因无法在规定时限内到达现场及复电的，应回复原因和预计复电时间。

（3）各级业务部门严格按照到位标准在时限内完成客户诉求处理，及时了解客户需求，切实为客户处理问题，对客户重复抱怨，做好客户情绪安抚；日常做好营销应急管理，针对客户投诉等情况进行培训、演练。

（4）严格按要求及时限进行回访客户，并定期抽查。

六、现场服务

1. 现场服务存在风险

（1）为规范着装及佩戴工作牌。

（2）现场作业不文明，作业结束时未清理现场。

（3）受理客户咨询和疑问时应答不规范，或遇暂无法答复的未做好记录，待确定答复意见后予以有效沟通和应答。

（4）当客户诉求与政策、法律、法规及公司相关制度相悖时，未能耐心解释、正确应对，未能有效避免争执。

2. 防范措施

（1）服务人员须严格遵循相关道德规范、员工守则和规章制度的要求。

（2）加强对客户诉求的"首问责任制"监督，以工单为媒介，加强对所有服务事件的痕迹化管理，从派单、接单、作业、变更到评价进行全过程闭环管控，实现工作质量和规范化程度的全面提升。

七、便民服务及大客户服务

1. 便民服务及大客户服务存在风险

（1）未提供便民服务或服务记录不到位。

1）没有定期组织便民服务活动。

2）未为重要客户（含 VIP 客户）、老人、残疾人等特殊人群提供优先服务。

3）未实行领导接待日制度，或对领导接待日接待情况未有记录，或未对问题及时跟进处理。

（2）没有定期召开客户座谈会并做好记录。

2. 防范措施

（1）定期开展便民服务活动及召开客户座谈会，安排专人进行拍照、编辑活动文案，收集客户诉求，并对活动相关资料进行存档。

（2）根据实际情况，实行领导接待日制度。

八、应急管理

1. 应急管理存在风险

（1）未制订应急预案或制订的应急预案针对性不强、实用性差。

（2）应急预案未实施演练或应急预案演练资料不完善或无资料。

（3）未能在第一时间发布信息或信息发布内容不全面、不准确。

（4）供电服务突发事件发生后，事件第一接触部门不在第一时间报告。

（5）未对突发事件进行分析和总结，不能有效改进应急预案。

（6）未及时修订突发事件应急响应与处理机制。

2. 防范措施

（1）制订应急预案，应急预案内容应详尽完整，按应急预案实施演练，及时分析总结。

（2）对重要用电客户类客户编制应急供电方案，指导、规范其自备应急电源的配置与管理。定期与重要用户联合开展反事故措施演练。

第三节　客户服务业务稽查要点

一、营业厅服务环境稽查

供电企业营业窗口应科学布点、规范设置，窗口内外部环境应按照供电营业窗口规范化、标准化、示范化要求来设置。

稽查时可会同专业部门开展集中检查、交叉检查，也可以通过暗访等形式，重点检查项目：

（1）营业窗口Ⅵ标识的推广应用是否规范地检查营业场所"三公开"情况，检查营业窗口环境是否整洁、区域设置是否合理等内容。

（2）营业窗口应放置免费赠送的宣传资料，公布服务及投诉电话，设置意见箱或意见簿。

（3）营业厅内各种服务设施如电子显示屏、排队叫号系统、客户评价系统、信息查询设备等是否正常可用状态，是否设定维护责任人。

（4）营业厅客户休息区饮用水、饮水杯齐全，书写区纸、笔完好可用，便民箱内物品完好齐全。

二、营业窗口服务行为稽查

对营业窗口工作人员服务行为的稽查，可与稽查营业环境同时进行，稽查时重点围绕以下方面：

（1）检查工作人员是否统一着装，佩戴工号牌，仪容仪表是否美观大方。

（2）通过查阅报表，检查业务传递是否准确、及时。

（3）检查是否按营业时间牌公布的时间受理客户业务。

（4）营业人员办理各项业务时是否认真实行首问负责制、限时办结制和一次性告知制。

（5）现场查看窗口工作人员服务行为，检查服务态度是否端正，是否存在冷漠、烦躁现象。

（6）通过调阅客户对营业窗口人员服务行为的评价结果，检查客户对服务行为的满意率。

三、信息披露稽查

信息披露稽查主要关注营业厅、网上（掌上）营业厅公示资料的完备性。可会同专业部门开展集中检查、交叉检查，也可以通过暗访等形式，重点检查项目：

（1）营业场所是否严格按照相关规定公布电价收费标准、业务办理程序、服务承诺、电价等信息，资料更新是否及时、准确。

（2）是否按照电力监管机构要求，通过电子显示屏、触摸屏、信息查询设备等披露停电、限电和故障抢修处理等信息。

（3）是否按要求公布 12398 及 95598 热线。

四、供电服务工作时限稽查

供电服务工作时限既有电力法规的具体规定，也有电力企业对外公布的服务承诺，是考核营销工作质量的重要指标。

应重点稽查以下供电服务工作时限：

（1）业扩报装时限，包括供电方案答复时限、对客户送审的受电工程设计文件和有关资料答复时限、中间检查时限、竣工检验时限、装表接电时限。

（2）客户向供电企业提出校验申请，在客户交付验表费后，供电企业是否按时检验，并将检验结果通知客户。

（3）供电设施计划检修停电，或因供电设施临时检修需要停止供电时，是否在符合要求的时间节点内通知客户或进行公告。

（4）客户欠电费需依法采取停电措施的，是否在符合要求的时间节点内送达停电通知书。

（5）是否提供 24h 电力故障报修服务，供电抢修人员到达现场的时间是否在符合要求的时间节点内。

（6）接到客户投诉或举报，是否在符合要求的时间节点内答复。

五、客户诉求处理稽查

供电企业为广大客户提供电力供应及相关服务行为，客户可以通过各种渠道反映在接受电力服务过程中遇到的问题，供电企业应按照《供电服务规范》的要求认真受理。

投诉举报受理渠道包含 95598 供电客户服务热线、专设的投诉举报电话、营业场所设置意见箱或意见簿、信函、供电服务网站、领导对外接待日、上级部门接转及媒体登载等。接到客户投诉或举报时，应向客户致谢，详细记录具体情况后，立即传递相关部门或领导处理。

稽查客户诉求处理情况时应注意检查以下内容：

（1）检查受理部门的记录是否完整，受理记录应包含受理时间、受理部门、受理人、投诉举报内容及承办部门等。

（2）检查投诉举报受理时限。稽查时应重点查阅受理部门的回访记录，检查投诉举报的回访日期有无超过规定期限。

（3）对于情况较为复杂、在规定期限内难以办结的投诉举报，经领导批准可适当延期，对此类投诉举报受理时限稽查时，不仅要检查有关部门在上述时限答复客户，还应检查办结后的回访情况。

（4）对照各受理渠道的原始记录，检查受理部门对客户诉求的后续处理情况，分析客户诉求关键点，还原事件真实情况，检查业务运作是否满足公司管理制度、流程要求，界定是否属于业务差错。对属于业务差错的，按规定对相关责任单位、责任人落实问责。

（5）检查客户诉求内容属于红线范围的处理部门是否提出诉求处理终止申请，是否按拟定的统一答复口径答复客户问题。

（6）对涉及客户隐私的资料，检查受理部门、承办部门是否严格遵守保密纪律。

六、现场服务行为稽查

现场服务融合了营销类和低压配网设备运维类业务，是实现客户诉求快速响应的"客户经理＋设备主人"服务模式。

稽查现场服务行为时应注意检查以下内容：

（1）检查现场服务记录，服务事件是否痕迹化管理，从派单、接单、作业、变更到评价是否进行全过程闭环管控。

（2）对照客户诉求的原始记录，检查现场服务过程中受理客户咨询和疑问时，是否予以有效沟通和应答。

（3）对照客户诉求的原始记录，检查现场服务过程中对于客户诉求与政策、法律、法规及公司相关制度相悖时，是否主动出示相应规章制度，并耐心解释、避免争执。

（4）对照客户诉求的原始记录，检查现场服务过程中是否文明作业。

第四节　客户服务业务典型案例分析

一、安全故障引起家用电器损坏投诉案例

1. 核心提示

装表接电人员在部分停电的电气设备上工作，没有执行安全的技术措施，

在 220/380V 供电线路上发生相线与中性线接错，导致居民客户家用电器损坏，引起投诉。

. 案例介绍

某供电分公司接到投诉电话，反映该公司装表接电人员在低压电能表装拆工作时，造成若干户居民客户家用电器同时损坏。接到投诉后，营销稽查人员会同用电检查人员到现场进行调查核实。

. 稽查情况

经现场调查，证实装表接电人员没有执行 GB 26859—2011《电力安全工作规程 电力线路部分》（简称《安规》）中明确的安全技术措施。在没有用低压验电器进行验电和验明相线、中性线的情况下，在 220/380V 供电线路上发生相线与中性线接错，导致客户赵、钱、孙三户家用电器损坏，在这起事故中赵、钱、孙分别损坏电视机、电冰箱、电热水器各一台。稽查人员对损坏的家用电器名称、型号、数量、使用年月、损坏现象等进行登记和取证。登记笔录材料经受害居民客户签字确认后，作为理赔处理的依据。

. 暴露问题

引起本次投诉的根源在于装表接电人员没有严格按照《安规》开展工作，造成电力运行事故导致电能质量恶化。

根据《居民用电家用电器损坏处理办法》的规定，为保护供用电双方的合法权益，对因电力运行事故引起的居民客户家用电器损坏的理赔处理，应公正、合理地进行调解、索赔。经查实，电视机使用寿命为 10 年，电冰箱使用寿命为 12 年，电热水器使用寿命为 5 年。赵家电视机原购买价 3000 元，已经使用时间 5 年；钱家电冰箱原购买价 2500 元，已经使用时间 6 年；孙家电热水器原购买价 2000 元，已经使用时间 4 年。赔偿如下：

（1）赵家，赔偿人民币 3000×（1−5/10）=1500（元）。

（2）钱家，赔偿人民币 2500×（1−6/12）=1250（元）。

（3）孙家，赔偿人民币 2000×（1−4/5）=400（元）。

. 整改措施

供电分公司应开展围绕《安规》的学习，了解安全的技术措施，做好装表接电工作。要求有关部门组织事故调查小组，对事故进行调查、分析，找出发生事故的原因，提出防止事故的措施，并按有关规定填写事故报告，报送主管部门。

供电企业在接到居民客户家用电器损坏投诉后，应在 24 小时内派工作人员赴现场进行调查核实。

（1）在理赔处理中，供电企业与受害居民客户因赔偿问题达不成协议的，由县级以上电力管理部门调解，调解不成功的，可向司法机关申请裁定。

（2）用低压验电笔测单相电能表、三相电能表相线、中性线（零）线是否接线正确，外壳、中性线端子上应无电压。

（3）用万用表在电能表接线盒内测量电压是否正常；三相电能表用相序表复查相序的正确性。

（4）带负荷检查电能表是否正转及表速是否正常，有否倒转、停走情况。

（5）接线盒盖板、电能表箱等按规定加封。

二、因电费异常处理引起客户投诉案例

1. 案例介绍

客户反映 9 月抄表电费有差错，已自行联系物业管理处工作人员上门检查，检查后表示是空调用电量大导致，但客户不接受，认为是电表出现差错，表示家中用电设备未增加但 9 月份却突然激增到 842.31 元，客户表示电费增长不合理，不满并投诉。

2. 稽查情况

（1）接到客户投诉后，营销稽查人员与供电所用检员、客户一起到现场再次检查，经现场核查，客户电表接线和开关进出线接线正常。电表当前行码比对当月 1 日远程抄表表码正常，抄表正确。

（2）工作人员现场用钳表测量客户启用用电设备电流变化情况：将室内总开关打下，电流为 0A；当使用 1 台风扇和 1 台冰箱，电流为 1.15A；饮水机启用后，电流为 2.78A；启用 1 台空调，电流 5.338A；启用 2 台空调，电流 10.28A。

（3）经查询计量自动化系统电量记录情况：客户 9 月电量 1296kWh，日均用电量 20.9kWh。经查计量自动化系统，7 月 1 日~9 月 1 日该户日用电量在 15~25kWh，与测量电流值、实际用电量相符。

3. 暴露问题

经过营销稽查人员与供电所用检员现场检查、测量，结合计量自动化系统核查，该户抄表正常，电费计收正确，营销稽查人员将该投诉列为"不属实"，属于无效投诉。

4. 整改措施

（1）供电所业务人员应熟练操作计量自动化系统，利用系统工具解答客户诉求。

（2）给客户提出了节能建议，同时加强居民阶梯电价知识和节能知识的宣传。

三、因电表混接造成电费错收引起客户投诉案例

1. 案例介绍

某工程施工队对客户蔡某所在小区进行电表轮换时，将该蔡某与其楼上客户余某的电表线路混接。次月，抄表员在欠费停电过程中发现了两个客户串户的情况，随后迅速通知工程施工队。工程施工队对这两个客户的电表接线进行了修正，恢复正确接线。但供电所事后与客户沟通过程中，对两户串户后错交的电费未及时协调客户进行更正，导致多交费用的蔡某致电投诉。

2. 稽查情况

营销稽查人员接到投诉工单后，迅速通知抄表员一同赶往现场，经现场核实情况，客户表后线接线已正确。

经过查询营销系统，线路混接造成客户 2018 年 4～8 月两期电费混交。根据两户电表两期电量数据差异，客户蔡某多交电量 200kWh，电费单价按 0.62 元/kWh 计算，共计 124 元。抄表员在处理串户事件时已向蔡某及余某解释电费计算过程，蔡某多交的 124 元电费应由余某承担，余某当场表示认可，但未即时兑现费用，抄表员认为沟通完毕便离开现场。事后余某一直未退回费用给蔡某，于是蔡某致电投诉。

3. 暴露问题

（1）施工单位工作马虎，供电所监管不到位。某工程施工队在轮换表施工过程中，未仔细核实表后线，供电所作为施工的监管部门，没有履行好监管责任。

（2）供电所处理客服问题过程中与客户沟通不到位，导致客户诉求升级。

4. 整改措施

（1）落实客户双方错交费用的追退。

（2）对施工单位及相关施工人员发出整改通知书，并按签订的施工合同条款，对施工单位做出相应处罚。

（3）强调轮换表施工验收的重要性，要求供电所严格落实监管，保证验收质量。

（4）强调客户诉求处理应认真对待，做好客户解释沟通工作，避免因沟通不充分造成客户投诉升级。

（5）举一反三，对同类问题进行梳理。

第七章　管理线损业务稽查

第一节　管理线损业务基础知识

一、线损业务概念

线损是供电企业的一项重要的经济技术指标，也是衡量供电企业综合管理水平的重要标志。供电企业的主要任务是安全输送与合理地分配电能，并力求减少电能损失，以取得良好的社会效益与企业经济效益。考核一个供电企业的重要经济技术指标之一就是线损率的高低，它不仅表明供电系统技术水平的高低，还能反映企业管理水平的好坏，所以加强线损管理是供电企业的一项重要工作。

1. 线损

线损（网损）是指电能在电网传输过程中，在输电、变电、配电和营销等各个环节所产生的电能损耗和损失，在习惯上通常指传输过程中所产生的有功电能损失，包括技术线损和管理线损。

电能从发电机输送到客户要经过各个输变电元件，而这些元件都存在一定的电阻和电抗，电流通过这些元件时就会造成一定的损失；电能在电磁交换过程中需要一定的励磁功率，也会形成损失，此外还有设备泄漏、计量设备误差和管理等因素造成的电能损失。

这些损失中的有功部分称为有功损失，习惯上称为线损，它以发热的形式通过空气和介质散发掉。有功功率损耗和有功电能损耗计算如下

$$P = 3i^2 R$$

$$W_P = 3i^2 Rt$$

有功电能损失与输入端输送的电能量之比或有功功率损失与输入的有功功率之比的百分数称为线损率，即

$$\Delta W\% = \frac{\Delta W}{W} \times 100\%$$

$$\Delta P\% = \frac{\Delta P}{P} \times 100\%$$

无功部分称为无功损失，它使功率因数降低、线路电流增大、有功损失加大、电压降低，并使发变电设备负载率降低。无功功率损耗和无功电能损耗计算如下

$$q = 3i^2 X$$
$$W_Q = 3i^2 Xt$$

2. 线损率

线损率是指线损电量占供电量的比率。其计算公式为

线损率 = [（供电量 − 售电量 − 主网网损率 × 送外省区电量）/（供电量 − 送外省区电量）] × 100%

其中：

供电量 = 本企业购入电量；

售电量 = 所有用户的抄见电量之和。

各省、地区供电部门对其所属输、变、配电设备根据其设备参数和实测运行数据计算得出的线损率称为理论线损率。采用下式计算

$$理论线损率 = \frac{本网理论线损电量}{计算供电量} \times 100\%$$

一般来说线损率是变化的，当综合线损率环比或者同比变化过大，数值变化超过正负 1 个百分点，我们就说线损率出现异常波动。

在计算线损率时，需要对电量进行计量，各装设电能计量装置用于电网经营企业与外部贸易结算及内部考核计量电量的位置称为计量点。计量的电量中，如果是线损由客户承担的专用线售电量和趸售电量，则该项电量称为无损电量。其中趸售电量是指销售给其他电力企业 [与公司联网（网外）的各县级电力公司] 的电量。

有损线损率指各电压等级（6～220kV）损失电量与有损供电量比值的百分率，其中有损供电量是指总供电量减去无损电量，其计算公式为

有损线损率 =（总供电量 − 售电量）/（总供电量 − 无损电量）× 100%

3. 线损的分类和构成

（1）电能损失分类。

1）按损耗的特点分类，可分为不变损耗和可变损耗两大类。

不变损耗的大小与负荷电流的变化无关，与电压变化有关，而系统电压是相对稳定的，所以其损耗相对不变。如变压器、互感器、电动机、电能表等铁芯的电能损耗，以及高压线路的电晕损耗、绝缘子损耗等。

可变损耗是电网各元件中的电阻在通过电流时产生，大小与电流的平方成

正比，如电力线路损耗、变压器绕组中的损耗。

2）按线损的性质分类，可分为技术线损和管理线损两大类。

技术线损又称理论线损，是指电能在电网传输过程中，由各个传输介质固有的物理特性所产生的电能损耗。它是电网各元件电能损耗的总称，主要包括不变损耗和可变损耗。技术线损可通过理论计算来预测，通过采取技术措施达到降低的目的。电网企业根据设备参数和实测运行数据，对其所属输配电网络进行理论损耗的计算则称为线损理论计算。

管理线损是指电能在电网传输过程中由于计量、抄表、窃电及其他人为因素造成的电能损失。管理线损通过加强管理来降低，其主要包括站线变户基础资料管理、线损统计及指标管理和管理线损分析及异常处理。

3）按损耗的变化规律分类，可分为空载损耗、负载损耗和其他损耗三类。

其中空载损耗即不变损失，与通过的电流无关，但与元件所承受的电压有关；负载损耗即可变损失，与通过的电流的平方成正比；其他损耗则与管理因素有关。

（2）电能损失的组成。在高低压电力系统中的电能损耗，主要由以下部分构成：

1）升压和降压变压器的铁芯损耗和在绕组电阻中的损耗。

2）架空线路和电缆线路电阻的损耗。

3）高压线路上的电晕损耗（一般110kV及以上才考虑）。

4）串联和并联在线路上的（或变电站内）的电抗器中的损耗。

5）架空线路绝缘子表面泄漏损耗和电缆线路的介质损耗。

6）各类互感器、保护装置和计量仪表以及二次回路中的损耗。

7）电力系统中无功功率补偿设备中的有功损耗。包括调相机及其辅助设备中的损耗，发电机作调相运行时的损耗，并联电容器中的损耗。

8）接户线电阻中的损耗。

9）其他不明损失。

二、管理线损工作内容与方法

管理线损是指电能在电网传输过程中，由于计量、抄表、窃电及其他人为因素造成的电能损失。本章主要侧重介绍管理线损的稽查知识。

1. 管理线损工作内容

根据职责划分，市场营销部门负责本单位管理线损的管理工作和本单位线损"四分"的计量、数据管理工作，负责分区、分台区的线损指标统计分析、配合开展线损、综合厂用电率指标异常波动分析工作、10kV及以下分压线损统计，10kV分线和分台区线损统计分析及异常波动分析工作。管理线损的工作内容具体如下：

（1）基础数据动态管理。开展分线、分台区线损统计，建立基础数据的联动机制。通过配电与营销业务流程的紧密结合，实现配网生产与营销基础数据档案的动态维护，确保分线、分台区统计准确。通过现有系统的有效整合以及数据共享，理清线、变、户对应关系，实现分线、分台区线损基础数据常态化维护、线损自动统计、线损异常实时监测和闭环处理。

（2）线损异常管理工作。采用专变客户线损精确比对、公变客户线损趋势分析的方式，对分线、分台区线损指标完成情况，与计划、同期及理论线损值进行比较分析，查找线损异常原因。

（3）市场营销相关工作。加强电费抄核收工作管理，规范电费抄核收作业；加强计量运行管理，建立电能计量装置运行现场检查的常态化工作机制；加强用电检查管理，实现线损异常分析与用电检查工作联动的常态化机制，重点做好10kV线路线损异常和0.4kV台区线损异常分析和闭环管理工作。

2. 线损四分管理方法

线损管理应以"技术线损最优、管理线损最小"为目标，以深化线损"四分"（分区、分压、分线和分台区）管理为基础，以计量自动化系统等信息平台为支撑手段，通过采取规划降损、技术降损、管理降损和运行降损等措施减少电能在电网传输过程中的损耗和损失。

线损四分管理是指对所管辖电网线损采取包括分压、分区、分线和分台区等四个模式在内的综合管理方式。分压管理指对所管辖电网按不同电压等级进行线损统计、分析及考核的管理方式；分区管理指对所管辖电网按供电区域划分为若干个行政管理单位（部门）进行线损统计、分析及考核的管理方式；分线管理指对所管辖电网中各电压等级主设备（线路、变压器）的单个元件电能损耗进行统计、分析及考核的管理方式；分台区管理指对所管辖电网中各个公用配电变压器的供电区域电能损耗进行统计、分析及考核的管理方式。

（1）线损四分指标管理。按各单位（部门）的线损管理职责范围划分，对线损率指标实行分级管理。

线损率指标包含：①所辖电网综合线损率；②35kV及以上电网综合线损

率；③35kV 及以上各电压等级电网线损率、有损线损率；④分线（分变）线损率［其中 10（6）kV 线损率包含配变损耗］；⑤10kV 及以下电网综合线损率、有损线损率；⑥10（6）kV 电网线损率、有损线损率；⑦0.4kV 低压网线损率；⑧0.4kV 单台区线损。

线损四分小指标包含：①母线电量不平衡率的合格率；②变电站站用电指标完成率；③线损四分考核计量点的覆盖率；④台区有功 / 无功计量装置覆盖率；⑤厂站电能量计量遥测系统覆盖率；⑥负荷管理系统覆盖率；⑦公用配变监测系统终端覆盖率；⑧低压集中抄表系统覆盖率。上述小指标中①～④为考核指标，⑤～⑧为备案统计指标。

（2）线损四分基础资料管理。根据线损四分管理工作需要，各供电局应至少具备如下基础资料：

1）按上级制订的工作方案，逐级制定年度（或季、月度）线损四分管理的工作方案或工作计划。

2）供售电关系明细表（或计量点台账）。

3）10（6）kV 配电线路与配变对应关系（或配网单线图）。

4）公用变压器—用户对应关系（或台区用户台账）。

5）线损四分统计报表、线损理论计算年度报告及与计算相关的设备技术参数、电网拓扑图等资料。

（3）计量和抄表管理。计量点的设置、计量装置的配置应满足线损四分统计与分析的基本需要。双电源、多电源供电用户应装设两套、多套计量装置；两个供电营业所之间的互供电点须装设双向计量装置。

10（6）kV 环网线路开环点可酌情装设双向计量装置，但对结构复杂、环网数量多、开环点多的环网或当月运行方式有改变的情况允许合并统计、考核。一般情况下合并统计的线路条数不宜超过 5 条。

（4）线损四分分析与异常处理。线损四分分析应选择合理（有可比性）分析统计口径，定量分析与定性分析相结合，以定量分析为主，线损率指标与线损管理小指标分析并重。

线损四分分析内容应包括：指标完成情况；统计线损与计划、同期及理论线损比较分析；线损波动的原因分析；需要采取的降损措施。

各单位应制定线损异常处理相关制度，明确处理流程，处理须按闭环管理原则进行，对线损率偏大、损失电量较高的异常事件要进行书面分析，明确异常原因，落实处理措施、责任部门和责任人，并及时上报上级主管部门。

第二节　管理线损业务风险点

一、站线变户基础资料管理风险点

1. 站线变户关系不正确

防范措施：开展站线变户关系核查，对存量关系不对应的数据进行修正；完善电子化移交机制，确保配网生产和营销部门信息传递渠道通畅。营销部门应在电子化移交后及时维护档案及系统数据相关资料，确保资料的准确性、完整性。

2. 负荷割接的电子化移交不及时

防范措施：建立执行部门沟通协调机制，确保信息及时传递。电子化移交工单完成发布后，业务人员应及时对营销系统的相关基础资料进行更新维护，实现配网生产与营销基础数据档案的动态维护，确保分线、分台区统计准确。

3. 业扩工单归档不及时

防范措施：建立业扩在途工单翻月前的预警通知机制，业务办理人员应在月底抄表初始化前完成业务将工单归档，避免造成计费关联档案更正失败或影响电量发行。

二、线损统计及指标管理风险点

1. 线损指标设置、分解或考核不到位

防范措施：对于新增线路（台区）应及时计算线损理论值并按规定设置阀值，并将线损指标分解下达到各线路、台区，指定线路、台区线损管理责任人，明确考核到人。

2. 线损统计不准确性、不真实

防范措施：定期对线损统计结果进行抽检，核查是否存在为完成上级下达的指标对实际完成值进行调整和改动现象，例如对不属于该条线路（台区）的售电量统计时添加进该条线路售电量中；通过调整用户售电量，使售电量、线损率等各项指标完成上级考核任务；故意使关口表、台区考核表失准从而掩饰线损异常等人为调节线损的行为。

三、管理线损分析及异常处理风险点

1. 线损异常管理不到位

（1）线损异常分析处理、闭环跟踪不到位。

防范措施：认真开展线损异常整改，逐层开展线损异常原因分析，做好线损异常原因归类，明确责任专业（部门），制定处理措施，给定处理期限。对于已经完成线损异常整改的线路和台区，要至少连续 3 期（含整改完成后当期）跟踪线损异常处理结果，确保线损异常管理成效得以固化。

（2）连续多期线损异常跟踪整改不到位。

防范措施：对于连续三期异常的线路（台区）召开分析会，制订专项处理方案（明确责任部门及处理时限），将经过异常分析和处理、排除管理线损后线损率仍超标的线路和台区，提交技术改造部门进行改造；针对高损具体情况，制订高损降损年度或跨年度计划，制定高损精准降损工作措施，对高损台区、高损线路进行处理。

2. 线损异常原因分析及处理不到位

常见的线损异常原因见表 7-1。

表 7-1   线损异常原因明细表

序号	异常原因分类	异常原因	责任专业（部门）
1	抄核收管理	抄表数据错误（估抄、错抄、漏抄）	抄核收专业
		未按抄表例日抄表、同线路（台区）用户表码不同期	
		电量追补不正确、不及时	
		小水电、光伏发电电量结算异常	
2	用检管理	窃电或违约用电	用电检查专业
		树障（建筑物）造成线路磨损漏电	
		谐波用户干扰	
		无功补偿不足	
3	计量管理	计量装置故障、接线错误	计量专业
		表计残旧、超差	
		更换计量装置录入时间或表码与实际不一致	
		用户 CT 饱和	
		终端采集问题	
		供售端计量精度误差	
4	拓扑关系	历史线变户对应关系错误	配网运行部门
		负荷割接资料更新不及时	
		环网转供电	
		线路错误组合	
5	档案数据问题	互感器变比错误（或计费倍率错误）	营销专业
		营销系统与计量自动化系统档案不一致	

序号	异常原因分类	异常原因	责任专业（部门）
6	技术线损	负荷率低设备损耗比例大（或空载）	配网运行部门
		供售电量均为 0（或停用备用状态）	
		线路重（轻）载	
		公变台区变损大	
		供电半径过长或线径小	
		供电线路残旧、破损	
		公变无功补偿不足	
		三相负荷不平衡	
7	其他原因	信息系统故障	信息部门
		其他原因	线损专业

（1）抄核收专业。

1）抄表数据错误（估抄、错抄、漏抄）。

防范措施：根据制度要求正确抄录表计行码，不得漏抄、估抄，严禁委托客户抄表和私自委托他人代抄表；对远程抄表客户按规定定期核对抄表数据，发现用电异常情况，按规范启动异常处理和跟踪流程；表码修改应合理且有完整记录。

2）线路（台区）表码不同期。

防范措施：合理安排抄表例日，应使每个月的供、售电量尽可能相对应，以减少统计线损率的波动。对专用线路、专用变电站、趸售单位和季节性供电的用户以及有条件实行月末日 24 点抄表的用户，均必须在月末日 24 点抄表。其余用户的抄表例日应予固定。

3）电量追补不及时。

防范措施：确保抄表数据质量，规范线损的电量退补管理。计费计量装置接线错误的，以其实际记录电量为基础，按正确与错误接线的差错率退补电量。

4）小水电、光伏发电电量结算异常。

防范措施：加强抄表质量管控，严控错漏抄，全面推行小水电、光伏等购电户自动抄表，每月 1 日计量自动化系统自动抄录行码；在营销信息系统中分别建立购电户、售电户，每月按实抄录上、下网电量，严控上、下网电量互抵行为；规范签订购电合同，严控合同执行，上网电量每月结算，确保供、售抄表结算准确。

（2）用电检查专业。

1）窃电或违约用电。

防范措施：加强电力法律法规和反窃电工作宣传的力度，建立用电检查和线损管理联动机制，加强线损监测数据分析。对于存在违约窃电行为的，应在规定时限内进行查处。

2）谐波用户干扰，影响集抄数据传输。

防范措施：加强对用户设备的用电检查，做好消谐装置监督检查工作。

3）专用变压器无功补偿不足，导致线路损耗增加。

防范措施：加强对用户无功电力的管理，每月定期筛选无功补偿不达标的客户，协助客户查找无功补偿不达标的原因，通过整改通知书督促客户进行整改并形成记录。

（3）计量管理专业。

1）计量装置故障、接线错误。

防范措施：加强计量自动化采集数据的集中监控，及时对电流、电压、功率的采集数据异常和停电报警等信息进行分析，计量运维人员在规定时限内至现场开展运维，及时消缺、妥善处理。对于存在违约窃电行为的，应在规定时限内联合用电检查人员进行查处；对于计量故障及接线错误的，及时纠错、更换计量设备。确保计量准确，精确反映线损水平。

2）表计残旧、超差。

防范措施：在规定年限内对客户计量装置进行现场校验、更换；深入开展常规用电检查或组织客户用电安全专项检查，形成清单及时移交计量人员安排更换、追补电量；每年申报营销技改等项目，分批更换表计，确保计量准确。

3）更换计量装置录入时间或表码与实际不一致。

防范措施：严控装拆表人员如实录入旧表截码、新表起码，计量资产管理人员在回仓时严格复核实物行码与信息系统录入的行码是否一致；严控更换计量装置的业务流程"体外循环"，现场完成装拆表当日必须在信息系统业务流程中录入信息。确保换表电量计算准确，如实反映线损值。

4）用户 TA 饱和导致计量失准。

防范措施：加强用户计量装置现场校验和用电检查工作，及时发现 CT 饱和等影响计量准确性的问题，与客户进行确认，并及时进行消缺、更换、电量追补。

5）终端数据采集错误或缺失问题。

防范措施：利用计量自动化系统对采集数据的完整性进行在线监控，对于自动抄录缺数（无法自动抄录）的情况在规定时间内至现场进行运维、调试并重新远程补采行码或人工补抄数据，开展常态分析，核对计量自动化系统、营销信息系统、实物三者之间的终端采集关系是否正确。

6）供售端计量精度误差。

防范措施：按规定时限开展计量装置现场校验，开展供、售电户计量装置巡检，对计量精度超过误差范围的及时进行更换。

（4）拓扑关系。

1）线变户对应关系错误。

防范措施：定期开展线变户关系核查，及时维护档案及系统数据相关资料，确保资料的准确性、完整性。

2）负荷割接资料更新不及时。

防范措施：执行部门间沟通协调机制，确保信息及时传递；线损管理人员在报表数据上报前，主动与相关部门核实当月负荷割接情况。

3）环网转供电。

防范措施：执行部门间沟通协调机制，确保信息及时传递；线损管理人员在报表数据上报前，主动与相关部门核实当月转供电情况，确保报表统计准确。

4）线路台区组合不规范。

防范措施：线路或台区必须在负荷割接材料未更新或是发生环网转供的情况下才能进行组合，且必须有相应的工单或生产记录为依据，严禁出现不规范的组合情况。

（5）档案数据问题。

1）互感器变比错误（或计费倍率错误）。

防范措施：做好业扩、基建、大修、技改和户表等各类电子化移交流程并审核，不断提升营配数据的一致性。

2）新投运的公变或已完成改造的台区，已通过验收，但未及时在营销系统、计量自动化系统中建档。

防范措施：及时维护档案及系统数据相关资料，确保现场与信息系统的档案一致性；加强业务流程时限控制，已通过验收投运的台区考核表、台区下挂低压客户及时建档。

3）营销系统、计量自动化系统、现场设备三者档案其中一项以上错漏。

主要包括：计量自动化系统和营销系统购电户计量点档案缺失或不一致，导致购电量无法自动无误抄录；营销系统、计量自动化系统、现场终端（或表计）三者之间的"测量点+表地址"不一致，导致错抄风险；营销系统、计量自动化系统中的客户电表资产编号等档案不匹配，计量自动化系统成功抄录行码，却无法自动推送到营销系统作为结算表码，导致计量自动化系统统计的线损与营销系统统计的线损存在较大差异。

防范措施：对自动抄表失败客户进行分析，对自动抄表失败原因进行逐一排查，确认属档案问题进行核实整改；开展数据专项核查清理，以自动抄表率波动异常为重要分析入口，及时发现系统与现场不匹配的具体数据明细，针对性进行核查整改。

（6）技术线损。

1）负荷率低（高）设备损耗比例大。

2）供电半径短（长）或负荷轻。

3）供电线路残旧、破损。

4）公变无功补偿不足。

5）三相负荷不平衡。

6）小水电过网、光伏发电。

防范措施：由营销部门进行异常原因分析说明，协调配网部门进行处理，技术降损处理需求由营销部门向归口管理的配网部门报送。

（7）其他原因。

1）GIS系统数据正确，但无法触发营销系统数据变更等信息系统故障。

防范措施：完善营配信息系统的接口功能，确保营销系统内各处电源点档案能实现"一次修改，自动同步"。对功能欠缺而造成系统反映的线损异常，需要按流程要求提出问题说明或功能需求意见，管理部门跟踪落实，以推进响应速度。

2）集抄改造、计量装置轮换等工程改造原因。

防范措施：基建、配网、营销三线联动，变动信息共享互动，加强变动项目的现场核查验收工作。对集抄及计量装置轮换改造工程，验收应包括集抄数据指标验收，线损指标验收，现场抄表的数据必须在集抄数据时间段内进行判断核实。

第三节　管理线损稽查要点

一、站线变户基础数据的稽查

站线变户基础数据是多数线路（台区）线损异常的主要原因，因此，理清站线变户对应关系是否正确具有重要意义。站线变户基础数据的稽查要点主要包括站线变户关系准确性、负荷割接的电子化移交及时性、业扩及变更用电等工单归档及时性三方面。

1. 站线变户关系准确性

首先应用营销系统中的"站线变户查询""客户综合档案的电源信息""客户综合档案的计量点所属线路、所属台区"等功能进行数据比对，分析出营销系统中站线变户对应关系不一致的异常明细；其次比对营销系统与 GIS 系统、计量自动化系统中站线变户对应关系是否一致，找出不一致的异常明细；最后结合计量自动化系统的远程抄表情况、线路停电报警情况、营销系统的客户停复电诉求情况进行综合判断，优选出异常样本到现场开展稽查。

2. 负荷割接的电子化移交及时性

如果站线变户关系对应不正确，在生产系统的配网台账移交功能中查询上月归档工程类的电子化移交，针对指定台区进行查询，核查线路（台区）近期是否存在负荷割接，如确实存在负荷割接情况，且更正线变户关系后线损恢复正常，则认为异常原因可能为"未更新负荷割接资料"，通过查阅"两票"等业务资料或询问核实等方式进一步确认站线变户关系的准确性。

3. 业扩及变更用电等工单归档及时性

查询在途工单（包括新装、增容、换表、销户、暂停等）是否存在翻月前未归档、未进行抄表和电量发行的用户，统计该部分用户对应的台区电源点以及所涉及的抄见电量，对该台区的售电量进行更加准确的计算。进一步查阅工单原始资料和系统信息，确认是否由于归档不及时或各信息系统之间档案自动同步不成功等原因引起站线变户基础数据不准确。

二、线损统计及指标管理的稽查

线损统计及指标管理的稽查要点主要包括线损指标设置、分解及考核是否到位、线损统计真实性两方面。

1. 线损指标设置、分解及考核是否到位

每条线路、每个台区线损异常阀值是否按按理论线损的 1.0 至 1.5 倍进行设置，对于理论线损小于 1% 的，是否按不超过理论线损 0.5% 设置；各业务部门是否将线损指标分解下达到各线路、台区，指定线路、台区线损管理责任人；是否根据实际情况制定本单位管理线损考核方案，包括对区县供电局、供电所、线路及台区责任人、异常处理责任单位和责任人的考核，包括指标考核和工作质量考核。

2. 线损统计准确性、真实性

重点关注远程抄表成功但存在修改表码以达到调节线损的异常行为。将计量自动化系统采集表码与营销系统抄录行码进行比对，将修改的电量差额对应计入供售电量，如果线损指标从正常变成异常，则存在人为调节线损的嫌疑；关注存在短接、分流关口表、台区考核表等故意使关口表、台区考核表失准从而掩饰线损异常的窃电行为。

三、线损分析及异常处理的稽查

线损分析及异常处理的稽查要点主要包括线损异常管理是否到位、分析及处理是否到位两方面。

1. 线损异常管理是否到位

（1）异常处理及闭环管理是否到位。查阅营销系统所属异常工单，综合核查线损异常原因分析及分类定性是否准确，分析是否依据充分，定量是否计算准确，异常原因描述说明是否详细。

根据样本异常工单核查工单闭环管理情况，包括：措施是否相对应异常原因，是否完整有效、是否有具体责任人、是否及时等。

查看异常的线路及台区是否恢复正常，引起线损异常的原因是否到位、规范整改，例如电量追补是否到位。

（2）连续 3 期异常的线路（台区）管控是否到位。导出连续 3 期以上的异常线路及台区清单为样本，通过座谈了解、查阅线损分析报告和降损工作总结等方式，确认责任单位是否进行专题分析，是否采取有效措施进行降损，是否对责任单位或责任人进行培训和考核，是否针对根本原因落实防范措施或建立长效机制。

2. 线损异常原因分析及处理是否到位

（1）抄核收管理。

1）抄表数据错误（估抄、错抄、漏抄）。

首先查询客户电费状态，核对抄表完成率，查询用户"核算状态"是否全部为电费发行，排查是否存在漏抄用户，如果全部都是"电费发行"，则表示线损数据统计完整。其次，查询线路（台区）近三个月线损率变化趋势，导出抄表方式为手工抄录的用户，核查是否存在电量环比波动较大的用户，排查是否存在估抄、错抄的可能。

2）同线路（台区）用户表码不同期。

首先，检查供电量明细。查看营销系统关口表表码（包括起码、止码、倍率）与计量自动化系统记录是否一致，是否为 1 日零时表码。如果线路（台区）考核总表不是 1 日零时表码，则需根据供售电量差异天数，估算影响电量。剔除影响电量，重新手工计算线损率。如果线损率恢复正常，则认为异常原因为"表码不同期"。

其次，检查售电量明细。核对是否有手工抄表用户，所录表码是否为 1 日零时表码；如果存在手工非 1 号零时表码，则需根据供售电量差异天数，估算影响电量。剔除影响电量，重新手工计算线损率。如果线损率恢复正常，则认为异常原因为"表码不同期"。

3）电量退补不正确、不及时。

变电站（台区）关口表、用户表计发生变更的，要核对是否有换表（退补）工单，换表（退补）电量计算是否正确。如果换表（退补）电量不正确，应核查换表表码是否准确录入，如果因表码录入错误导致的线损异常，则应起冲正工单更正。如果线损率恢复正常，则认为异常原因为"计量管理的数据采集问题"。

4）小水电、光伏发电电量结算异常。

核对是否包含除变电站考核户外的其他用户（例如：光伏、小水电等地方电厂户）电量结算是否正常；涉及光伏、小水电等地方电厂户结算的线路（台区），还必须核查线路（台区）反向电量是否未结算。如果因反向电量未结算，则应分析未抄表原因，并及时抄表结算。如果线损率恢复正常，则认为异常原因为"抄核收原因"。

（2）用电检查管理。

1）窃电或违约用电。违窃行为分析思路可分为以下两方面：

一是通过对线损异常线路（台区）所供用户用电合同预算用电量与实际用电量是否存在较大偏差，且比同类型、同额定容量、同时期用户用电量存在较大偏差（包括正、负偏差）。

二是通过计量自动化系统对线损异常线路（台区）的供售电计量点运行数据进行分析，是否存在失压、失流、欠压、相间电流不平衡、总功率不等于各相功率之和等情况。

如果发现有窃电或违约用电用户，则根据追补电量估算影响电量，剔除影响电量，重新手工计算线损率。如果线损率恢复正常，则认为异常原因为"存在违窃用户"。

2）谐波用户干扰。根据系统资料，分析线损异常线路（台区）下是否存在谐波源用户，包括电镀厂、造船厂、中屏炉等。

（3）计量管理。

1）计量装置故障、接线错误。分析线路（台区）供售电计量点，在计量自动化系统查看是否存在失压、失流、欠压、相间电流不平衡、总功率不等于各相功率之和等情况；现场核查计量二次回路、计量器具及接线盒，核查是否存在接线方式错误、计量器具超差或故障、接线盒或二次回路连接触点松脱等，都会造成计量不准确。

2）更换计量装置录入时间或表码与实际不一致。通过换表截码判断计量装置录入时间与实际换表时间是否一致，若分摊后日用电量明显增大，则可能存在更换计量装置录入时间或表码与实际不一致的情况；结合计量装置装拆纸质表单填写日期进行进一步验证。

3）用户 TA 饱和、供售端计量精度误差。

应用营销信息系统、计量自动化系统开展数据分析（例如：计量自动化系统实时采集的 TA 一次电流超过 TA 铭牌的一次额定电流两倍以上、持续超负荷用电的客户等），筛查异常明细，重点稽查计量现场校验、巡查、用电检查工作是否在规定时限内开展，是否能及时发现 TA 饱和以及计量精度误差的问题并赴现场进行处理。

（4）拓扑关系。

1）历史线变户对应关系错误或负荷割接资料更新不及时。在营销系统中，导出售电量明细，核对站—线—变—户关系是否准确。如果站线变户关系对应不正确，应核查线路（台区）近期是否存在负荷割接，如更正线变户关系后线损恢复正常，则认为异常原因为"历史变户对应关系错误"或"未更新负荷割接资料"。

2）环网转供电未提前组合。如果线路存在转供电而未提前组合，则按照组合信息分摊计算供电量。如果线损率恢复正常，则认为异常原因为"环网转供电或组合台区电量计算错误"。

3）线路（台区）错误组合。重点关注同一组合内线路（台区）超过常规数量的或台区名称明显不属同一配电房等不合理并线并台的情况，进一步查看组合线路或台区是否有负荷割接资料更新或是发生环网转供相应的工单或生产记录依据。

（5）档案数据问题。

1）互感器变比错误（或计费倍率错误）。计量档案变比以营销系统综合倍率为基准，对比线路（台区）供售电计量点的营销系统与计量资产档案，包括核查互感器的变比、计量点变比、综合倍率。应当确保"营销系统—计量自动化系统"资料一致。

2）新投运的公变或已完成改造的台区，已通过验收，但未及时在营销系统、计量自动化系统中建档。

查阅营销技改项目、基建项目进度统计表等项目资料，结合现场座谈了解，确定已投运的台区、已改造的计量装置，进一步查看营销系统的计量装置更换工单、考核表新装工单等信息与实际是否匹配，找到异常进行核实。查阅信息系统中的停电计划，确定投运的日期，与营销系统中换表流程的装拆时间进行匹配，找到异常进行核实。

3）营销系统、计量自动化系统、现场设备三者档案其中一项以上错漏。

获取每月营销系统中自动抄表失败户清单进行分析，稽查档案问题的是否已整改，利用计量自动化系统远程点抄等功能进行整改效果的验证；对于营销系统、计量自动化系统抄录本月行码、上月行码进行比对，发现异常户并进行核实。

（6）技术线损。生产技术方面，应当以现场核查为基准，做基础资料分析时，主要从以下几个方面开展：

1）线路重（轻）载。根据计量自动化系统数据，判断线路（台区）是否轻载，线路月度抄见电量少于3万kWh、台区月度抄见电量少于1万kWh时，可视为轻载。

根据计量自动化系统数据，线路（台区）下接用户容量超过变压器额定容量，或者在计量自动化系统线路（台区）负荷率大于80%，可视为轻载。

若从计量自动化系统日线损数据进行分析，可根据上年度10（20）kV总供电量和线路总条数，计算出单条线路日平均供电量（每年按365天计算），当线路实际日输入电量低于线路日平均供电量的30%，视为线路轻载。

当公用变压器实际日输入电量低于变压器额定容量30%所对应的日电量（功率因数按0.8计算，每日按24小时计算），视为公用变压器轻载。

2）负荷率低（高）设备损耗比例大。核实高损线路空载变压器的台数；检查是否存在较多过载或轻载变压器，判断线损异常是否由变压器容量配置不合理而引起；核查用户设备主要型号，是否高耗能设备多，变压器型号S9以下为高耗能设备。

3）三相不平衡。根据计量自动化系统数据，分析线路（台区）计量点三相负荷是否平衡，常见分析方法如下：

a. 三相三线的计量方式用户三相不平衡，出现计量异常可能性比较大。

b. 三相四线的计量方式用户三相不平衡，需要分析用户的用电设备情况、用电情况。

c. 三相四线的计量方式公用变压器台区三相不平衡，需要对用户负荷进行调整。

4）无功补偿不足或过补偿。线路（台区）功率因数由功率总表的有功、无功电量计算，计量点功率因数偏低或过补偿，都可能造成线损异常。通过计量自动化系统获取线损异常的线路（台区）计量点的功率因数，当并获取该线路（台区）末端电压值，如功率因数低，且末端电压偏低，则可能存在因"无功补偿不足"导致线损异常的情况。

5）公用变压器台区变损占比大。分析线路下接所有专用变压器、公用变压器数量，其中高供低计的专变与公变各多少台、占比如何，如果公用变压器数量多且变损占比、电量大，则可能是造成线损异常的主要原因。

6）供电半径过长。对于线损异常，可通过生产系统（资产管理系统）或 GIS 系统获取线路（台区）供电线路长度。如果中压、低压线路供电半径过长，再核查该线路（台区）末端用户电压，线路长且末端电压低则为技术原因。

第四节　管理线损业务典型案例分析

一、客户电源信息更新不及时案例

1. 案例介绍

2015 年 2 月，稽查部门稽查人员开展对某业务部门 2015 年 1 月异常线损管理项目稽查，发现"变 - 户"关系不一致导致线损异常典型问题。

"某 #9 配电站 #1 台变" 1 月的供电量为 112432kWh，售电量为 115434kWh 线损率为 –2.67%（考核值 3.86%），异常原因定性为计量装置故障，描述为怀疑台区考核表故障，整改措施为申请校考核表；"某 #9 配电站 #2 台变" 1 月的供电量为 124500kWh，售电量为 116499kWh，线损率为 6.43%（考核值 2.46%），异常原因定性为抄表原因，描述为供售抄表不同期，整改措施为固化抄表周期。之前一周期"某 #9 配电站 #1、某 #9 配电站 #2 台变"（2014 年 11 月）的线损率为 2.38%、1.78%。

2. 稽查情况

（1）发现线索。对 2015 年 1 月某所异常台区的分析工作过程开展稽查，通过核对异常台区"某#9配电站#1台变"的变户关系，分别在营销系统线损模块、业扩综合查询变户关系、按区段号和配网生产系统分别导出变户关系表，四种情况导出的变户明细按户号大小分别排序，通过户号比对，发现A客户对应的电源信息异常。

（2）系统核查。A客户在营销系统和营配集成系统的基本档案显示对应电源信息是台区"某#9配电站#2台变"，而在营销系统管理线损变户关系模块中A客户却挂在"某#9配电站#1台变"下。

（3）现场核查。现场核对发现该客户是下挂在"某#9配电站#2台变"下。

（4）异常核查。经查，运维人员在1月12日进行"某#9配电站#1台变"变压器负荷调整，将A客户从"某#9配电站#1台变"到"某#9配电站#2台变"。

（5）量化分析。A客户2月电抄见电量为9515kWh，正确计算和描述应为："某#9配电站#1台变"1月的供电量为112432kWh，售电量为（115434–9515+9515/30×12）=109725kWh，线损率为2.41%（考核值3.86%），异常原因定性为变户对应关系错误，描述为A客户在1月12日因"某#9配电站#1台变"变压器负荷调整到"某#9配电站#2台变"，整改措施为及时修正变户关系并跟进后期线损率；"某#9配电站#2台变"1月的供电量为124500kWh，售电量为（116499+9515/30×18）=122208kWh，线损率为1.84%（考核值2.46%），异常原因定性为变户对应关系错误，描述为A客户在1月12日因"某#9配电站#1台变"变压器负荷调整到"某#9配电站#2台变"，整改措施为及时修正变户关系并跟进后期线损率。

3. 暴露问题

经查，某所线损管理人员与运行相关人沟通联系不密切，对于线路因抢修、负荷切割等原因调整客户电源等信息没有及时进行更新，导致客户变户关系不正确。

4. 整改措施

对于已发现异常问题的台区，应首先从抄表时间、变户关系等基本材料分析线损异常。对负荷切割的台区及时核查和更新变户拓扑关系，建立运行与营销人员对线路和台区运行变更信息沟通机制，优化各环节流转情况，找出跟进不到位的相关环节和责任人。

二、测量点编号档案错误导致线损异常案例

1. 案例介绍

2018年7月，稽查部门对某业务部门开展管理线损稽查，发现该局某台区连续多期线损异常，线损异常分析定性均为"负荷割接不及时"。经调查分

析，存在线损异常分析原因定性不准确情况，该台区下某用户计量点测量点编号档案错误导致表码提取错误是造成台区线损异常的主要原因。

2. 稽查情况

稽查人员以该台区的异常原因分析"负荷割接不及时"为入口，在生产系统的配网台账移交功能中查询上月归档的工程类的电子化移交，发现该台区近几个月不存在负荷割接情况，初步判定该异常原因分析定性不准确。

根据线损异常原因分析的各个要素，稽查员对该台区的档案基础资料进行排查，发现该台区下某用户存在营销系统、计量系统测量点编号不一致情况，疑似表码采集错误。现场核对发现，该用户电能表113000150564由集中器逻辑地址440960008107进行数据采集，营销、计量系统及现场集中器原测量点编号分别为149、165及165，系统5月1日抄表底数为1761.49，而5月7日该台区现场计量装置表码底数为4140.19，存在考核表表码抄录错误情况。

经查，2018年4月28日11：23：17，工作人员在营销系统对台区10kV滨河1号配电房台区考核户进行客户档案信息维护后，营销系统自动同步错误的149的测量点序号档案到计量系统中，导致计量系统的档案与现场集中器不一致。自4月29日开始，计量系统采集到电能表113000139×××的电量数据进行储存并在5月1日自动推送到营销进行电子化结算。剔除影响电量后重新手工计算线损率，该台区线损恢复正常，确定"测量点编号错误"是该台区导致线损异常的原因。

3. 暴露问题

计量人员对营销系统与计量自动化系统不一致的差异档案进行核查整改不到位，测量点编号错误录入且未及时发现营销、计量系统、现场终端三者之间"测量点地址＋表地址"不一致情况，造成考核表错抄差错，导致台区线损异常。

4. 整改措施

对营销、计量系统、现场终端三者之间的"测量点号＋表地址"不一致以及终端逻辑地址营销系统与计量自动化系统不一致的差异档案进行核查整改，确保三者保持一致。

对营销系统缺失终端与电能表采集关系的电能表进行表地址与采集关系核查整改。维护采集关系前须确保营销系统中表地址正确无误，杜绝不正确表地址档案同步至计量自动化系统后，造成错抄等风险。

三、现场倍率与系统倍率不一致导致线损异常案例

1. 案例介绍

2017年6月，稽查人员对某业务部门进行管理线损稽查时，发现某台区

自 2017 年 1 月至 6 月期间线损异。在线损异常原因分析工单中，该台区每月异常原因均为"线变户关系不一致"，未见有效降损措施。稽查发现，该台区下某一用户现场倍率与系统计费倍率不一致，每月少计该户 40 倍电量，是造成该台区连续异常的根本原因。

2. 稽查情况

稽查人员以供电局对该台区的异常原因分析"线变户关系不一致"为入口，导出售电量明细，核对站线变户关系后未发现异常，初步排除是因线变户关系引起的线损异常，线损异常分析工单原因定性不准确。

按照线损异常原因分析的各个因素，稽查员对该台区下用户的档案基础资料进行排查，发现用户李某在该 2016 年 12 月有更换计量装置记录，更换后每月电量骤减，疑似因计量故障导致台区线损异常。

现场稽查发现，2016 年 12 月 20 日业务人员在营销系统启动"更换计量装置"流程，至 12 月 30 日办理完毕（该环节耗时 10 个自然日），并且在"全面资料审核"环节未能发现工单问题，导致未及时在月底抄表初始化前完成业务将工单归档，客户互感器倍率、计费倍率未得到变更。该用户营销系统计费倍率为 300/5，现场电流互感器变比实为 500/5，每月少计用户 40 倍电量，是影响该台区线损连续异常的根本原因。

3. 暴露问题

计量人员未在月底抄表初始化前完成业务将工单归档，导致客户互感器倍率、计费倍率未得到变更，导致少计用户电量，引发线损异常，是造成该差错的主要原因。电费复核人员无视营销系统电费复核环节多月发生的异常告警，对于异常工单未下发分散复核任务便直接转集中确认，结束复核工单发行电费，未能防止该事故进一步扩大，是造成该差错的另一原因。

4. 整改措施

加强更换计量装置业务管理，严格把控在途业扩工单归档时限，月底抄表初始化前完成业务将工单归档；加强管控电费核算工作，提升电费复核工作质量，杜绝核算工作形同虚设；加强用电检查和管理线损工作，及时发现线损异常表象下的业务不规范问题。

四、虚构退补电量事件掩盖线损异常事实案例

1. 案例介绍

稽查部门在对某业务部门线损异常定性分析和处理过程稽查时发现，部分台区和公线考核表出现多次强制追补，追补原因大多是"计量故障"和"负荷

调整、转供电"，退补电量后线损异常恢复到合格范围。进一步稽查发现部分考核表计没有故障，台区或者线路也没有转供电运行记录，退补原因与实际不符，存在人为强制退补考核表计电量达到掩盖线损异常的情况，大大降低了利用分线、分台区线损分析及时发现客户计量表计故障和窃电行为的作用。

2. 稽查情况

由于对考核表户进行电量退补后分线、分台区线损率处于线损考核阀值范围内，营销系统不再提示为异常线路、台区，无法通过对线损异常线路、台区的稽查发现电量退补不规范。但线损异常原因分析不到位，真正的线损异常原因没有解决，会造成线路、台区多期启动异常，业务部门往往也会发起多期不规范的电量退补。因此通过对一个时间段内的考核表户电量退补工单进行统计，筛选多次退补的考核表户，再结合计量自动化系统、配网生产系统的数据进行核对即可锁定电量退补不规范的工单。具体稽查过程如下：

通过营销系统条件查询功能，导出了 2014 年 1 月至 2015 年 1 月期间公用变压器及公线考核表计发生过电量退补的工单。查询条件为：①业务类别 = 电量退补；②申请日期 ≥ 2014 年 1 月 1 日；③申请日期 ≤ 2015 年 1 月 31 日。然后对导出的表格清单进行筛选，保留公变台区及公线考核表工单。统计多次退补的考核表户，对该部分一一进行核对。

对于退补原因为"计量故障"的，查询该表计前后多月的电量是否存在较大的波动，并通过计量自动化系统查看表计采样记录，然后查看是否发起计量故障处理工作单。对于退补原因为"负荷调整、转供电"的，查看该台区或者公线的运行记录，并进去 GIS 系统查询该台区和公线的单线图，核实线路的接线方式是否存在转供电的可能。

比如，在核查中发现某供电所某公变台区的关口计量，从 2014 年 1 月至 2015 年 1 月期间，共完成电量退补工单 4 起，修改电表起码 3 起。2014 年 1 月在电量退补工单中描述的退补原因为"表坏按台区线损 12% 追补电量 43000kWh"，经核查计量自动化系统，该台区配变终端在这期间均运行良好，没有发生故障。深入稽查发现该台区在 2013 年 8 月因尤特台风抢修更换了变压器，互感器变比由原来的 400/5 变更为 750/5，但在营销系统一直没有走工作单更新，导致抄表数据错误使线损长期异常，但是供电所线损管理人员没有认真去查实线损异常的原因，采用多月强制退补考核表电量的方法掩盖线损异常的事实。

比如某公用变压器台区，2014 年 2 月退减供电量 1000kWh，退补原因描述为"由于该公用变压器终端 485 接口故障，造成本月供电量多抄有功电量

1000度"。经核实，该配电变压器终端运行正常，线损异常的真实原因为2014年春节抄表期间不按抄表例日抄表造成售电量偏小。

3. 暴露问题

工作人员未及时更新营销系统计量装置档案，基层业务人员没有认真去分析、查找线损异常的真实原因，为逃避线损异常分析，采用强制退补考核表电量的方法掩盖线损异常的事实，是该类事件发生的直接原因。

营销系统的电量退补工单均需通过业务人员审批，由于部分审批人认为考核表电量退补不涉及电费，思想上不重视、不严格审核把关，未经核实随意通过审批，使线损管理人员有了造假的空间，是该类事件发生的间接原因。

4. 整改措施

各级线损管理人员要对线损长期异常的台区和线路进行定性分析，核实线—变—户公线和客户计量档案等相关信息，坚持处理一个是一个的原则，逐步提高线损管理水平。防止贪图工作方便采取其他虚假手段掩盖线损异常的事实，使线损异常分析流于形式。各级管理人员原则审批电量退补工单时要严格把关，堵塞基层人员造假掩盖线损异常的漏洞。对于以计量装置故障为由进行考核表电量退补的，要求同时发起计量故障处理工作单，由计量运维人员确认及处理。

第八章 需求侧管理业务稽查

第一节 需求侧管理业务基础知识

一、需求侧管理业务概念

国家对电力供应和使用，实行安全用电、节约用电、计划用电的管理原则。电力供应与使用双方应当根据平等自愿、协商一致的原则，按照国务院制定的电力供应与使用办法签订供用电合同，确定双方的权利和义务。

"需求侧管理"是英文"demandside management"的翻译，缩写为 DSM。据这个意义，电力需求侧管理是指对用电一方实施的管理。这种管理是国家通过政策措施，引导用户高峰时少用电、低谷时多用电，提高供电效率、优化用电方式的办法。这样可以在完成同样用电功能的情况下，减少电量消耗和电力需求，从而缓解缺电压力，降低供电成本和用电成本，使供电和用电双方得到实惠，达到节约能源和保护环境的长远目的。

电力需求侧管理是由政府主导，电力公司为主要实施推广单位，旨在以经济激励为主要手段，引导和刺激广大电力用户优化用电方式、提高终端用电效率、实现重大电力节约的节电管理系统工程。

电网企业应该建立健全电力需求侧管理目标责任评价和考核制度。年度指标原则上不低于区域内上年售电量的 0.3%、最大用电负荷的 0.3%。

二、需求侧管理业务介绍

1. 有序用电

有序用电是指在电力供应不足、突发事件等情况下，通过行政措施、经济手段、技术方法，依法控制部分用电需求，是维护供用电秩序平稳的管理工作。有序用电分为：错峰、避峰、限电、拉闸等。

（1）错峰。指将高峰时段的用电负荷转移到其他时段，通常不减少电能使用。

（2）避峰。指在高峰时段削减、中断或停止用电负荷，通常会减少电能使用。

（3）限电。指在特定时段限制某些用户的部分或全部用电需求。

（4）拉闸。指各级调度机构发布调度命令，切除部分用电负荷。

2. 客户停电

客户停电是指客户因供电设施检修施工、设备故障、依法限电、自身违约违法用电等原因导致的供电中断。客户停电分为：预安排停电、故障停电、限电停电、其他停电等。

（1）预安排停电。指预先已作出安排，或在 24 小时（或按供电合同要求的时间）以前得到批准并通知有关客户的停电，分为计划停电和临时停电。

1）计划停电。指有正式计划安排的停电，包括计划检修停电、计划施工停电、客户申请停电。

2）临时停电。指事先无正式计划安排，但在 24 小时（或按供电合同要求的时间）以前按规定程序经过批准并通知有关客户的停电，包括临时检修停电、临时施工停电、客户临时申请停电。

（2）故障停电。指供电系统因供电设备故障（不能继续使用）未能按规定程序提出申请，并在 24 小时（或按供电合同要求的时间）以前得到批准且通知有关客户的停电，分为内部故障停电和外部故障停电。

1）内部故障停电。指属本企业管辖范围以内的电网或设施等故障引起的停电。

2）外部故障停电。指属本企业管辖范围以外的电网或设施等故障引起的停电。

（3）限电停电。指在电力系统计划的运行方式下，根据电力的供求关系，对于求大于供的部分进行限量供应，分为电源性限电和网络型限电。

1）电源性限电。指因电力系统电源容量不足，对客户实施的限电。

2）网络型限电。指由于供电系统本身设备容量不足，或供电系统异常，不能完成预定的供电计划而对客户实施的限电。

（4）其他停电。指除预安排停电、故障停电、限电停电以外，其他原因导致的对客户的停电行为，包含以下三个方面：

1）用电客户因违法用电、逾期未交付电费等违反法律法规的情况，供电企业依法采取的停电。

2）因市政建设需要配合停电的，由政府部门出具正式函件，供电企业按国家规定的程序停止供电。

3）其他原因引起的停电。

3. 节约电力电量

电网企业电力电量节约量包括电网企业自身、所属节能服务公司实施社会项目、购买社会服务和推动社会节电所节约的电力电量四部分。

（1）最大用电负荷。指统调最大用电负荷，即本地统调发电负荷与净受电力之和的最大值。

（2）售电量。指供电营业区域内销售给终端用户的电量，包括销售给本区（县）终端用户（不含趸售用户）的电量和不经过邻区（县）电网而直接销售给邻区（县）终端用户的电量。

第二节　需求侧管理业务风险点

一、需求侧管理业务风险点

1. 有序用电管理

（1）有序用电方案编制内容不符合相关规定。

（2）有序用电方案签订审批流程不规范，未经政府及职能部门审批。

（3）有序用电通知不到位，未按相关时限要求提前通知错峰用电客户、未对错峰客户100%提前通知或通知内容错误。

（4）有序用电执行不规范，应停电客户未执行停电，限电影响居民、民生及重要客户用电。

2. 预安排停电管理

（1）设备停电申请部门或单位在停电申请前未进行"先算后停"，未能分析对客户的影响，在停电协调会前提交客户服务部门或单位。

（2）未充分优化停电计划，存在重复停电、超次停电和超时停电的现象。以某电网为例，要求同一个客户一年内预安排停电次数不得超过3次，或一年内预安排总停电时间不得超过24小时。

（3）对于超过停电计划复电时间的施工工程，没有及时将施工情况和预计复电时间及时通知电力调度机构和客户服务部门。

3. 停电通知

供电企业在发电、供电系统正常的情况下，应当连续向用户供电，不得中断。因供电设施检修、依法限电或者用户违法用电等原因，需要中断供电时，供电企业未按照国家有关规定事先通知用户。

（1）因供电设施计划检修需要停电时，未提前七天通知用户或进行公告。

（2）因供电设施临时检修需要停止供电时，未提前24小时通知重要用户。

（3）除因故中止供电外，供电企业需对用户停止供电时，未在停电前三至七天内，将停电通知书送达用户，对重要用户的停电，未将停电通知书报送同级电力管理部门。

（4）除因故中止供电外，供电企业需对用户停止供电时，在停电前30分钟，未将停电时间再通知用户一次。

（5）当停电计划发生变更，或者不能按照原定计划停送电时，停电审批单位没有及时将相关信息传递至停电通知单位或停电通知单位没有在最短的时间内通知受影响的客户。

4. 故障停电抢修时限

供电企业应当建立完善的报修服务制度，公开报修电话，保持电话畅通，24小时受理供电故障报修。供电企业应当迅速组织人员处理供电故障，尽快恢复正常供电。供电企业工作人员自接到报修之时起，到达现场抢修的时限不得超过以下时限要求。

（1）城区范围不超过60分钟。

（2）农村地区不超过120分钟。

（3）边远、交通不便地区不超过240分钟。

（4）因天气、交通等特殊原因无法在规定时限内到达现场的，应当向用户做出解释。

5. 客户停电时间统计

（1）停送电记录内容不规范、不完整。

（2）停电设备、停电性质、停电起止时间不准确。

（3）停电事件、停电时间记录和统计不完整、不准确。

（4）停电工单处理不及时或录入信息有误。

6. 欠费停复电管理

（1）在实施欠费停电前，未按催费及欠费停电工作流程落实三级催收工作，未向欠费客户发出《欠费客户停止供电执行通知书》。

（2）欠费停电的客户缴清电费后，未在当天复电。

二、停电管理业务风险防范措施

1. 有序用电管理

刚性执行《中华人民共和国有序用电管理办法》（发改运行〔2011〕832号），严格落实《中国南方电网有限责任公司有序用电管理办法》（Q/CSG214022—2013）等制度的各项要求，切实开展有序用电管理工作。

2. 预安排停电管理

（1）严格按照相关停电管理规定，落实预安排停电管理。

（2）供用电设备计划检修应做到统一安排。

（3）计划施工、检修停电至少提前 7 天制定计划，临时施工、检修停电至少提前 24 小时上报。

3. 停电通知

（1）各类停电应严格按照制度规定的时限及范围提前通知客户。

（2）当停电计划发生变更，或者不能按照原定计划停送电时，应在最短的时间内通知受影响的客户。

4. 故障停电时限

（1）故障抢修人员在制度规定的时限内到达现场。

（2）遵循"先复电、后修复"原则，通过实施线路转供电、旁路作业及应急发电等措施，在最短时间内先恢复客户供电，随后尽快对设备进行修复。

5. 客户停电时间统计

（1）严格按照客户停电时间统计标准规定的各项标准统计客户停电时间。

（2）停送电记录内容规范、完整，分类准确。

（3）停电设备、停电性质、停电起止时间等统计应完整、准确。

（4）停电工单及时处理。

6. 欠费停复电管理

（1）严格按催费及欠费停电工作流程落实三级催收工作，防止未经系统记录执行欠费停电。

（2）防止欠费复电超时，在客户欠费缴清当天恢复供电。

第三节　需求侧管理业务稽查要点

进行停电管理稽查时，稽查人员应依法依规全面开展客户停电管理工作，对客户停电管理进行监督、检查，以起到进一步加强停电应急管理和抢修工作，提高工作效率和质量，确保按时停送电，不断提高供电可靠率，切实提升供电服务水平的目的。

一、有序用电管理的稽查

（1）检查是否制定了限电序位，限电序位是否已经事先对外公告。

（2）检查当发电、供电系统发生故障需要停电、限电时，是否严格按照事先确定的限电序位进行停电或限电。

二、预安排停电管理的稽查

（1）检查客户停电审批制度（标准）是否建立完善，是否严格执行。

（2）检查是否主动向客户宣传电力供需形势，了解大客户的检修停电要求，是否及时与客户协商安排公司供电设施、线路检修计划，尽量做到同步检修，避免重复停电。

（3）检查相关工作部门、人员是否切实关注用电客户设备管理，有无主动与用电客户沟通，完善用电客户电气设备运行、检修、操作规程制度的编写与执行；有无协助用电客户开展反事故、违章工作，尽量减少或杜绝用电客户电气事故和因用电客户引起的电网安全事故发生。

（4）检查是否存在不符合安全供电要求的情况，是否存在安全隐患。当发现安全隐患，若设备属于供电部门管理的资产，是否立即安排整改；若设备属于客户自行管理的资产，是否及时向客户书面进行反馈，并协助、督促客户限期整改，及时消除隐患。

三、停电通知的稽查

（1）检查计划施工、检修停电能否做到提前 7 天在营业场所、供电企业网站等进行公告，对重要用户、一类客户和大型居民住宅区，告知率能否达到 100%；临时施工是否提前 24 小时通知，重要用户、一类客户和大型居民住宅区，告知率是否达到 100%。

（2）检查对外公告的方式是否科学、适用；对外公告的内容是否准确，有无遗漏，检查通知重要用户的记录是否完整。

四、故障停电应急管理与抢修工作的稽查

（1）检查客户故障报修队伍是否做到 24 小时受理供电故障报修服务。

（2）检查故障抢修人员到达现场的时间是否符合时限要求。

五、客户停电统计与分析工作的稽查

检查客户停电时间统计是否真实，各类停电事件采集是否准确、及时和完整。是否应用营配一体化平台实现停电事件信息化管理和客户停电指标自动统计。

1. 客户停电时间统计公式

（1）客户平均停电时间：统计期间内客户的平均停电时间，单位以小时表

示，计算公式如下：

客户平均停电时间 $=\sum$（每户每次停电时间）/总客户数

$=\sum$（每次停电持续时间 × 每次停电客户数）/总客户数

（2）客户平均预安排停电时间：统计期间内客户的平均预安排停电时间，单位以小时表示，计算公式如下：

客户平均预安排停电时间 $=\sum$（每户每次预安停电时间）/总客户数

（3）客户平均故障停电时间：统计期间内客户的平均故障停电时间，单位以小时表示，计算公式如下：

客户平均故障停电时间 $=\sum$（每户每次故障停电时间）/总客户数

（4）客户平均限电停电时间：统计期间内客户的平均限电停电时间，单位以小时表示，计算公式如下：

客户平均限电停电时间 $=\sum$（每户每次限电停电时间）/总客户数

（5）客户平均其他停电时间：统计期间内客户的平均其他停电时间，单位以小时表示，计算公式如下：

客户平均其他停电时间 $=\sum$（每户每次其他停电时间）/总客户数

（6）客户平均停电次数：统计期间内客户的平均停电次数，计算公式如下：

客户平均停电次数 $=\sum$（每次停电客户数）/总客户数

（7）客户平均预安排停电次数：统计期间内客户的平均预安排停电次数，计算公式如下：

客户平均停电次数 $=\sum$（每次预安排停电客户数）/总客户数

（8）客户平均故障停电次数：统计期间内客户的平均故障停电次数，计算公式如下：

客户平均停电次数 $=\sum$（每次故障停电客户数）/总客户数

（9）客户平均限电停电次数：统计期间内客户的平均限电停电次数，计算公式如下：

客户平均停电次数 $=\sum$（每次限电停电客户数）/总客户数

（10）客户平均其他停电次数：统计期间内客户的平均其他停电次数，计算公式如下：

客户平均停电次数 $=\sum$（每次其他停电客户数）/总客户数

2. 停电时间统计对象及统计口径

停电时间统计对象是供电企业直抄到户、计量收费的终端客户。对当年新接管暂未完成变户关系清理的供电企业，在低压客户停电统计工作开展之前，原则上可以 10kV 供电系统中的公用配电变压器作为一个统计单位，即一台公用配电变压器作为一个终端客户。其统计口径为客户停电时间统计口径分直供直管供电企业和全口径［包括直供直管供电企业、县级供电企业（子公司）］两类，两类口径应同时统计填报。

六、欠费停复电管理的稽查

（1）检查是否制定了欠费停电审批制度，查阅催费通知单，检查欠费停电程序执行情况，工作人员是否提前3～7天通知客户，且在执行停电前30分钟再次通知客户停电时间。

（2）检查客户缴清电费后是否及时送电。

第四节　需求侧管理业务典型案例分析

一、停电通知不到位案例

1. 案例介绍

某供电所接到投诉电话，反映某小区2012年6月22日上午6时未经通知停电，为小区居民生活带来不便。有客户打电话询问供电所，供电所告知是计划停电，客户对此不认可，认为供电所计划停电应该提前通知客户，或提前通知到物业管理处，由物业管理处通知住户也可以。

2. 稽查情况

稽查人员通过现场调查、访谈相关工作人员、系统核查停电事件记录等方式开展稽查。

经核查，该小区由110kV某站10kV某线某台区#4公用配电站#1变压器供电。

为进一步完善电网架构，10kV某线（下挂31台变压器）需进行线路改造并把后段负荷改接到10kV某甲线、10kV某乙线，计划6月22日实施。

6月15日15时38分，为做好6月22日10kV某线线路改造全线计划停电通知，供电所营配综合班班员，通过营销系统发送停电短信通知受影响客户。

经核查停电短信发送记录及客户综合信息，致电反映诉求的客户电话号码137×××× 2208（常用电话）未登记开通停电通知，导致其未能接收到停电通知信息。

6月20日，供电所营配综合班班员，在小区两个出入口保安室外的醒目位置张贴停电公告，并通过电话告知小区物业主管：6月22日6时至21时

10kV 某线停电，将影响该小区，要求其协助通知住户。

经电话回访小区物业主管证实，供电所人员确实在停电前曾电话告知其停电相关信息，并在小区两个出入口保安室外的醒目位置张贴停电公告。

6 月 22 日 6 时 10 分，10kV 某线停电。

3. 暴露问题

停电通知不到位。为防止公告丢失，工作人员仅提前 2 天在小区张贴公告和通知物业人员，不符合《电力供应与使用条例》关于"因供电设施计划检修需要停电时，供电企业应当提前 7 天通知用户或者进行公告"的规定。

4. 整改措施

明确停电通知执行的规范性。检查计划施工、检修停电应做到提前 7 天在营业场所、供电企业网站等进行公告，对重要用户、一类客户和大型居民住宅区，告知率达到 100%。

二、因欠费停电引起客户投诉案例

1. 案例介绍

2015 年 8 月 10 日，客户到供电所办理更改客户缴费信息业务，更改其名下 4 个关联电费户号的银行代扣账号，但由于供电所业务受理员工作疏忽，只办理了 3 户，漏办理 1 户，致使 9 月该户电费银电联网批扣失败。同时又由于业务受理员在录入工作单时只将该客户手机号码录入到"联系人手机"功能页，未录入到"电费通知方式"功能页中，导致客户不能接收到电费短信及欠费提醒。9 月底，客户仍未缴交电费，供电所对该户执行了欠费停电，引起客户投诉。

2. 稽查情况

营销稽查人员接到投诉工单后，通过查看系统档案、现场调查、访谈工作人员、致电客户等了解情况。在了解情况后，供电所工作人员与客户核对并完善银行账号信息，在征得客户同意后，为客户开通了订阅电费短信及停电短信。

3. 暴露问题

（1）业务办理错误。由于供电所业务受理员工作疏忽，漏办理该户更改客户缴费信息业务，致使该户电费不能在银电联网批扣。且在电费和停电通知方式没有录入客户手机号码，导致客户不能接收到电费短信及欠费提醒。

（2）欠费停电管理不到位。本次差错是由于抄表员梁某在对客户实施电费催收及欠费停电时不履行工作规范，未执行一、二级催费作业步骤，且没有在营销系统启动三级催费流程，停电前没有有效通知到客户，在没有发出《欠费停电通知书》的前提下对客户实施停电。

4. 整改措施

（1）加强客户档案管理和信息录入，维护其银行账号信息及电费和停电通知方式。

（2）业务办理过程中应认真办理，反复核对，确保业务办理正确。

（3）开展电费通知及欠费停电工作，应严格执行三级催费作业步骤。

（4）加强欠费停电客户的跟踪管理，确保客户缴清欠费后及时复电。

第九章　新能源业务稽查

第一节　新能源业务基础知识

一、新能源业务概念

新能源业务，指利用太阳能、风力、生物质能、地热能和海洋能发电的新能源项目。目前新能源业务主要包括分布式光伏发电项目和充电设施业务。

1. 分布式光伏发电项目定义

分布式光伏发电项目是指位于客户所在地附近，不以大规模远距离输送电力为目的，所生产的电力以客户自用和就近利用为主，多余电力送入当地配电网的光伏发电项目。

2. 充电设施定义

充电设施是指充电站内的配电设备、充电机、监控系统、户外充电桩及附属设施的总称，是新型的城市基础设施。

二、新能源业务主要内容

1. 分布式光伏发电项目

分布式光伏发电项目服务分为并网受理、接入系统方案编制与审查、工程设计与建设、并网验收、电费结算与补贴转付等 5 个阶段。具体如下：

（1）项目并网受理。

1）客户通过 95598 热线、网上营业厅和微信公众号等远程服务渠道报装，业务人员在规定时限内签收工作单，电话回访客户确认完善基本信息，一次性告知及短信通知客户并网申请所需资料，并生成工单传递。

2）供电企业应在收到客户申请资料后，组织相关人员在规定时限上门完成客户资料收集及现场勘查。

（2）接入系统方案编制与审查。

1）对于居民家庭利用住宅（或其所有的营业性建筑）建设的分布式光伏发电项目，由供电企业业务人员现场勘查时免费制订接入系统方案，并完成签署，不需要签订并网协议。其他分布式光伏发电项目，由项目业主自行委托设计单位制订接入系统方案。

2）对于接入 10（20）kV 电网的分布式光伏发电项目，供电企业在收到业主提交的接入系统方案后，按规定时限组织接入系统方案评审，并在评审通过后限期出具接入电网意见函。在业主获得当地能源主管部门备案批复后，由供电企业组织签订《并网协议》。

3）对于低压非居民 380（220）V 分布式光伏发电项目，供电企业在收到业主提交的接入系统方案后限期组织评审，并在评审通过后限期出具接入电网意见函，不需要签订并网协议。

（3）工程设计与建设。

1）接入公共电网的分布式光伏发电项目，接入系统工程以及接入引起的公共电网改造部分由供电企业投资建设。接入客户内部电网的分布式光伏发电项目，接入系统工程由项目业主投资建设，接入引起的公共电网改造部分由供电企业投资建设。对于由供电企业投资建设的接入系统工程及电网配套工程，其立项流程参照相应电压等级的业扩配套项目管理办法执行。

2）供电企业应为分布式光伏发电项目电网配套工程建设开辟绿色通道，简化立项程序。

3）对于由项目业主投资建设的接入系统工程，按业扩工程模式由供电企业开展设计资料审核、中间检查和并网验收等工作。

4）供电企业受理项目业主送审的接入系统工程设计资料，并审查送审资料的完整性。

5）供电企业依照国家、行业标准和有关规定，对客户送审的接入系统工程设计资料进行审核，并出具审核意见书。设计单位资质资料与设计图纸同步进行受理和审核，同时应一次性提出审核意见，不得对同一设计资料进行多次审核，并在规定时限内将审核意见以书面形式反馈给项目业主。

（4）并网验收及并网运行。

1）供电企业负责受理项目业主并网验收及并网调试申请，并审核相关材料。

2）供电企业在接到并网验收申请后，应在规定时限内组织验收。验收不合格的，应当及时一次性书面告知客户并指导其予以改正，改正后方予再次验收，直至合格。

3）接入系统工程并网验收的具体要求及内容按照相关规定执行。

4）签订购售电合同及并网调度协议。分布式光伏发电项目正式并网前，须在限期内组织相关部门与项目业主签订《购售电合同》和《并网调度协议》。

380V 及以下光伏发电项目，可不签订《并网调度协议》。

5）装表及并网运行。

a. 并网验收通过后，供电企业在规定时限内安装计量装置。

b. 在符合相关技术规范条件下，接入 380V 及以下的分布式光伏项目在装表当日直接并网运行；接入 10（20）kV 电网的分布式光伏发电项目，在并网调试通过后，再转入正式并网运行。供电企业需对分布式光伏发电项目的正式并网时间予以正式确认。

（5）电费结算与补贴转付。

1）分布式光伏发电项目按双方签订的《购售电合同》进行购售电管理。

2）对符合国家发电量补贴的分布式光伏项目，供电企业根据抄表周期完成分布式光伏发电项目上、下网和发电侧电量抄录，并与项目业主进行确认。

3）供电企业根据项目业主提供的发票和分布式光伏项目发电电量定额补贴通知单，对符合国家发电量补贴的分布式光伏发电项目，按国家规定支付发电补贴资金，具体按相关规定执行。

2. 充电基础设施

充电设施用电报装分为业务受理、现场勘查及供电方案制定、业扩配套工程、设计资料审核、中间检查、合同签订、装表接电、资料归档等环节。具体如下：

（1）业务受理。充电设施的用电报装纳入业扩的远程报装"一口受理"，实体营业厅为充电设施用电报装客户提供咨询、引导及建立绿色通道等服务，供电企业应在业务受理时候，一次性告知及短信通知客户并网申请所需资料。

（2）现场勘查及供电方案制订。

1）充电设施电源选取应按就近原则。居民客户自用交流充电桩可由居民住宅变压器通过低压专用线路供电。充电设施如需接入其他客户的专用电源，应征得电源产权方客户同意，产权方客户应配合办理相关用电变更手续。

2）充电设施应独立计量，并配置 1.0 级及以上多功能直流电能表（直流充电桩）或多功能交流电能表（交流充电桩）。

（3）充电设施建设实施业扩配套工程。

1）电网公司投资建设因充电设施接入引起的公共电网改造，对新建住宅小区，在进行配网规划设计时，应充分预留未来充电设施的发展需求；对于老旧小区，按"适度超前"原则，结合老旧小区对现有停车位的电气化改造配套供电设施增容改造。对于专用固定停车位（含一年及以上租赁期车位），按"一表一车位"的原则进行配套供电设施增容改造。

2）新建住宅配建停车位应由小区开发商按相关规定预留充电设施建设安

装条件，包括预留高低压配电设施、电表箱、充电设施的安装位置、供电容量以及预埋电力管线的电缆通道等。

3）新建居民区自用桩一般按交流充电桩配置，以每个停车位用电容量 8kW 的标准核算预留供电容量及相应的建设安装条件。根据规划或负荷分布中心设置的供电点（配电房）划分供电区域，一个供电点（配电房）的供电范围为一个供电区域；按照规定计算出居民区内各个供电区域的交流充电桩负荷容量。

（4）设计资料审核、中间检查、合同签订、装表接电、资料归档等环节。充电设施的设计资料审核、中间检查和业扩费用收取与合同签订、装表接电及资料归档等环节，参照业扩报装的相关规定执行。

第二节　新能源业务风险点

一、分布式光伏发电项目风险点及防范措施

1. 项目并网受理

风险点：

（1）报装受理环节故意"不走流程、不入系统、体外循环"的行为。

（2）业务办理不规范，没有按业务种类正确使用相应业务流程。

（3）业务受理资料缺失、登记不齐全或审核不到位。

（4）信息宣传与咨询服务不到位，未向客户提供信息宣传与咨询服务。

（5）业务办理和流转不规范，业务超时或时间记录不一致、不合逻辑。

防范措施：

（1）全面实施"一口受理"，向客户提供网上营业厅、微信服务平台、95598 服务热线等远程渠道受理方式和实体营业网点受理方式，防范"体外循环"行为。

（2）严格执行相关管理制度，规范用电业务的申请受理及资料审核工作，对资料不完整的，应一次性通知客户补齐并出具受理回执。

（3）通过公示报装信息，向社会公布业扩的办理程序、服务标准、收费标准及依据，公开客户工程信息。

2. 接入系统方案编制与审查

风险点：

（1）接入系统工程委托存在监管机构所明确的 20 种"三指定"行为。

（2）接入系统方案审查不符合规定要求，评审通过后未按要求向客户出具

接入电网意见函。

（3）未按要求与客户签订并网协议。

防范措施：

（1）严格执行各项管理规章制度，规范业务流程，按规定开展接入系统方案编制与审查工作。

（2）执行电力监管机构禁止"三指定"的相关制度，在营业厅公示客户有自主选择设计、施工和设备材料供应单位的权利，公示符合资质的单位名单或查询方式，接受监督。

3. 工程设计与建设

风险点：

（1）接入系统工程委托存在监管机构所明确的20种"三指定"行为。

（2）接入系统工程设计文件审核不到位，包括：设计送审资料、审核记录等资料不齐备、不规范。未发现设计单位不具备相应资质。资料审核人员不符合程序要求或审核错漏。审核意见未一次性书面告知客户造成重复查验。

（3）业务办理和流转不规范，业务超时或时间记录不一致、不合逻辑。

防范措施：

（1）制定并严格执行接入系统工程设计资料审查的相关制度和验收标准。

（2）执行电力监管机构禁止"三指定"的相关制度，在营业厅公示客户有自主选择设计、施工和设备材料供应单位的权利，公示符合资质的单位名单或查询方式，接受监督。

（3）积极跟踪接入系统工程建设情况，主动帮助客户协调解决施工过程中遇到的困难和问题，加快工程进度，确保工程质量。

4. 并网验收

风险点：

（1）接入系统工程并网验收不到位，包括：没有按规定程序开展并网验收，相关查验资料和记录不规范、不完整。验收不合格的，未一次性书面告知客户并指导其以改正，造成重复查验。问题改正后未组织再次验收或问题未整改就并网。

（2）在装表及并网运行前，未与客户签订购售电合同及并网调度协议。

（3）电能计量装置未按接入方案配置，或配置与安装不符合相关技术规程的要求。

（4）业务办理和流转不规范，业务超时或时间记录不一致、不合逻辑。

防范措施：

（1）制定并严格执行接入系统工程并网验收的相关制度和验收标准。

（2）严格依据客户提供的竣工验收报告和技术资料，组织电力技术人员对接入系统工程的电气装置施工质量及其生产准备进行全面检查。

5. 电费结算与补贴转付

风险点：

（1）购售电合同签订不规范，未明确结算周期及条款。

（2）上网电量结算未按要求分开结算，或存在直接抵扣情况。

（3）购售电合同执行不到位，未按规定的结算周期进行结算补贴。

防范措施：

（1）严格执行国家的有关规定，不得自立收费名目或者自定收费标准，不得向客户收取国家已明令取缔的收费项目，严格按规定进行电费结算和补贴转付。

（2）各级供电企业必须真实、完整地记载和保存分布式光伏发电以及常规可再生能源发电项目上网电量、自发自用电量、电价结算和补助金额等资料，接受政府财政、价格和能源管理部门以及上级单位的监督检查。

二、充电基础设施业务风险点及防范措施

1. 业务受理

风险点：

（1）办理相关用电业务时应提供报装资料不全，报装资料的不准确及不真实。

（2）没有为居民区自用充电桩报装提供快速易通电服务，未严格落实一口受理。

防范措施：

（1）办理相关用电业务时应按规定审核客户报装资料，同时确保报装资料的准确及真实。

（2）推行一口受理，为居民区自用充电桩报装提供快速易通电服务。

2. 现场勘查

风险点：在受理客户的用电申请后，供电企业没有与客户沟通确认现场勘查时间，没有派出工作人员进行现场勘查。

防范措施：在受理客户的用电申请后，供电企业将与客户沟通确认现场勘查时间，并派出工作人员进行现场勘查。

3. 接入方案的确定及答复

风险点：

（1）供电企业没有在时限要求内确定并答复供电方案。

（2）充电设施产权分界点划定错误。

（3）超过 200kW 的用电设备仍然采用低压供电。

（4）低压进出线开关、分段开关断路器保护功能不齐全。

防范措施：

（1）依据国家的有关政策和规定、当地电网规划、用电需求以及当地的供电条件等因素要求，供电企业将在时限要求内确定并答复供电方案。

（2）严格按照规定明确充电设施产权分界点，对于非供电企业投资建设的充电设施，供电企业负责投资从充电设施产权分界点至电网的配套接网工程；对于供电企业投资建设的充电设施，供电企业负责投资电网配套接入工程和充电设施。

（3）加强设计方案审核，对于超过 200kW 的充电设施报装申请，应建议客户采用中压供电。

（4）加强设计方案审核，确保低压进出线开关、分段开关断路器具有短路瞬时、短路短延时、短路长延时和接地保护功能。

4. 设计资料审核、中间检查及竣工验收环节

风险点：

（1）接入系统工程委托存在监管机构所明确的 20 种"三指定"行为。

（2）接入系统工程设计文件审核不到位，包括：设计送审资料、审核记录等资料不齐备、不规范。未发现设计单位不具备相应资质。资料审核人员不符合程序要求或审核错漏。审核意见未一次性书面告知客户造成重复查验。

（3）业务办理和流转不规范，业务超时或时间记录不一致、不合逻辑。

防范措施：

（1）制定并严格执行接入系统工程设计资料审查的相关制度和验收标准。

（2）执行电力监管机构禁止"三指定"的相关制度，在营业厅公示客户有自主选择设计、施工和设备材料供应单位的权利，公示符合资质的单位名单或查询方式，接受监督。

（3）积极跟踪接入系统工程建设情况，主动帮助客户协调解决施工过程中遇到的困难和问题，加快工程进度，确保工程质量。

5. 签订供用电合同

风险点：

（1）在竣工检验合格后、正式接电前，供电企业和报装用户没有正式签订供用电合同。

（2）在竣工检验合格前或正式接电后签订供用电合同。

防范措施：

在竣工检验合格后、正式接电前，供电企业和报装用户正式签订供用电合同。

6. 充电基础设施受电工程装表与接电

风险点：

（1）受电装置检验合格并办结相关手续后，供电企业没有在时限要求内完成装表接电工作。

（2）受电装置检验合格并办结相关手续后，直接接电，没有安装计量装置。

（3）供电企业在充电设施用电申请受理、设计审查、装表接电等过程服务中，收取服务费用。

防范措施：

（1）受电装置检验合格并办结相关手续后，供电企业将在时限要求内完成装表接电工作。

（2）执行电力监管机构禁止"三指定"的相关制度，在营业厅公示客户有自主选择设计、施工和设备材料供应单位的权利，公示符合资质的单位名单或查询方式，接受监督。

7. 充电基础设施运维

风险点：

（1）充电基础设施元件或电缆老化、内部凝露或潮湿导致的绝缘能力降低。

（2）充电桩故障，导致充电接口带电。

防范措施：

（1）充电桩桩体接地可靠。接触桩体前用万用表（红表笔对桩外壳裸露处，黑表笔对地排），分别用交直流电压挡，检查桩体外壳电压，电压值应均不高于1V。

（2）对充电桩维修前，对充电设备接口处进行电压检查，确定充电接口电压在36V以下。

第三节　新能源业务稽查要点

一、分布式光伏发电项目稽查要点

1. 项目并网受理稽查

（1）查看用电申请书、营销系统中建立的业扩信息及客户资料内容是否一致且完整准确；业务受理是否符合国家法律、法规、行业政策和公司相关制度的规定；稽查受理客户申请时是否将有关申请内容完整准确地录入营销信息管理系统；稽查业务工单是否按流程和时限要求进行流转传递，有无超时限，有无"不走流程、不入系统、体外循环"行为。

（2）稽查客户受理资料的合规性、完整性，客户未准备报装资料或资料不全，是否向客户做好一次性告知工作；用电申请受理资料是否全面、清晰、符合申请要求，客户身份证明、用电地址物业权属证明、经办人身份证明等证明材料是否有效；客户办理用电业务所使用的名称、用电地址、用电性质、用电设备容量等信息是否与报装提供的证明资料和现场一致；项目业主与用电客户主体不同，引起供电营业范围调整的，是否要求客户提供能源主管部门出具的证明或意见、项目业主与提供光伏建设用地单位的合作协议（包括合同能源、屋顶租赁等）。重点稽查以下资料：

1）分布式光伏发电项目接入申请表。

2）项目业主法人营业执照或组织机构代码证、法人代表身份证明材料。

3）项目拟建设地点物业产权证明文件、土地证明等文件。

4）如项目采用合同能源管理方式，还需提供与电力客户签订的能源服务管理合同。

（3）稽查用电营业场所是否公布办理各项用电业务的程序、制度和收费标准；是否设立方便客户查询业扩报装工作进程的查询系统。

2. 接入系统方案稽查

（1）稽查客户接入系统工程委托是否存在监管机构所明确的20种"三指定"行为。

（2）稽查接入系统方案审查是否符合规定要求，评审通过后是否按要求向客户出具接入电网意见函。

（3）稽查是否按要求与客户签订并网协议。

（4）稽查接入方案的产权界面划分是否正确，是否按业扩配套项目管理要求启动和实施业扩配套项目。

3. 工程设计与建设稽查

（1）稽查客户接入系统工程委托是否存在监管机构所明确的20种"三指定"行为，稽查是否明确告知客户具有自主选择接入工程的设计、施工和设备供应单位的权利。

（2）稽查各单位是否为分布式光伏发电项目电网配套工程建设开辟绿色通道，简化立项程序。

（3）稽查工程设计方案是否经过供电企业审查，是否有书面审核意见，受电设计审查书签证记录及相关人员签章情况，查看原始工作单工程设计审查日期，录入营销信息系统日期，并与受电工程设计审核意见书上的签章日期进行核对，以确认时限是否符合规定要求。

（4）稽查接入系统工程设计是否遵循相关技术标准；是否与接入系统方案审查意见保持一致；是否按照规定一次性反馈审核意见。

4. 并网验收稽查

（1）稽查在接到并网验收申请后，是否按规定时限组织验收；对验收不合格的，是否一次性书面告知客户并指导其予以改正，改正后方予再次验收，直至合格；相关查验资料和记录是否规范、完整。

（2）稽查在装表及并网运行前，是否与客户签订购售电合同及并网调度协议。

（3）稽查是否在产权分界点设置计量关口点；是否按照规程要求配置电能计量装置和计量自动化终端，是否满足上、下网电量双向分开结算要求。

5. 电费结算与补贴转付稽查

（1）稽查购售电管理是否规范，分布式光伏发电项目双方是否按要求签订《购售电合同》，内容及条款是否合规完整，是否明确结算周期。

（2）稽查分布式光伏发电项目上网电量结算是否符合规定，上、下网电量是否分开结算，是否存在直接抵扣的情况。

（3）稽查电费结算与补贴转付是否及时、规范；是否按照《购售电合同》规定的结算周期结算补贴；补贴申请资料是否齐全完备，重点检查分布式光伏发电项目电价附加资金补助目录申报表、并网验收意见单、项目备案证等资料。

二、充电基础设施业务稽查要点

1. 业务受理稽查

（1）查看用电申请书、营销系统中建立的业扩信息及客户资料内容是否一致且完整准确；业务受理是否符合国家法律、法规、行业政策和公司相关制度的规定；稽查受理客户申请时是否将有关申请内容完整准确地录入营销系统；稽查业务工单是否按流程和时限要求进行流转传递，有无超时限，有无"不走流程、不入系统、体外循环"行为。

（2）稽查客户受理资料的合规完整性，客户未准备报装资料或资料不全，是否向客户做好一次性告知工作；用电申请受理资料是否全面、清晰、符合申请要求，客户身份证明、用电地址物业权属证明、经办人身份证明等证明材料是否有效；客户办理用电业务所使用的名称、用电地址、用电性质、用电设备容量等信息是否与报装提供的证明资料和现场一致；充电设施的用电报装是否纳入业扩的远程报装"一口收理";稽查实体营业厅是否为充电设施用电报装客户提供咨询、引导及建立绿色通道等服务。

2. 现场勘查及供电方案制定稽查

（1）稽查充电设施电源选取是否符合按就近原则；充电设施如需接入其他客户的专用电源，是否征得电源产权方客户同意，产权方客户是否按规定办理相关用电变更手续。

（2）稽查充电设施是否独立计量，是否按要求配置计量装置。

3. 充电设施建设实施业扩配套工程稽查

稽查电网公司投资建设因充电设施接入引起的公共电网改造是否符合要求；稽查新建住宅配建停车位是否由小区开发商预留充电设施建设安装条件；新建居民区自用桩一般按交流充电桩配置是否符合要求。

4. 设计资料审核、中间检查及合同签订稽查

稽查充电设施受电工程的设计资料审核、中间检查和竣工检验、业扩费用收取与合同签订等环节是否符合业扩管理的规定。

5. 竣工验收及装表接电稽查

稽查竣工验收及装表接电环节是否符合业扩管理的规定。

6. 资料归档稽查

供电企业投资建设的充电设施，稽查充电设施运营主体与供电局的结算计费户是否按照营销系统的常规业务流程进行资料归档管理；稽查充电设施运营主体与充电车主（船舶）的结算计费户是否以每一充电单元（充电桩）连同充电桩一并纳入电动汽车充电运营管理系统进行资料归档管理；归档资料除用电报装需提交的资料外，稽查是否还包括如用电业务单、主要充换电设备符合国家和行业标准的证明材料等相关资料。

第四节　新能源业务典型案例分析

一、并网申请资料不齐全案例

1. 事件描述

稽查人员在工作中发现，某供电局没有严格审核客户光伏并网申请资料，项目业主与用电客户主体不同，没有要求客户再提供省能源主管部门出具的证明或意见、项目业主与提供光伏建设用地单位的合作协议（包括合同能源、屋

顶租赁等）等。

2. 稽查情况

2016 年 8 月 20 日，稽查人员在某供电局开展业扩专项稽查时发现，某客户办理分布式光伏并网项目，某供电局没有严格审核客户光伏并网申请资料，项目业主与用电客户主体不同，引起供电营业范围调整，但没有要求客户再提供省能源主管部门出具的证明或意见、项目业主与提供光伏建设用地单位的合作协议（包括合同能源、屋顶租赁等）等。

3. 暴露问题

（1）某供电局未严格执行相关管理制度，对客户受理资料审核把关不严，对客户未准备报装资料或资料不全，未向客户做好一次性告知工作。

（2）相关工作人员没有履行岗位职责，工作不到位，对工作业务不熟悉。

4. 整改措施

（1）严格执行相关管理制度，规范用电业务的申请受理及资料审核工作，对资料不完整的，应一次性通知客户补齐并出具受理回执。

（2）通过公示报装信息，向社会公布业扩的办理程序、服务标准、收费标准及依据，公开客户工程信息。

二、并网验收意见未一次告知客户案例

1. 事件描述

2016 年 1 月，居民客户钟某通过 95598 供电服务热线，对该地区供电局光伏发电项目工作人员的专业水平提出严重质疑，对其工作人员在并网验收过程中的态度表达强烈不满，严重影响客户体验的提升。

2. 稽查情况

2016 年第一季度，营销稽查实施部门按计划对光伏发电业务的办理规范性进行抽查，稽查发现某供电局在 2016 年 1 月 7～11 日共有 5 张来自居民客户钟某的客服工单，包括 2 张意见工单，3 张咨询查询工单，内容均关于光伏发电业务办理。如图 9-1、图 9-2 所示。

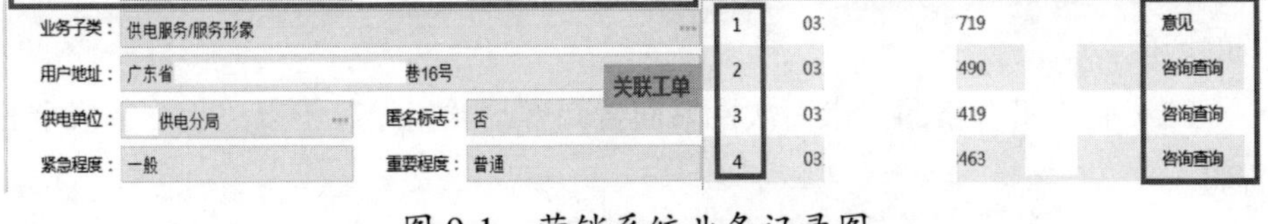

图 9-1 营销系统业务记录图

稽查人员查看工单，调查事件的始末。了解到该供电局工作人员与客户预约在1月7日16：30到现场检查、验收光伏发电并网项目。诉求人钟某为该项工程的施工方，当天供电局工作人员比约定时间晚到一个小时。在验收过程中，工作人员直接判断工程不合格，没有提出工程存在的问题，没有正面回答钟某提出的疑问，随后直接离开客户现场。事件直接导致钟某的严重不满，在当天20：20拨打95598供电服务热线，就工作人员的专业水平和服务态度提出强烈意见。

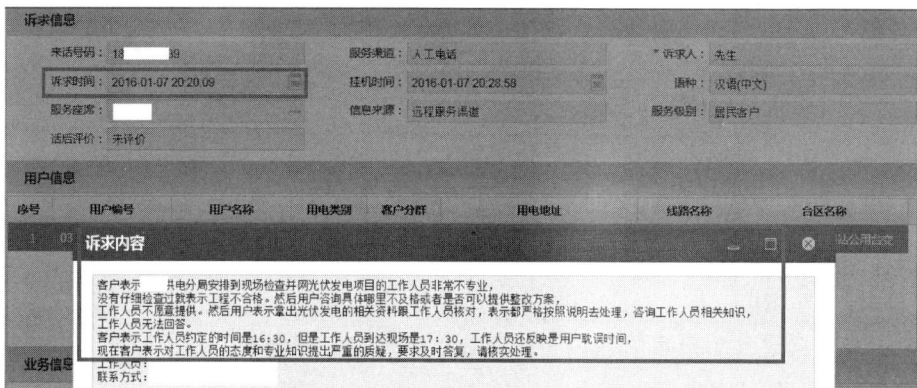

图 9-2　营销系统业务记录图

在接到上述意见单后，1月11日，该供电局再次组织到客户现场验收，参与人员包括业主、供电方和施工方，经实地勘查后，认定符合低压光伏发电项目并网要求，通过验收。对此，钟某提出质疑，认为在施工方案丝毫未改的情况下，前后两次验收结果却不一致，对事件不满意的钟某再次通过95598服务热线反映意见。

稽查人员电话咨询该供电局人员，了解到当时验收小组组织并网验收，因业主没有到现场，施工方钟某没有授权委托书，双方在验收过程中产生误解，未能达成共识，以致衍生抱怨事件。

3. 暴露问题

（1）工作人员责任意识、服务意识不足。验收小组认为依照《某公司低压客户受电工程中间检查和竣工检验规范》，必须业主参与才能通过验收，但没有明确清晰告知钟某该问题，反而采取冷漠态度，不回应不解析，直接导致误解的产生。

（2）验收不合格的，未一次性书面告知客户并指导其予以改正，造成重复查验。

（3）供电局在该客户抱怨事件上没有妥善处理，造成反复诉求。诉求人前后 5 次就同一事件致电 95598 服务热线反映，该供电局相关负责人没有在第一时间向客户作出合理解释，没能及时阻止抱怨的升级。

4. 整改措施

（1）严抓作风建设，提升服务质量。加强员工思想教育，强化责任意识、服务意识、担当意识；重视营销人员业务知识和沟通技能培训，切实提高营销人员的综合素质，不断提高业务办理效率和服务质量。

（2）在接到并网验收申请后，应在一定时限内组织验收。验收不合格的，应当及时一次性书面告知客户并指导其予以改正，改正后方予再次验收，直至合格。

（3）关注客户诉求，规范诉求处理。供电局应重视客户服务工作，树立以客户为中心的服务理念，主动关注客户诉求，理顺客户诉求处理流程，及时做好客户解释和沟通工作。